中國陌路

來自中國境內最後一位澳洲通訊記者的內幕報導

中澳建交五十週年以來，雙方關係降至最冰點。
當習近平統治下的新中國將澳洲記者全面清零，
下一個要清除的是什麼？

by
Michael Smith
麥可・史密斯——著　顏涵銳——譯

THE LAST CORRESPONDENT

Dispatches from the Frontline of Xi's New China

獻給我的祖母瑪格莉特，感謝她將說故事的熱情傳承給我。

目錄

前言

二〇二〇年九月七日，在接受駐華澳洲領事館保護躲藏了四天後，我終於被澳洲政府以緊急救援的方式撤離中國。

我為《澳洲金融評論報》（*Australian Financial Review*, AFR）在上海進行長達十六年的報導工作，在這一天以非常戲劇化又令人失望的方式倉促結束了。這是中國與澳洲自一九七二年建交以來，首次在中國國土上沒有任何一位為澳洲媒體進行報導的澳洲記者。與此同時，中國改變澳洲和全球各國未來命運的程度遠甚於其他大國，但澳洲卻反倒難以深入了解中國。

《澳洲金融評論報》在上海的辦事處最早成立於二〇〇四年，當時是由柯琳・萊恩（Colleen Ryan）和史帝芬・懷亞特（Stephen Wyatt）兩人設立。在這之前，《澳洲金融評論報》的總部設在香港，由這裡前進中國、報導當地相關新聞，之後短暫移往北京駐守，最後才落腳上海。這裡最適合設點，畢竟大部分澳洲大型企業總部都設在上海。柯琳和史帝芬在上海找了辦公室和員工，開始一步步建立人脈，讓日後派駐當地的通訊記者受益匪淺。其實在此之前就已經有澳洲報業的先進在中國打拼，前鋒代表人物是出生於基朗（Geelong）的莫理循（George Morrison），早在一八九七年他就被英國《泰晤士報》（*Times*）聘為通訊特派員，成為史上第一位在北京報導中國消息的外籍記者。

但誰也沒料到一百多年後的二〇二〇年底，駐派中國的外國新聞辦事處和員工卻因為要報導習近平主席統治下的中國，面臨了連莫理循都沒有遭遇過的威脅和危險。

同年五月，十四名美國各大新聞媒體的傑出記者分別在中國被驅逐出境，或是申請簽證被駁回，其中包含了《紐約時報》（*New York Times*）的澳洲籍記者克里斯・巴克禮（Chris Buckley）。另一名澳洲人溫友正（Philip Wen）是美國《華爾街日報》（*Wall Street Journal*）派駐中國的記者，他和另兩位外國記者被中國當局下令在二月離開中國。到了八月，擁有澳洲和中國雙重國籍的記者成蕾（Cheng Lei）在北京遭到拘留。六個月後的二〇二一年二月，北京官方宣布成蕾被正式逮捕，罪名是涉嫌向他國洩露國家機密。這一年間，凡是想要申請簽證進入中國的澳洲籍記者都遭到百般刁難。成蕾被監禁後不久，澳洲廣播公司（Australian Broadcasting Corp）的比爾・博圖斯（Bill Birtles）和我成為中國的箭靶，因為中國和澳洲政府交惡，互相展開報復的政治戲碼，導致雙方關係降到冰點。

但是，對於派駐中國的外媒新聞從業人員而言，在中國採訪新聞的最大挑戰還是來自於該國十四億人民對自己政府的恐懼。我在中國報導新聞的最後一年間，消息來源方越來越不願意接受外媒記者的採訪，因此我為了撰寫本書所採訪的很多對象都必須使用假名，細節也都有所更動，以保護當事人的安全。更多人則是完全不願意受訪，他們怕就算講的是私事也會觸怒北京當局，因為中國政府可以用非常模糊而且不透明的「國家安全法」為由，逕行將他們逮捕，我也因此不能提及那些在中國協助我的人。可惜了中國人民有那麼多不同凡響的題材可以報導，都因此無法分享給世界其他地方的人們，實在教人遺憾。

中國對於區域安全有著潛在的威脅，此事無庸置疑。而且在習近平的領導下，極權統治作風日盛，這也值得全世界憂心，因此外界很容易醜化中國人民。但其實這些善良的老百姓跟我們所有人都一樣，沒有比較好、也沒有比較壞，儘管在文化上與我們有許多不同之處，但他們都有自己的特點。

第一部

撤出中國

一、夜半敲門聲

二〇二〇年九月，上海

中國祕密警察來敲門時已經是大半夜。原本那個悶熱的上海九月天就讓我睡得不好，他們半夜來打擾更讓我睡意全消。早在前一天，澳洲駐華大使館就已經提醒要我「盡快」離開中國，所以我也早就打包好行李，訂了中國東方航空的班機，準備隔天傍晚從上海飛往雪梨。

大半夜的敲門聲在樓下門口大聲響著，我人睡在二樓都還能聽到那聲音在走廊和樓梯間迴盪。我住的是上海常見的後巷屋，過去十六年來，《澳洲金融評論報》的駐華通訊記者一向就是以這裡為家。

他們在敲門一陣子後找到了門鈴，不僅大敲特敲門，還加碼鈴聲大作，於是我在睡夢中不斷聽見鈴聲從四面八方穿腦而來。當初報社為了讓遠在四樓的辦公室也聽得到門鈴，所以在整棟樓各處都裝了門鈴的擴音機，結果這下子原本間隔兩秒會重覆一次的敲門聲又加進了鈴聲，看來這些深夜的訪客是有緊急要事了。

匆忙間，我只穿著四角內褲和圓領汗衫，光著腳就趕緊下去開門，中間只為了要拿眼鏡在床旁稍作停留。睡眼惺忪之中，我根本來不及對當前狀況有太多想法。我養的小狗休一（Huey）向來只要有人來訪都會吠叫，這時自然也吠了起來。我回頭對著還在樓上睡覺的伴侶威廉（William）喊道：「有人來了！」

等到我走近門廳時，我的心開始緊張地跳個不停。畢竟澳洲大使館前一天才剛提醒我要小心自身安全，而中國政府又素以半夜抓人聞名，我不由得作了最壞的打算。

透過大門口上方起霧的玻璃窗可以看到外頭訪客的剪影，依稀看得出來者應該不只一人。有一瞬間我心存僥倖，告訴自己或許沒什麼好擔心的。畢竟有時候也會有朋友深夜喝醉不請自來，想找個地方休息一下，因為我們這裡位於前法國租界區，有上海最多人流連的酒吧區。我又自我安慰地想著，或許是隔壁那位失智的老太太不小心又逛到我們家門口了吧？

可惜並不是我想的那樣。當我一打開門，我最擔心的中國惡夢就此展開。

門外站了六名身穿制服的公安，他們全擠在小小的玄關裡，其中一名年紀較長、著便服的男子則在後頭台階上等著，事後我得知是他是這起行動的領導者。這一看便知是公事。他們穿著藍色制服和深色長褲，別著警徽和階級臂章。其中一名站最前面的公安臉色嚴峻地看著我，一副沒好氣的樣子。他個頭很小、年紀很輕，可能大學剛畢業。頭理得很俐落，髮型旁分，戴著粗黑框眼鏡。

「你是麥可・詹姆士・史密斯嗎？」他用英語問道。「是的。」我咕噥著，像夜裡被車頭燈照呆了的小鹿般望著這群人。這時問話的員警亮出一只黑色皮夾，讓我看裡頭的金色徽章。我認得上頭金色字體的「上海」和「警察」兩字。他接著說：「我們是上海公安局，我們想進裡頭講話。」這可不是在問我意思，而是沒得商量的指示。

這些人都不是普通的公安。會在大半夜來我家敲門，顯然是奉了負責中華人民共和國情報、國安的祕密警察機關，也就是國家安全部的命令而來。該部負責中國國內反情報、外國情報以及國家安全等任務。所以這種感覺就像澳洲安全情報組織（Australian Security Intelligence Organisation, ASIO）、美國的聯邦調查局（Federal Bureau of Investigation, FBI）或英國的軍情五處（MI5）半夜找上門來一樣，只是惡劣許多。

我一開門，這群公安馬上就進了前門、湧入門廳，這裡原本就被鞋子、衣架和兩張古董椅占據不少空間，現在更顯擁擠。他們趕著我到一旁的客廳去，倉促的腳步聲像是催命足音般在木地板上響起。他們先是命令我在沙發上坐好。這時房裡只有在角落裡一直開著的小檯燈充當光源，燈光昏暗。客廳咖啡桌上還留著前一晚為我餞別的晚餐沒有收拾：裝著烤鴨的塑膠桶、飯、兩只空酒杯。一等我坐定位，一眾公安就圍著我開始辦起他們的正事。

剛剛亮出警徽給我看的那個年輕公安一旁站了個矮小的女公安，她留著齊耳短髮，同樣穿著公安制服。看樣子應該是來翻譯的，神情有些緊張。在客廳最遠處，有個人肩上扛了部大型的攝影機，已經開始拍了起來。另一名警官則朝著我打聚光燈，房裡頓時全都被燈光染成黃色。

我打量了一下屋裡的情形，被一種前所未有的恐懼感給吞噬。

早在三天前，澳洲外交貿易部（Department of Foreign Affairs and Trade, DFAT）就已經向我所屬報社的雪梨編輯部發出警告，澳洲駐華大使傅關漢（Graham Fletcher）也曾親自向我本人示警，顯然他們的警告並非無的放矢。我真的是麻煩上身了。

知道事態嚴重後，我腦海中第一個浮現的就是澳洲籍的中國電視新聞記者成蕾，她在前一個月從北京人間蒸發。澳洲政府在三天前才剛發布消息[1]指出成蕾已經被官方拘禁，正好和示警我離開中國是同一天。這顯然並非巧合，因為還有另外兩起案件也顯示中國正在拘禁知名的外籍人士。前外交官康明凱（Michael Kovrig）和商人麥可・斯帕弗（Michael Spavor）這兩名加拿大人都因間諜罪遭拘禁長達十八個月，過去六個月來也有多名美國人遭中國政府驅逐出境。

我擔心自己也會成蕾一樣「被消失」，成為中國惡名昭彰的黑獄文化的受害者。中國當局美其名稱之為「監視居住」，意思是當事人並沒有被正式起訴，實質上卻被無限期拘禁且不得聘請律師。我環顧周遭，琢磨著自己會不會即將遭到這種待遇，然後回想起過去三年在這棟屋子裡的種種美好時光：派對、好友來訪，還有跟伴侶威廉和小狗休一在沙發上共度的那些寧靜夜晚。我們在兩年半前因為我得到《澳洲金融評論報》駐中國特派記者工作，而在二〇一八年一月初搬到上海。當時能有這個工作機會真的讓我倆喜出望外，因為我自二十歲出頭就對中國深深著迷，當時我曾報導過香港九七移交。身為金融記者，我很期待這一次來到上海能有機會報導中國高科技奇蹟、其對澳洲奶粉和維他命奇大無比的進口量等事。但是隨著習近平政權越來越專制，再加上新型冠狀病毒疫情肆虐，讓澳洲政府和北京當局之間的敵對態度日益升高。雖然兩國關係時好時壞，但從來沒有嚴重到讓我連在自己家裡都覺得人身安全受到威脅。

這時我瞄到威廉在走廊上來回踱步，眼神焦慮地看著我。對威廉而言，住在上海有點像是落葉歸根，因為他雖然在香港長大，但他的父母是一九四〇年代為了討生活才離開中國到香港謀生。他非常喜歡上海的生活，為此特地放下在雪梨經營中國餐館的工作，在這裡以花藝和會場布置重新開始，也因為這個工作讓他得以打進上海的時尚圈。他絕對沒想過在中國會遇到這種事。

威廉一向實事求是，所以此時正悄悄拿起他的蘋果手機朝著公安錄影。然而他的舉動被一名公安發現了，要他把手機收起來，不然要沒收。除了這件事以外，他在一旁待著倒也沒人理他。公安的注意力全放在我身上。

那位年輕的公安拿出了一份三頁的公文，一板一眼地用中文念起上頭的內容，每念個十或二十秒就會停一下，讓一旁的女公安結結巴巴地翻成英文。但我實在嚇壞了，所以到底她說了什麼我完全沒聽進去。「巴拉巴拉巴拉……中國國家安全法……巴拉巴拉巴拉……第二十九條……調查中的關係人……巴拉巴拉……你電話號碼幾號？巴拉巴拉……你不能離開中國。」

我的處境在接下來幾天逐漸明朗。我現在是涉及國家安全調查中的成蕾案的「關係人」，所以我有「出境禁令」，意思是不得離開中國。在公安念完手上公文之後，他問我是否了解。我回答了解，但其實我還是一頭霧水。那名負責翻譯的女公安把那三張公文放在咖啡桌上，其中一頁是英文，但他們沒給我時間好好讀完，何況房間暗成那樣，字根本看不清楚。然後他們要我在文件上簽名，我也只能照做。但他們好像覺得簽名和全程錄影還不夠，接著又拿出印泥要我在上面蓋手印。這名翻譯公安跟剛才一樣，笨手笨腳地搞了半天才把印泥上的塑膠蓋子拔掉。她好不容易拔掉蓋子後，屋裡有人尷尬地笑了，這時我才在印泥上押上大姆指，再把手印蓋在紙上。

這一蓋他們此行的任務就完成了。幾位公安突然間就轉身魚貫出了客廳，朝向大門走去。我突然鬆了一口氣，因為看樣子他們沒有要抓我。我大不了就是不能出國，除此之外，至少其他行動都沒有受到限制。他們沒給我上手銬，我沒被押上警車去黑牢接受刑求，他們也沒要求我交出電話或是搜索屋裡。雖然當時真的很嚇人，但主要是因為事發突然。回想這整件事，我逐漸明白他們此行全是走個形式而已。這幾位公安全都只有二十幾歲，只是在演練。我猜他們應該不太明白這是怎麼一回事，也不太清楚我是誰。

當他們離開屋子，沿著巷子逐漸隱身在夜裡，越能證明這只是做做樣子。明白自己暫時不會被羈押後，我的膽子突然大了起來。威廉一向不吃執法單位那一套，這下子發現沒事，也同樣壯起膽子。但他有一點比我占優勢，就是他講了一口流利中文，所以他追上前去，我見狀也立刻跟著他。

威廉對公安說：「剛才那份公文我們要一份副本。」其中一名公安回答：「不行。」威廉又說：「那讓我拍個照留存。」然後順手拿出手機，這下公安不知怎麼應付了。突然間，年紀較長著便服的那名男子說話了。他態度強硬地用中文訓斥威廉，告訴他不可能。此時我直接問那名翻譯公安：「你們說清楚，這究竟是為了什麼？出了什麼事？」沒想到那名便服公安用英文回答我：「這是要確定你了解中國國安法！」突然間我才知道這整趟任務是誰帶頭的。

我們幾個人的大聲對話驚動了左鄰右舍，一小群鄰居在陰影處觀望著，他們住在以我們巷子（或應該稱為巷堂）為中心的社區。他們本來就愛八卦，這件事夠他們之後好幾個禮拜當茶餘飯後的話題了。現在好戲落幕，幾名公安轉身走上大街，消失在夜色中。

當我們走回屋裡並關上前門時，我問威廉：「究竟是發生了什麼事？」在確定前門有鎖好後，我又到後門檢查通往花園的門是否也鎖上。從威廉身上當然得不到答案，但我知道有人肯定有答案。

第一通電話我打給比爾·博圖斯，他是澳洲廣播公司駐北京的通訊記者。比爾的處境跟我一樣，我們是中國境內僅存的兩名澳洲媒體記者，當時其他澳洲媒體記者都還在澳洲等候中國核發簽證。我們都收到了澳洲外交貿易部和大使館的離境警告，原本也都訂好班機，準備在隔天下午離境出國。

電話一撥通，比爾馬上就接了起來。公安剛剛也去過他在北京的住處，也對他念了同樣的公文。不同的是，公安闖入時比爾不是在睡覺，電話中我聽得出來他那邊有人在講話。原來公安到場時，比爾正在舉辦歡送酒會，這是臨時發起的活動。他邀了一些北京的朋友、記者同業來喝一杯話別，因為他隔天一走應該短時間不會再回到中國了。然而，我們都清楚事態的嚴重性。公安是刻意挑選深夜同時造訪我們，這帶有政治意涵，目的要傳遞清楚的訊息給澳洲政府。

跟比爾講完電話後，第二通電話我打給梅根·蕭（Meghan Shaw），她是澳洲駐華大使館在坎培拉的媒體聯絡人。她聽了之後平靜但語帶關心地說：「啊，你們都遇到了啊。」了解我的情形後，她掛上電話接著向大使報告消息。這一晚，澳洲大使館的許多人都輾轉難眠。之後我的手機收到簡訊，告知我澳洲當局已經了解我的狀況，政府一早就會立刻和中國外交部交涉。這讓我比較安心，但卻還不能完全放心。威廉見狀說道：「現在擔心都無濟於事，去睡吧。」他倒頭就睡，還開始打呼。我卻躺在枕頭上死盯著天花板，足足兩個小時睡不著。凌晨四點時，我聽到外頭有聲響，於是起身躡手躡腳地下了樓。外頭有燈光在閃，一輛車跟著開進巷子裡，這又讓我心跳加快起來。我拉開窗簾想看清楚狀況，才發現那只是台垃圾車。我開始疑神疑鬼，坐立難安。

這次公安深夜找上記者的事是中澳建交五十年以來的新外交變局，而這種變化拉開了雙方漸行漸遠的序幕。中國官方大搖大擺地派正式執法人員找上兩位澳洲駐外特派記者，已經坐實了挑釁和騷擾的罪名，這是刻意對澳洲政府傳遞的政治訊息，對外國記者發出禁止離境命令，也同樣是中國史無前例的作為。偏偏就在這週稍早，一名外交官才對我說：「現在和中國政府打交道已經沒有前例可循了。」

此前中國當局對於不討其歡心的新聞記者通常是將其遣送出國，從來沒有恫嚇、羈押或是威脅要讓其無法出境的狀況發生。就是這些前例讓我誤以為，雖然中國政府近來對於異議人士採取了從文化大革命以來前所未有的大舉掃蕩行動，但應該不會找到我頭上。顯然中國當局對外籍人士的打壓手段升級了。

一報還一報

中國國家安全部派公安找上我的原因，我在事發好幾個星期後才明白。那時我才知道，在幾個月前的六月二十六日清晨，澳洲國家安全情報組織曾進入四名中國駐澳記者家中進行搜查，不像我，他們持有的手機和筆記型電腦被全部查扣。數個月後，中國國家新聞局的《新華社》採訪了其中一名記者，報導中他指控當時有十名澳洲安全情報組織官員進入他在雪梨的住家，前後長達七個鐘頭。但同樣跟我的情況不同，他們沒有被澳洲政府限制不得出境，他們也絕對不會在澳洲被消失，這世上唯一可以讓他們消失的只有中國共產黨。中國政府和澳洲消息來源都向我肯定，我和比爾那個禮拜之所以同時被公安找上就是因為澳洲這起事件。有人就這麼跟我說：「你們搞我們的記者，我們就搞你們的記者。」

我更是一直等到自己返回澳洲後才得知，原來中國國安部早從七月就已經對我進行嚴密監視，也就是成蕾在八月十四日被捕的前幾週，當時澳洲政府還沒出言警告我趕快離開中國。之後我才慢慢發現，許多我在上海認識的人在那個月都陸續接到中國情報機關的電話。電話中的提問聽起來往往無關緊要，譬如他們是否認識我？我是什麼樣的人？我們多常見面？接到電話的人清一色都是中國公民，這些人和我的淵源都與我的工作無關，關係也不算緊密。發現這件事後，我感到非常不舒服，到現在我都還會想，究竟那段期間有多少中國朋友以及其他和我有過接觸的人接過中國情報單位的電話。但這個問題我不能去問他們本人，這會害了他們。

我也是後來才知道，原來我住的那條巷子從七月開始就被監視了。我回到澳洲後，同事友人間輾轉傳來的消息告訴我，我的鄰居都說他們注意到有陌生人一直在我家附近徘徊不去。有一段時間還有輛神祕的車子停在巷子外頭，也會看到不是住這一帶的男子，身穿牛仔褲和運動上衣之類的便服，固定在我們的巷子來來去去。

這些事情全都在澳洲安全情報組織搜查四名中國記者住家之後才開始，而且是在成蕾被拘禁之前，這表示中國當局早就計劃要對澳洲駐華記者下手。這絕對不是突發奇想的草率行動。

只是當時的我對此完全一無所知。

警訊

我第一次對生活在中國感到不安是在六月二十九日，那一天中國官方媒體[2]《環球時報》刊登了一篇報導，內容指稱早在兩年前就有數名澳洲間諜遭到逮捕，文中還提到坎培拉（澳洲政府）正在加強針對北京（中國）進行的間諜行動攻勢。報導中還附了兩張照片，照片中的物品是從所謂間諜身上搜出的羅盤和上海地圖。雖說《環球時報》素來就愛報導澳洲和西方民主國家的負面消息，但它會刊出這則報導很不尋常。

這則新聞顯然是子虛烏有，純屬杜撰。報導中所稱從澳洲間諜身上搜得「從事間諜行動的配備」，包括了現金、隨身碟、筆記型電腦以及羅盤和地圖。這根本就是一場鬧劇，純粹在胡鬧。所以一些專事報導中國事務的外籍記者就在推特（Twitter）上揶揄這件事，說這樣的配備就連用在一九六〇年代拍的〇〇七龐德電影都嫌落伍，更何況是二十一世紀的澳洲間諜。

但這則消息的確是一個令人擔憂的信號。因為當時中澳之間的緊張關係已經從貿易、科技以及中國人在澳洲的大量收購行動，蔓延到更敏感的間諜祕密行動。甚至當時傳言四起，要在中國生活的澳洲人務必處處謹慎行事，以免被北京當局冠上從事間諜行動、危害國家安全的罪狀，徒增困擾。

儘管兩國關係持續惡化，日子還是一樣要過。中國民間逐漸恢復正常，而且他們的新冠疫情已經獲得控制。數百名先前僑居中國的澳洲人原本因為中國禁止外國人入境而被拒於門外，現在也想趕快回到中國繼續他們原本的生活。

八月的第三週，我收到一名西方外交官（非澳洲）傳給我的奇怪簡訊。簡訊寫道：「請小心，我很擔心你的安危。」我回覆請他提供更多資訊，但對方卻不肯再多說。到了八月二十六日這天，澳洲總理史考特．莫里森（Scott Morrison）宣布外交新法，此法對澳洲聯邦政府、地方政府、地方議會以及大學等與外國簽訂協議之事加以重新規範[3]。澳洲政府此舉顯然針對中國而來，尤其在工黨掌握的維多利亞省決定與中國合作、加入習近平招牌的一帶一路基礎建設計畫後，更是觸怒了澳洲聯邦政府。我認為正是這項法案招致北京政府不滿，才會讓那位暗中提醒我的外交官傳簡訊給我。但當時我卻覺得他多慮了。

我顯然誤判了情勢。早在澳洲外交部長瑪麗斯．佩恩（Marise Payne）於八月三十一號正式公布成蕾被捕之前，這個消息早已經傳遍整個外交圈。當時不僅是成蕾的朋友和北京記者圈的友人關注她的失蹤，其他國家也在密切關注此事。要是中國政府更膽大妄為地逮捕了其他知名記者，尤其是外國籍的記者，那它下一步會最想做什麼？

但真正揭開這場惡夢序幕的是報社在八月三十一日星期一下午打來的那通電話，那一刻讓我經歷了為期一週膽顫心驚的旅程，而且是我打死也不願意踏上的一段旅程。

當時中國許多地區已經好幾個月沒有出現新冠感染者的通報，所以各省針對商業和觀光旅遊的邊境管制都已經解除。我才剛和一群朋友到四川省會成都度過了一個週末，當地以火鍋和熊貓保護地聞名，結果這成了我在中國最後一個「正常」的週末。

星期一一早，我飛往天津這個中國東北部的大型海港城市，打算和攝影師參觀當地的「鬼城」。這個天津大型住宅建案在二〇一三年落成，我們想知道經過這麼多年後，它是否還如傳聞所言無人入住。這個大型基礎建設工程在當時是中國經濟和鐵礦需求的重要指標，因為澳洲是中國主要的鐵礦來源國。可惜這個我在中國的最後一個採訪計畫始終未能成行。

在我抵達天津、下榻麗笙飯店（Radisson Hotel）沒多久，就傳來了壞消息。我事前聯絡過要在當晚共進晚餐的當地地產開發商，以及隔天預備要接受我採訪的一位經濟學家，突然同時間取消跟我的採訪約定。這種情形在中國越來越常見，過去十年來一直接受《澳洲金融評論報》採訪和聯絡的當地人突然間都對外籍記者避之唯恐不及。我後來才知道，這還算是最不用我操心的問題。

我接到電話時，人剛好就在飯店大廳準備出門赴約。電話那頭《澳洲金融評論報》的主編麥可・史塔奇柏里（Michael Stutchbury）和編輯保羅・貝里（Paul Bailey）都在線上。當國家級報社的兩位高階編輯同時打電話給你，你就知道肯定有什麼非比尋常的事發生了。

原來澳洲外貿部當天下午致電史塔奇柏里。因為成蕾被捕的消息已經傳開，所以外貿部要他想辦法盡速讓我離開中國。接到電話後，我震驚到跌坐在飯店大廳椅子上。前一刻我還在四川看熊貓，準備要到鬼城參觀；下一刻我卻要考慮怎樣能在二十四小時內盡快離開中國。我能夠脫身的方法並不多。因為新冠疫情，中澳都各自有邊境管制，再加上航班縮減，所以幾週內要訂到返澳的班機幾乎是不可能的任務。如果是這樣，那能不能先飛往香港或台灣避一下風頭？但這個方法也行不通，當時亞洲大部分國家都不准外籍人士入境。這此時我才真的了解到情況有多嚴峻：我面臨了必須立刻逃離中國，卻無處可逃的困境。

除此之外，還有另一件事讓我覺得困惑，那就是我們至今都還不清楚究竟是什麼事情導致我現在處境堪虞。中國過去從來沒有拘禁外國通訊記者的前例。成蕾基本上不能算是外國記者，因為她受聘於中國國營新聞媒體，而且她本來就是中國籍，北京當局並不承認她的澳洲公民身分。

但我和報社都同意我不該再繼續手邊的採訪工作，應該要即刻返回北京，從天津搭高鐵到北京只要半小時。萬一事態真的嚴重到需要尋求庇護，至少那裡有澳洲駐華大使館，有問題要求助他們也比較快。這一天我有大半時間都在路上疲於奔命，回到旅館上樓打包行李時深感憂慮，下樓和翻譯碰頭之後就前往火車站準備搭車返北京。在前往車站的計程車上，我們兩人分頭打電話取消採訪，也告知原本約好隔天負責接駁的司機和攝影師。到了天津火車站，簡直就像要進入美國的軍事重地諾克斯堡（Fort Knox）一樣，這邊管制嚴格、層層把關。雖然中國已經解封，但是進入公共場所還是要經過繁複到令人沮喪的程序。進入車站前，要先經過一道又一道的金屬旋轉門，每一道都像是會把人切成兩半一樣，而且進門前都要測體溫，光在車站我就被測了十多次。我們在兩個小時後到達北京的假日飯店（Holiday Inn），在這裡暫度一晚，隔天一早十點半我和澳洲大使館有約。但我到現在都還不敢相信自己竟然必須離開中國。

一夜輾轉難眠，翌日清晨五點我就醒了，心中滿是忐忑，不知道未來會如何。成蕾被捕的消息一早就出現在澳洲各電視台的新聞快報中，同事和朋友的簡訊也跟著不斷湧入我手機中。「你沒事吧？」「她被捕的原因是什麼？」「你要出境嗎？」我先去找比爾，因為大使館也要見他。當前的狀況讓我們坐立難安，過去都是中國政府在趕記者，這次卻換成澳洲政府催促記者趕緊離開中國。

這次會面籠罩在低氣壓之中。大使館的建議很明確：「如果我是你，我會馬上就走。」我們反覆追問，究竟有沒有明確的證據讓澳洲外貿部認為我們的人身安全受到威脅，即便資訊不能對我們透露也沒關係。但大使館把線索拉回到成蕾被拘以及兩位「同樣叫麥可的加拿大人」的身上。大使館認為，這已經是北京當局已經走到想要動用人質外交關頭的充份證據，如果雙邊關係再惡化下去，他們就打算使出這個手段。過去的作法現在已經不適用了。那個週二下午我搭乘高鐵回上海，心裡作了最壞的打算。

報社和我都很擔心撤離中國會傷害《澳洲金融評論報》在中國十六年打下的基礎，這一來，《澳洲金融評論報》就會成為兩國外交紛爭的砲灰。我們也不懂為什麼澳洲大使館只叫我們離境，卻沒有要在英國廣播公司（BBC）、路透社（Reuters）、彭博社（Bloomberg）等其他國家新聞媒體上班的駐華澳籍記者離境。當時，中國外交部才剛批准《澳洲人報》（*Australian*）的中國通訊記者威爾・格拉斯高（Will Glasgow）在雪梨提出的返中簽證。從這件事來看，澳籍新聞記者似乎並不是中方針對的對象。但我個人的人身安危的確已經不容忽視，而且澳洲外貿部不會隨便發出這種警告。在從北京往上海的四小時車程中，我不斷接到各種視訊電話、簡訊和電子郵件，全都是要和我討論當前事態。當高速火車駛進上海市時，我才猛然意識到自己竟然在短短二十四小時內橫跨了中國東西南北四座大城市（成都、天津、北京、上海）。

隔週的週三早上，澳洲外貿部和大使館的警告變得越來越緊張，報社和我一致認為不能再忽視澳洲政府高層這麼明確的指示。所以我不得不以驚人的高額票價訂下最近的一個航班準備離境，也打包了兩箱行李，然後請《澳洲金融評論報》上海辦事處的同仁好好吃頓送別餐會，大家在淚眼中告別。我們都非常關心情勢發展，但也對當前狀態感到很困惑。我決定不對在中國的朋友透露我的決定，因為這肯定會在通訊軟體中傳得沸沸揚揚，但這些軟體都會被中國政府監看，只會引來不必要的關注而已，當下我也實在沒什麼心情跟朋友舉辦歡送派對。在那個階段，大使館也跟我說威廉那邊沒有什麼威脅，所以他決定留下來。

結果，當晚公安就來了。這下我之前對澳洲政府警告的質疑全都煙消雲散，因為澳洲外貿部和大使館說對了。我真的麻煩大了。

二、尋求庇護

二〇二〇年九月，上海

其中一件生活在中國的危險事情是，一旦出了什麼事，事情一定很大條。

這種情形很罕見。我在這個全球人口最多的國家中遇到數千名澳洲人以及其他國籍的人士，他們在這裡的生活經驗都很好。當中有少數人甚至發了大財，雖然這類人不如外界想像的那麼多。至於其他人，有些愛上了這塊土地，有些娶或嫁了中國公民，在這裡成家立業。許多人嘗試花了幾年念書、教書、工作、旅遊，最後豁然開朗離開，有時候他們會感到沮喪，因為在這個國家待得越久，反而越難理解這個他們生活這麼久的地方。

但是一旦這些在中國的外籍人士和外國公司惹上麻煩，後果都非常嚴重。

譬如澳洲的皇冠集團（Crown Resorts），這間澳洲首富詹姆斯・派克（James Packer）所有的博奕集團就是下場很慘的其中之一。在二〇一六年十月的一個晚上，十九名皇冠集團的員工同時在中國各座城市遭到逮捕，這是中國公安部協力進行的緝捕行動，被逮捕的十九人中有三人是澳洲籍公民。

這則消息是由我披露的，但必須說這純粹是偶然。一名我過去的線人打電話給我通風報信，他在賭城澳門工作。收到消息時，我人在澳洲雪梨郊區的齊本德爾（Chippendale）公寓家裡，那時是星期五晚上八點，我正打算要出門跟朋友吃晚餐。

「嘿！UBER（優步）在樓下等我，我晚點回你電話好嗎？」我問。

「你絕對會想取消你的計畫，老兄。」朋友在電話那頭說道，「事關中國皇冠集團的員工，他們被逮捕了。所有人！」

我隨即回頭跑進廚房裡，急急忙忙地找來紙和筆，說：「快把你知道的都告訴我。」

這位澳門的線人告訴我，至少有十八名皇冠集團員工被捕，他們大多隸屬於皇冠集團的中國銷售和行銷部門。中國政府在搜查他們住家後，沒收了他們的筆電和手機，並將他們逮捕。其中一人是來自墨爾本的傑森．歐康納（Jason O'Connor），他是皇冠集團的高階執行長，當時只是去中國參觀而已。

這名線人之所以聯繫我是因為博奕業很多人都對此感到憤怒。他們認為皇冠集團之所以被中國盯上，是因為中國內地明令禁止博奕業打廣告，而皇冠集團卻透過旅遊業和賭場所在的度假村來打廣告。皇冠集團在二〇二〇年申請雪梨市賭場證照時，新南斯威爾省就針對此事質疑該集團事前是否正確評估中國員工將會面臨的風險。

之後我立刻打電話給當時駐上海的《澳洲金融評論報》特派員夫妻檔，安格斯・葛里格（Angus Grigg）和莉莎・茉莉（Lisa Murray）。電話撥通時，他們正好在參加網球比賽，但一聽到消息便立刻放下手邊的事，打了好幾通電話確定消息是否無誤。我們三個證實了這則訊息之後，澳中關係在接下來的好幾個月裡又重回報紙的頭條。[1]

我在上海工作那段日子裡，皇冠集團事件在上海澳洲商界口耳相傳。在酒吧聊天時，大家常會以此事為例互相提醒，中國在習近平肅貪之後對規定非常吹毛求疵，所以凡事一定要入境問俗，照當地的規矩走。在這之前，澳洲礦業巨人力拓集團（Rio Tinto）的一名高階代表胡士泰（Stern Hu），就因收賄及竊取國家機密罪名被判十年刑期。皇冠集團的員工和胡士泰的不同之處在於他們的刑期相對較短。一般認為之所以如此，是因為皇冠集團在事發後採取低調的方式處理整件事，包括律師和澳洲政府都非常隱密謹慎。

尋求領事保護

二〇二〇年九月三日一早，太陽升起時我人躺在床上，心裡想著詹姆斯・派克。不是你想的那種想。

離上海公安局來訪還不到五小時，緊急情勢卻已經急劇升高。我會像四年前皇冠集團的員工那樣鋃鐺入獄嗎？澳洲政府會怎麼處理這件事？該請律師嗎？至少到目前為止還有一件事值得慶幸，就是我還沒被冠上任何罪名，而且中國政府如果想要拘捕我，那前一晚早就動手了。

我稍早已經跟報社報備過我目前的困境，他們很關心，但態度上還是相當冷靜。他們向律師和澳洲外貿部尋求了意見，要我明天一大早就去澳洲上海總領事館位於南京路的辦事處。這主意似乎不賴，畢竟我覺得住這裡已經不安全了。原本我打算當天下午搭班機返回雪梨，現在想都別想。

當下最要緊的是澳洲媒體會不會報導昨晚公安造訪的事。我聽到的說法是：「要是二十四小時內沒有人報導，那我們就可以進行安排。」畢竟前一晚在比爾北京住處的搜查也有其他新聞記者在現場，而幹記者這行的往往口風都不緊。這讓我突然想到，二〇一六年我報導皇冠集團員工被捕事件的事肯定讓處理的澳洲外貿部一個頭兩個大。

我沖了個澡後，帶狗到外頭的巷子遛遛，昨晚我們就是在這跟公安起衝突。夏天總會在戶外折疊牌桌上吃飯的高齡夫婦神情緊張地盯著我看，我對他們微笑說：「早安，早上好。」他們很勉強地點頭回禮，以往親切熱情的招呼不再，只管吃著他們的早餐。通常如果有事要去總領事館，我會騎共享單車去，因為總領事館就在上海商業區，騎單車只要十五分鐘路程，但這一天我改搭計程車。上海澳洲總領事館在一棟高層辦公大樓裡，直到我通過門口安管來到大樓第二十二層後，我才終於覺得心安。同一時間，在北京的比爾也正在前往大使館的路上。

當天一早，澳洲政府最高層已經達成決議，要讓我和比爾進入外交保護❶（diplomatic protection）的程序。情勢一下子變得非常複雜，因為我和比爾在成蕾案中是警方傳喚的對象，中國政府覺得澳洲領事館出面保護我們是在干預中國司法。[2]我也在當天早上詢問領事館，若是我們拒絕與中方合作，會不會讓事態擴大。澳洲外貿部雖然承認有這個可能性，但同時也認為，我們真的接受中方調查的風險會更高。澳洲外貿部的看法是，要是我們同意接受調查，有很大可能一進去就出不來了。我想了想，領事館之前的警告一再成真，這次我最好也聽他們的話，作好最壞的打算。

我當下心裡真的亂成一團。因為此時我才慢慢體認到自己再也不是那個可以報導中國消息的記者，而是成了新聞事件的主角。讓澳洲公民接受外交保護這種事在中國可不是天天有，更何況接受保護的兩個人還都是記者。一九八九年天安門事件中，澳洲政府曾經對當中最知名的異議份子劉曉波提供政治庇護，但為劉曉波所拒。[3]同一期間，澳洲領事館也提供台灣歌手侯德健政治庇護，他被藏在棉被裡偷偷送進領事館，之後在領事館裡躲了好幾個月。在我的印象中，中國境內最受矚目的外交政治庇護事件是中國視障維權律師陳光誠，二〇一二年時，美國大使館曾提供他政治庇護長達六天，最後更協助他出境前往美國。

❶ 譯注：外交保護是國際法中，本國人民在他國遭受該國違反國際法對待時，最後的保護手段。

偏偏我來的地方是棟超高辦公大樓，這讓事態更為複雜。與北京澳洲大使館不同，雖然澳洲上海領事館提供簽證申請綽綽有餘，但要拿來提供政治庇護以藏匿多日就顯得不足。所以雖然再次移動的風險極高，領事館別無選擇只能讓我前往總領事官邸，因為外交使節官邸按理受到《維也納公約》保護。中國也在一九六一年由聯合國居中協調簽下這條公約，同意行使條約中外交使節機構建物範圍內保護之條文。[4]基本上，這表示若中共當局強行進入澳洲領事館將我帶走就會引起外交糾紛，形勢將不利於北京當局。然而這種事很難有個準，因為在習近平統治下的中國，再怎麼說不過去的事都突然有可能了。

從南京路上的澳洲上海領事館到位於上海前法國租界的澳洲總領事官邸，中間大概有三公里半的路程，對一個擁有兩千五百萬人口的大城市而言算是相當短的距離，但這一路上卻隨時可能生變。要是北京當局真的想拘捕我，只要在途中放置路障或是改變交通號誌就可以。

當我走出領事館，回到中國土地上，接著前往領事官邸的過程說起來還真有點像電影《不可能的任務》（*Mission Impossible*）。我搭上了有黑色車牌的外交使節用車，在澳洲外交隨員的護送下出發，照理說這應該足以提供我外交上的保護。過程中，車子會繞道前往我的住處，讓我拿私人筆電、公事包，也接威廉同行。可惜狗狗休一無法與我們一起。

在快速穿過熟悉街道回家的路上，我不能事先用手機告訴威廉整個計畫。在中國，不管你再怎麼把通訊軟體加密，都無法百分之百保證訊息不會被攔截。十分鐘後，我們到了我住的長樂路窄巷裡。《澳洲金融評論報》的那棟樓就在這條死胡同往前五十公尺處，但這麼一進去，若是有人從後面把鐵門關上，我們就無路可退了。但我們別無選擇。

基於安全因素，我只能待在車上，由另一位外交官員幫我代勞。我透過隔熱玻璃窗看他跳上台階進到屋裡。我已經事先告訴他東西放在哪，他會幫我把放在門廳的幾個公事包和在四樓辦公室的兩台筆記型電腦拿下來，並且告訴威廉要在十分鐘內收拾行李一起離開。我在車裡看見報社的清潔人員正在外頭澆花。她對我揮揮手，看起來一頭霧水，我也揮手致意，聳了聳肩。

車子並沒有熄火。在車上等候的短短幾分鐘內，我忐忑地望向辦公室前門前後不下十次，此時我看見一個身穿牛仔褲和T恤、樣貌可疑的男人緩慢但刻意地走在車道上。他戴著帽子、鏡面太陽眼鏡和口罩，將手機舉在眼前，看似在跟人視訊。但他經過我們的座車、距離我們不到幾公分距離時，我就發現他正在拍我們。如果你在中國當記者，你就會習慣辨認出被派來跟監的便衣刑警。中共當局顯然知道我們的行蹤。

忽然間，身後緊跟著威廉的外交官提著兩個公事包衝出屋外，急忙鑽進車裡。威廉臉色蒼白，不發一語。接著車子倒車、迴轉離開。《澳洲金融評論報》的新聞助理露西（Lucy）走出報社，面露驚恐地看著我們駛遠，這是我最後一次見到她。

車子很快就上了安福路。上海安福路是一條林蔭滿布的新潮街道，兩旁都是酒吧和咖啡館，很受當地澳洲僑民歡迎。車行至官邸牆外時靠邊停了下來。棕色的鐵柵門在車子駛入官邸後關上，這時我的心跳才終於稍微慢了下來。這棟寬廣的寓所我很熟悉，官邸外有個亞熱帶花園，官邸本身則是以西班牙傳教士建築風格建成。這棟建築據說過去有一段黑暗的歷史，在文化大革命時，地下室曾被紅衛兵拿來當作審訊犯人的地方，後來才成為澳洲總領事官邸。我曾經來這棟官邸參加過多次餐會，和商業界領袖、經濟學者與作家會面。同時我也會參加每年一度的「澳紐軍團日」（Anzac Day）所舉行的黎明追悼儀式，以及每年在上海舉辦澳式足球聯盟盃（AFL）的開賽記者會。

但這些多彩多姿的活動都是在新冠疫情還沒出現、澳中關係還沒惡化前的事，如今澳中關係已經陷入自一九七二年毛澤東主政時期以來的最低點。

而且從現在起，澳洲總領事官邸將成為一棟如監獄般的庇護所。

那天最奇怪的感受是，我們的處境如此緊張，但所經之處卻一如往常平靜。我們不請自來，也不知道要住到哪一天。不過主人還是盛情款待，當我們是老朋友來過週末一樣。總領事官邸在這天下午正好在準備澳洲各邦、區上海代表的商業接待會，所有員工都忙進忙出，誰也不得閒。領事館已經決定，雖然當前面臨外交危機，但商會還是要繼續進行。臨時取消反而會惹得外界猜疑，尤其是這一天旅華的澳洲僑民都因為成蕾被捕而人心惶惶。

領事館交待我和威廉要在裡頭躲好，不要被人看見，所以我們就躲在官邸大門進來後旁邊的大書房裡。這間房間很舒適也很涼快，正好可以逃離外頭夏末的濕氣。我選了張沙發，小聲地和澳洲外貿部員工以及我在雪梨的報社同事交談，也花了很多時間打發想知道我們現在下落的朋友和同事。在澳洲的記者一直追問，為什麼我沒有幫他們追蹤報導成蕾的新聞。無論如何，我們現在的狀況都不能讓外界知道。一旦被媒體知道了，事態就會變得更為複雜，到頭來可能很難善了。

商會開始了，我可以聽見書房門外來賓一一進入門廳的聲音。這些招呼聲中也夾雜著我認識的人的聲音，都是經常和我一起喝咖啡或啤酒的澳洲人。我還聽到玻璃杯撞擊的清脆聲響，賓客興奮地聊著新冠疫情管制降級後的旅遊計畫。在門另一邊的我卻已經回不去從前的生活了，外頭的他們渾然不知有一位澳洲籍記者正躲在隔壁的房中。

雖然我們還是很焦慮不安，但是因為這裡很舒適，加上屋子裡有很多人在，所以感覺比較安全。那天下午，有位好心的領事館員工不斷從門縫裡關心我們。「你們需要什麼嗎？」即便我說不用，她還是端來好幾盤的香腸和酒。這一切讓我覺得只要閉上眼，就好像回到澳洲一樣，即使這裡還是中國境內。

當賓客都離去，官邸又回到一片靜默後，我才真的感受到事情的嚴重性。相關人員這一整天一直在開祕密會議，大家越來越擔心我們的事情會被媒體披露。《澳洲人報》知道我們遭遇的困境，因為該報的通訊記者原本在這個週末要從雪梨飛回中國，所以已經被告知現在回到中國的風險。現在我們的安危全仰賴這家原本和我們打對台的報社能守口如瓶了。

高風險對談

澳洲外貿部在這段期間一直在檯面下試圖解決問題。最初的二十四到四十八小時是化解危機的關鍵時刻，因為如果趁這個時機悄悄地運用外交手段讓事情消弭於無形，就能讓中國政府保住顏面。保住面子在中國社會是很重要的一環，但時機稍縱即逝，而我們所剩的時間已經不多了。

上頭交待我好好睡一覺。進了官邸算是多了一重保障，但也不是萬無一失。還好，我目前的狀況還不到絕望的地步，我只算是警方想要約談的對象，還不算是嫌疑犯。事情還是疑點重重。要是比爾和我事前都沒有訂機票打算離境的話，昨晚公安會找上門來嗎？畢竟在中國這個完全沒有隱私的國家，訂機票這種事顯然立刻就會被當局得知。但究竟是不是這樣卻永遠無法證實，唯一確定的是我們的確被盯上了。既然這樣，那接下來就很難說有什麼事情不會發生。

當我在樓上的客房迷迷糊糊睡去時，腦海中浮現過去看過別人報導或是我親自報導的侵害人權事件。公安在深夜裡莫名闖入數百名異議人士、藍領階級的犯人以及普通中國老百姓的家中搜查，然後讓他們在攝影鏡頭前講出非自願的自白，無數生意人、藝人、博主、學者、甚至是學生都因為濫用史上最先進監視技術的一黨專政中國而噤若寒蟬。法官只有一個，就是中國共產黨。這就是當代中國生活的寫照，中國十四億人口就這樣無言地接受了這種待遇，想辦法不要給自己惹麻煩就對了。也因為中共在香港實施新的國家安全法，那裡的人們才開始意識到生活有了改變。相比成蕾和兩位加拿大人的遭遇，我深覺幸運，自己不至於像他們那樣憑空消失，連透過外交途徑以求免於牢獄之災都來不及。

接下來的四天我都在外交保護之下度過，這四天十分難熬。報社建議我盡量繼續報導以維持我安然無恙的假象，但我實在無法專心寫稿。威廉雖然擔心我的處境，但不認為自己也需要一同接受庇護，所以一直想要回去我們的住處。對此我不是很有把握，因為他雖然是澳洲公民，但他同時也擁有香港籍，而且還持「港澳居民來往內地通行證」進入中國，靠著這份文件他才得以在上海工作。他在中國官方眼中就是中國人，有再多外國護照都沒有用，要是他犯了法，就是比照中國人而非外國人辦理。在總領事官邸高牆內，我們可以聽到外頭車水馬龍依舊，摩托車在街上呼嘯而過，腳踏車叮噹作響，小朋友嘻笑地玩耍，還有攤販叫賣著。這裡離我們住的地方只有兩條街，卻宛如遠在天邊。

我在接下來幾天不斷地編謊話。首先是騙我父親，因為他感染了肺炎正在住院，雖然他一向臨危不亂，但在他住院這陣子還是別加重他的壓力比較好。所以我雖然和他每天通電話，但都只是告訴他我可能會提早返家。當時因為新冠疫情造成跨國旅遊的種種限制，所以我們原本沒有打算回澳洲過聖誕節，因為對於在中國發展的外國人而言，一旦出境就很可能就再也無法回去。接著我還要對上海的朋友說謊，因為他們好幾天沒見到我，開始在追問我的行蹤。澳洲商會（Australian Chamber of Commerce）會長傑克．布雷迪（Jack Brady）在那個週六下午要辦告別酒會，所以透過微信國際版（WeChat）傳了訊息給我：「兄弟，你今天會來吧？」他的私訊我不能隨口回答，得要編個夠有說服力的藉口才行。我信得過傑克，但我不想連累到他。酒會上肯定會有很多澳洲人到場，某些人一定也會追問我的下落，因為當時已經有成蕾失蹤前的例子在先。有些這幾天一直在照顧我們的澳洲外交官員當天也會到場，畢竟上海這個地方的澳洲人就那麼多。同時，我一些不是旅華澳僑的朋友也在找我，因為原本威廉訂了一間餐廳要在下週幫我辦生日晚會。但這個宴會我肯定是到不了了。

那幾天我們真的是坐立難安，只能在偌大的屋子裡踱步或是在花園裡坐坐，也不知道要困在這裡多久。一位在北京的記者朋友聽聞當前的狀況後，開玩笑地發了一封簡訊：「現在講朱里安．亞桑傑（Julian Assange）的笑話是不是還太早？」因為亞桑傑曾在厄瓜多爾英國領事館中足足藏了七年之久。在領事官邸那個禮拜，我一直在想自己會不會跟他有一樣的下場。

我同時也想到，這件事會有三個可能的情況。

第一種情況，澳洲政府可以和中國協商讓我們以最快的速度搭機離境。儘管當時雙邊關係陷入冰點，這樣的安排還是有機會。非到萬不得已，中國不會下令禁止兩名外國記者離境。拒絕讓我們離境會引起所有在中國境內的澳洲人的莫大恐慌，同時也會對其他數百名來自數十國的記者造成影響。

可是中國當時也不是好商量的。第二種情況就是談判失敗，我們就此困在官邸好幾週、甚至好幾個月。又或者，他們允許我返回上海住處，但離開中國的日子就此遙遙無期。二〇一九年十一月，我採訪了一名在中國開設健身房的澳洲人約翰・葛蘭姆・哈普（John Graham Harper）[5]，他曾因捲入商業糾紛而被禁止離開中國長達兩年多的時間。採訪時他告訴我：「在中國，這根本就是每個外國人心中的夢魘。」

在過去三年來，中國祭出出國禁令的次數有增無減，他們會下令移民官員阻止某個人離境，即便這個人不是犯罪嫌疑人亦然。只要是中國政府想要的外國人，有時候連同其家屬和小孩都會被限制出境。[6]知名的上海維權律師斯偉江也曾被限制出境，他之前接受我採訪時就說：「整個程序完全不透明。他們隨便就把人劃入限制出境黑名單，完全不讓你有司法救助的機會。就算你是外國人，也要照中國的法律來走。」

第三種也是最糟的情況是，我不僅是警方約談的關係人，還會被當局羈押，全案正式進入高達九成九會被定罪的司法程序。《澳洲金融評論報》在那一週聘請了兩位律師，他們簡要地幫我分析了萬一坐牢的話，我有哪些管道可以自救。讓我鬆了一口氣的是，其中一名律師克里斯・卡爾（Chris Carr）剛好是我的朋友，他是銘德律師事務所（Minter Ellison）的合夥人和首席代表。卡爾過去二十年間有十四年都住在中國，而且有協助澳洲人和其他外籍人士在海外處理法律糾紛的經驗。在總領事官邸餐桌上開著沉悶會議時，能看到熟悉臉孔讓人感覺好多了，可是他說的話也不是很讓人心安。他說，在中國一旦被羈押，短期內獲釋的機會就微乎其微。唯一讓人比較釋懷的是，我目前還沒有被指控任何罪名。

現在已經回到澳洲的卡爾在後來某次聊天時，回憶起那個星期發生的事：「在第一次見面開會之前，我原本以為事情還有轉寰的餘地，也就是說，先查出中國的意圖，然後再試著降低風險，盡量配合他們。再怎麼說，我們人在中國，照他們的規矩走應該不會出什麼錯。畢竟不論過去或現在，你都沒有對中國構成任何威脅。實在很難想像一個心態開放、樂於探索、一向對中國抱持友好態度的人竟然會遭受到這樣的待遇，更讓人難以接受的是這個人還是我的朋友。」

「問題是，中方要步步進逼到什麼程度。當時我很擔心你被安置的地點，還有要怎麼營救你，想說至少也要見你一面或了解一下來龍去脈。你的藏身之處是個優勢，但不見得一直有用。雖然多數澳洲人都覺得朱里安・亞桑傑的例子可以套用在你身上，但我卻擔心你會步上王立軍的後塵。」

他口中所說的是中共前重慶市委書記薄熙來的公安局局長，王立軍在二〇一二年因叛亂、賄賂以及協助薄熙來妻子谷開來殺害英商尼爾・海伍德（Neil Heywood）、湮滅證據等罪被判入獄，這件事也間接造成薄熙來失勢。在入獄前，王立軍一度躲入成都美國總領事館，但領事館隨後被中國公安包圍，要求美國外交官員交出王立軍。我所在的澳洲上海領事館裡可沒人希望此事重演。

當時我還在等一通電話。在我進到領事官邸的那天，比爾接到一通中國國家安全部打來電話，要他到國安部接受問話，但被他拒絕了，因此我們認為國安部應該也會打給我提出同樣的要求。之後我整天都盯著手機，演練要怎麼應答，但我一直沒等到電話。後來我變得緊張兮兮，每次手機響之後卻都發現只是虛驚一場，這讓大家在鬆口氣之餘也感到好笑。有天中午我們坐下來吃外送午餐時，我突然發現有兩通未接來電。我趕緊拿出筆記型電腦，打開數位錄音軟體，再將手機改成擴音通話，回撥給對方。電話接通後，另一頭的自動語音系統這麼說道：「午安，這裡是沃歌斯！」原來那兩通未接來電是食物外送服務打來的，這是上海澳僑都愛用的訂餐網站。餐桌旁的大家聽到後全都捧腹大笑。

幽默在高壓的情況下可能是一種必要的生存機制，雖然這實在沒什麼好笑的。二十四小時過去，事情始終沒有進展，這並不是個好兆頭，要是澳洲政府已經開始跟中國政府談判的話，沒有進展就表示發展不順利，接著不知不覺又過了四十八小時。但是照顧我們的這些外交官員臉上沒有顯露出半點擔憂，這表示他們沒當一回事，還是只是沒表現出來呢？為了想讓我們放寬心，他們盡是聊些寵物和旅行時該注意什麼的話題，盡是些跟政治扯不上邊的事。此外，官邸裡有一台裝滿澳洲葡萄酒的工業級冰箱，讓我們得以藉酒稍事鎮定。

在第三晚準備要入睡前，我不由得感到越來越焦慮。這個狀況究竟還要持續多久？我記者當得好好的，怎麼會沒事陷入外交危機？雖然我之前的報導的確曾提及澳中關係生變，以及中國對澳洲產的大麥、酒類和海鮮貿易進行非官方制裁數月的事，但從沒有觸及特別敏感的議題，我手上也未握有足以撼動國際的中國機密。中共當局連我的辦公室都沒有進行搜查，也沒查扣我的手機和筆電，這表示他們並不認為我有上述的嫌疑。這只有一個結論，就是澳中關係已經惡化到讓記者淪為政治馬前卒，成了政治角力中的籌碼。

這樣的中國不是我三年前剛搬來時的樣子，也不是我在二十五年前首度造訪中國時的樣貌。當時西方國家都認為，中國在改革派領導人鄧小平的領導之下會成為一個更自由、民主的超級大國。但中國怎麼會走樣成現在這樣呢？澳洲人過去一直覺得中國是個充滿發展機會的國家，但現在的中國卻令人望之生畏。

想到這裡，我的思緒被門外傳來的敲門聲給打斷。上海總領事戴德明（Dominic Trindade）突然衝進房裡來說：「有消息了！」

第二部

中國崛起

一九九三年至一九九七年
二〇一八年

三、香港回歸

一九九三年七月

我和中國的緣份始於一九九三年七月的一通電話，當時我正在塔斯馬尼亞州（Tasmania）首都荷巴特（Hobart）的《水星報》（*Mercury*）的新聞編輯室工作。那時我剛滿二十三歲，才完成新聞記者實習工作，正躍躍欲試想要大展身手。幾年下來，我報導的新聞從電視節目導覽、街頭無家可歸的流浪貓，再到澳洲西部開礦小鎮的草莽生活，終於升格到可以報導全國性的政治新聞。那一天，我正在等一個商人來電，因為我想要報導巴斯海峽（Bass Strait）渡輪服務的事。那個年代只有話機，當電話響起時我正不耐煩地坐在座位上緊盯著它。

「哈囉，小餅乾。」電話另一頭傳來親切的女性聲音，一開口就叫著我那陣子的小名。

「我是瑪麗，我人在香港。」

是瑪麗・賓克斯（Mary Binks），她之前是澳洲廣播公司駐荷巴市的記者，我一直都很欣賞她，她在一年前搬到香港發展。三個月前我打過電話給她，問候她在香港工作情形，並且要是那邊有工作機會的話，也請她通知我一聲。看來我的願望實現了。

她說：「我打來是要給你一個工作機會。來《英文虎報》（*Hong Kong Standard*）政治版當我同事，跟我一起工作吧。」《英文虎報》是香港閱報率僅次於《南華早報》的英文報。我高興地在腦海裡翻了個筋斗。

「真的假的？這是個確定的工作職缺嗎？」我問她。瑪麗則說：「今天又不是愚人節。」

我馬上就答應了她。

「你要不要考慮個幾天再答覆我？這可是個相當重大的決定啊。」她還不太確定地問我，但我完全沒在聽。

「不用考慮了，沒問題，這工作我想要。」

高樓大廈、舢舨船，還有電影《蘇絲黃的世界》（*The World of Suzie Wong*）中煙霧繚繞、有著旗袍女子、高掛紅燈樓酒吧的蒙太奇，充滿異國情調的畫面浮現在我當時還年輕的腦海中。除了參加過一次 Contiki[1] 的國際青年英語半自助旅行而到過峇里島外，那時的我從來沒有

❶ 譯注：CONTIKI 是專為年輕族群提供旅遊行程的旅行社，隸屬於世界知名旅遊集團 Travel Corporation，在全球有許多營運據點。

到過海外旅遊或生活，一直都待在塔斯馬尼亞島上。雖然我也愛島上的港口、山光水色和林中步道，但當時的我一心只想往外飛。

一個月後，一九九三年的八月，我已經在澳洲航空（Qantas）班機裡準備降落香港。我對於這是個什麼樣的地方完全沒有頭緒，當時我唯一報導過關於中國的事，就只有以澳洲觀點出發的一九八九年北京天安門事件。（天安門大屠殺那晚，一名塔斯馬尼亞的學生在北京失蹤，但過幾天後卻在別座城市安然現身。）我只是大概知道，當時中國的總書記是江澤民，而由鄧小平發起的中國經濟改革正在改變中國。

出發前我發狂似地大量閱讀相關書籍，以求對香港和中國大陸有更深的認識，像是由歷史學家珍·莫里斯（Jan Morris）所著的《香港：大英帝國的終章》（*Hong Kong*）、詹姆斯·克萊維爾（James Clavell）的《貴族之家》（*Noble House*）、約翰·勒卡雷（John Le Carre）的間諜小說《榮譽學生》（*The Honourable Schoolboy*），以及張戎（Jung Chang）的《鴻：三代中國女人的故事》（*Wild Swans*）等。

在機上，一片由摩天大樓和霓虹燈組成的水泥叢林映入眼簾，因為夜色昏暗，所以我看不到在南中國海的群島，只見到上百艘船上的點點燈火在這個全球最大的貨櫃港上進進出出。

飛機駛近了啟德機場，它就坐落於這座世上人口最密集城市的正中央，也因此飛機在這裡降落的驚險程度舉世有名。機場上四處都是燈光，有的一閃一閃、有的大放光明、有的不斷閃光、有的則是繞著圈照。現在已經看得見下方街道上穿梭的車輛，飛機真的就在高樓大廈之間穿梭而過，我甚至能清楚看見大樓住戶正在看電視。就在感覺飛機好像快要墜落的時候，飛機已經降落在跑道上。甚至在機艙門打開以前，我就聞到一股刺鼻的濕氣夾雜飛機燃料的味道，天知道其中還有其他的什麼。這就是亞洲的味道，我到達目的地了！

「歡迎啊，小餅乾。」瑪麗在入境大廳笑著迎接我。個頭高人一等的她留著一頭金色長髮，讓她在人群中格外顯眼。我這輩子從沒見過像入境大廳裡這麼多的人，大家都忙著把行李推車朝大廳出口推去。一位拄著拐杖的老太太差點就把我撞倒，小朋友們坐在行李箱上表演平衡特技。數千人用廣東話組成的交響曲飄盪在大廳中，大廳在螢光照明下閃著淡黃色的光芒。

我們搭計程車從機場前往瑪麗位於太平山半山區的住處，這段路程我至今難忘。即便夜已深，街道上卻還是人來人往，街旁的大型廣告看板上寫著飯店、香煙、手錶的中文廣告標語。玻璃塔不可思議地緊貼在我們正在攀登的小山的一側，數百艘船的燈光在下面的港口閃爍著。在接來的一週裡，我四處探索所見的一切。我先是搭乘天星小輪去尖沙嘴，船上還有人跟我兜售便宜相機。搭上搖搖晃晃的電車到灣仔，然後漫步植物園，欣賞裡頭的熱帶叢林。驚嘆於竹棚架，在大排檔人生地不熟地點了碗餛飩湯，又到荷李活道上的草藥鋪，因為奇異的氣味而皺起鼻子來。這裡有著強烈的英國色彩，蘭桂坊酒吧的英式風格、四處可見英國背包客、殖民時期風格的香港禮賓府等等，但是一切卻又出人意外地充滿濃厚的中國感。這種東西方的交融讓人心醉神迷。我一輩子都在英國氣氛濃厚的塔斯馬尼亞島上度過，來到這滿是中國臉孔的地方享受當唯一白人的那種新鮮感似乎也挺不賴的。

日後，香港不僅在很多地方都改變了我的人生，它同時也成為全球前進中國發展的門戶，在那個神祕的偌大國度裡，一切都在快速地改變中。前美國國務卿亨利・季辛吉（Henry Kissinger）在一九七一年造訪中國，讓中國從此踏上對外開放的道路，但是對許多人而言，要進入中國還是從香港開始。我初到香港時，這個列嶼和九龍半島後面多丘的彈丸之地還屬於英國殖民地，但這座城市正步步逼近一九九七年七月一日的回歸。英國作為垂死中的殖民帝國，其最後的海外據點就要歸還給中國，當時中國也正在世界舞台上討回它的一席之地。

歷史上早已標記好這的一天是所有香港居民腦中揮之不去的日子，也和我日後記者工作中的許多報導息息相關。當時的英國末代香港總督彭定康（Chris Patten）才上任一年。這位英國保守派前主席喜歡穿休閒西裝，跟總愛戴遮陽帽的前任總督不同，而且他心繫香港人民，重視民眾權益，無意逢迎中國當局。

隔週一一早，在距離九龍灣機場不遠的《香港虎報》編輯室報到的第一天，我就深覺自己是塔斯馬尼亞鄉下土包子進城。報社的老闆是香港報業女王胡仙，當時虎報是唯一獲准在中國境內發行的英文報。三年後，我還在該報社任職時，香港廉政公署闖進這棟大樓大舉搜索，逮捕了三名報社員工，罪名是浮報發行量，因為有人發現數千份報紙被丟棄在灣仔碼頭。

一名年長的菲律賓櫃檯接待員為我辦理了報到手續，瑪麗則快速地帶我參觀了編輯室。她很受當地記者歡迎，但記者們對報社年紀較長的男性編輯似乎心存畏懼。這些編輯每到報紙截稿時間逼近時，就會叼著煙在編輯室走來走去、大聲咆哮，吼到滿臉通紅。我是報社的政治版記者，位置在編輯室後方，同一版的記者都是本地人，幫自己取了Baby、Rain、Ming、Jimmy這類的英文名字。他們都精通三種語言（粵語、普通話和英語），和北京高層政通人和。跟大家熟了之後，他們都會拿我的澳洲腔開玩笑，還給我取了「肥仔」的綽號（廣東話「胖子」的暱稱）。

到任第一天，就有人替我上了一堂寶貴的歷史課，讓我了解中國收復香港的野心。中國的這種心態拿來對照當今習近平外交策略背後的思維，以及他統一台灣的中國夢依然適用。

這個野心可以追溯到清朝。清朝統治下的中國是世上最強大的國家，一直到一八四〇年代與英國爆發鴉片戰爭。[1]鴉片戰爭的影響力在之後二十年餘波盪漾，中國遭到列強瓜分割據，還被迫開放通商口岸，成立起像上海這樣的外國租借地。

二〇一七年，習近平在香港回歸二十週年的致詞談話中提到：「那時的中國歷史，寫滿了民族的屈辱和人民的悲痛。」[2]習近平這番話值得注意之處在於，它不僅要激起中國人民的民族主義，強調其悠久的五千年歷史，還意有所指地指責外國勢力的入侵。言下之意就是，今後的中國再也不會讓自己受到十九世紀時那樣的屈辱。

鴉片戰爭結束後，英國占領了香港島和九龍半島。但是根據一八九八年的《第二北京條約》❷，英國治理範圍內最大面積的新界卻是租借地，租期只有九十九年。前英國首相柴契爾（Margaret Thatcher）後來同意將香港連同新界一併歸還中國，條件是香港回歸後還享有五十年某種程度的政治、法律和社會自治權。一九八四年，柴契爾為此特地飛往北京與鄧小平簽定合約，為政權移交鋪路。當時西方國家都認為中國應該會逐步採用自由開放政策，隨著經濟富裕後，最後終將擁抱民主。卻沒想到中國在習近平的統治下竟會走向獨裁，更沒想到中國會打破對柴契爾的承諾[3]，逕自在二〇二〇年施行新的國家安全法，連維持一點自治的假象都不願意。

我還住在香港的時候，一九八九年中共鎮壓天安門示威抗議的屠殺慘劇依然盤據在香港居民心中，他們也會於六四時在維多利亞公園舉辦燭光守夜追悼死者。數萬名香港人因此移民加拿大、美國以及澳洲，英國也為此成立專案，讓港民可以申請英國籍。這股移民潮在一九九二年到達高峰，之後隨著香港人對中國的疑慮減少，漸漸又從海外回流香港。

在香港的最初幾個月，我長時間埋首工作，希望能讓自己了解香港複雜的政治情勢，同時也知道北京為什麼對香港有這麼多不滿。當時還有一個俗語叫做「三腳凳」，指的是想要在北

❷ 譯注：正式名稱為《展拓香港界址專條》。

京和英國談判中插一腳的香港人。我報導了香港立法會的會議過程，香港立法會實質上就是香港的議會，當地的議員都很火爆，像是當時的議員劉慧卿（Emily Lau）就在議會廳裡臭罵政府官員。「政府究竟是在搞什麼鬼？」是她的口頭禪，到現在她都還常掛在嘴上。

那年十二月，我搭乘英國航空班機飛往倫敦，要報導英國和中國針對香港回歸的關鍵談判，為此中英還特別成立了「中英聯合聯絡小組」（Joint Liaison Group, JLG）。由於香港和英國之間有時差，我不得不在中英聯合記者會後馬上到西敏寺的電話亭把採訪消息傳回香港。這次的談判並不順利，中國對於彭定康上一個星期的發言相當不滿，因為他說他計劃要推動香港的民主改革。

會後英方談判小組的代表休．戴維斯（Hugh Davies）板著一張臉出來，對記者說：「這場談判會議開了三天卻沒得出什麼成果，著實讓人失望。未來一定不能再這樣下去，中方還以為他們可以藉由拖延議題對英國政府施壓。」中方首席談判官員郭豐民的回應則是警告英國，香港移交不可能政治歸政治、經濟歸經濟。同樣的警告在二〇二〇年底北京對澳洲突然實施出口限制時，又再一次出現在對澳洲莫里森政府的政治辭令中。

回到一九九四年的香港，每週在等同於香港內閣的行政會議外頭都會上演媒體大戰，我要跟香港本地的記者互相推擠，以求搶得一席之位進行採訪。這些記者的背包上都掛著絨毛娃娃，但一見到總督彭定康和強勢的布政司陳方安生時，他們的童稚感會瞬間化為烏有，提問都咄咄逼人。

六月的這一天，我從早上九點工作到凌晨四點，因為當天一早彭定康在香港立法會推動的香港選舉改革方案通過了。此舉惹怒了北京當局，因為此法案增加了立法會中直選立法議員的席次，北京指責此舉違反中英聯合協議，接著更語帶威脅地說，一等香港移交後就要廢除此法。

早在當時就可以嗅到中國勢力悄悄介入香港的氣息。這一年的六月四日這天，中共禁止中國異議人士入境香港，一家香港電視台更拒絕播放六四天安門示威的畫面。我認識的多名記者向我抱怨，一些敏感新聞全都被報社編輯部抽掉，因為報社擔心會因此觸怒中共當局。

雖然香港的有志之士在短時間內成功地保住了香港自由，但我採訪的許多本地香港人卻對回歸有著矛盾的心態。原因在於香港是座仰賴商業貿易的城市，住在這裡的六百萬居民心裡想的無非就是賺錢這回事。我身邊的朋友和同事對於英人治港並沒有意見，畢竟是英國人讓香港成為一座富裕的國際城市，但這些人心中仍然認為自己是中國人，所以也就把九七回歸視為是認祖歸宗的大好時機。

當時的香港也因為經濟大好推動了對本地粵語娛樂的需求，而讓流行文化產業大為興盛。當時的港產電影主題多半是功夫和黑道，連西方國家的觀眾都相當熟悉，除此之外，圍繞著粵語流行音樂的整個娛樂產業更達到高峰。這波風潮雖然早在一九七〇年代就開始，但此時整個產業的吸金能力更勝以往，連帶而來的還有各種頒獎典禮和音樂會，一年比一年豪華。香港歌手像是郭富城、成龍、劉德華、黎明、梅豔芳等人都是重量級巨星，在我認識威廉後，這些人的歌聲就成了我香港日常的背景音樂，雖然他們歌曲中的歌詞我一句也聽不懂。

休假的時候我會和一些來自加拿大、愛爾蘭、英國、紐西蘭和澳洲的外籍記者見面，一起去爬太平山和大嶼山、搭舢板（中國木船）到西貢半島的海灘、看龍舟賽、星期三則到跑馬地馬場消磨一晚。我們偶爾也會去香港外國記者會（Foreign Correspondents’ Club）喝一杯，在吊扇下享受涼風徐徐，聽戰地記者前輩加油添醋講從前的採訪經過，再到六四俱樂部（Club 64）為香港政治運動人士加油，或者到 Joe Bananas 酒吧的「淑女之夜」跳舞狂歡。喜愛漂流遊盪、雲遊四海的異鄉遊子特別鍾情香港這個地方。當時流行一個縮寫字「FILTH」（Failed In London Try Hong Kong. 倫敦混不下去就來香港），說的就是大批湧入香港的英國人。有時候我會和這些人一起在 7-11 便利商店外的街邊喝青島啤酒，在香港喝酒最不花錢的就是這種地方。當時也有一群塔斯馬尼亞記者湧入香港。全世界都聽說了，香港這個稅金低、高樓林立的英國殖民地是理想之地。

這裡的人群、市集、茶館在在都讓我感到新奇驚豔，看著老太太推著裝了比自己重十倍物品的拖車一步一步爬上西營盤後的陡街，也讓我讚嘆不已。我和兩個英國人一起分租在那區吵雜的公寓頂樓，沒有電梯，樓梯間裡亂竄的蟑螂有拳頭那麼大。我們微薄的記者薪資可遠遠比不上銀行高級行員領的外派加給，供得起他們住在半山上嶄新透亮的高樓公寓。記者的工作整天都在外面跑，難得回家。一週總有好幾天是早上七點才能上床睡覺，睡不了多久就被隔壁建築工地的打樁機吵醒。我沒有很認真學講廣東話，總是講不好，倒是學會了很多中國俚語和髒話。

我第一次到「內地」旅行是在一九九五年的背包自助旅行期間，內地是香港人稱中國的說法。這趟旅行原本早該去的，去之前我就有心理準備，知道越過香港邊界後的景況會大大不同，但我一直想見識一下，一個共產國家如此大規模地擁抱資本主義，這麼強烈的矛盾究竟會是什麼樣子。即便如此，我其實不知道自己會看到什麼。我那些在香港認識的中國友人似乎很瞧不起內地這些窮老鄉，儘管他們的父母或祖父母當年也是從那裡移民過來。朋友都警告我，在那裡會遇到語言不通的問題，要注意隨地吐痰、推擠的人群。

我先去了越南，再從越南邊境入境中國。徒步走過越南一段塵土飛揚的無人區，我和旅伴莉比（Libby）及艾莉森（Alison）來到中國境內，進入一個鋪整過地板的中庭，裡面有一群人民解放軍，外頭則圍著電視台工作人員和攝影師。這些人都不會說英語，所以我們也搞不清楚發生了什麼事，但解放軍一直要我們一起在鏡頭前擺姿勢，然後才准我們進中國海關。像這種被抓來當共產黨宣傳道具的情形，日後還發生過好幾次。

過了邊境後，我們搭上巴士前往附近的城市南寧。路上看到一台卡車停在路邊，車上盡是一個又一個鐵絲網小籠。往籠裡一看，裡頭竟然裝了數百隻不停嚎叫的狗，其中有些狗已經死了，每一隻都擠在小得像雞籠一樣的籠子裡。這真的是慘不忍睹的畫面，卻不幸正符合許多西方人對於中國的刻板印象，雖然現在這樣的事已經不存在中國了。

除了這件事以外，中國著實是個讓我神魂顛倒的國度。早在當時，南寧就已經是座車水馬龍、高樓林立的現代化都會。當時的中國就像是個急著趕往某處的國家，朝著西方式的消費主義狂奔而去。到處都可以看到肯德基炸雞分店，還有一家叫佐丹奴的連鎖服飾品牌，其經營人則是香港媒體大老黎智英，此人日後成為香港大力批評中國的人物。雖然中國正在急速進步，但還是落後西方國家一大截。我們光是為了買車票前往旅遊勝地桂林，就足足在車站耗了四個鐘頭搞得灰頭土臉。車票櫃台只開了個小洞，外頭卻擠了數百名旅客，人群又推又擠、搶著要到最前面。因為排隊人群衝突不斷，警察常要來勸架或嚇阻，要是爭吵太過份，警察甚至會動手打人。最後，一名會說英語的當地學生奇蹟般出現，幫我們化解了困境。他帶著我們突破重重人牆來到購票櫃台，教我要把錢夾在護照下，然後他在一旁幫忙對著售票員大喊我們的目的地，及時在別人插隊前讓我能夠成功購票。即使到現在還是會看到這樣為了買張票搶破頭的場景，只是因為現在有數位科技、再加上中國的規定變得更加嚴格，所以插隊的情形少了一點。

當時我在日記中比較了我在中國和越南的經驗：「到目前為止，這邊的人都很棒。雖然不見得笑臉迎人，但開口請人幫忙不會被拒絕，也不會有人要你給錢作為酬勞。」

回到香港後，隨著回歸越來越近，政治氛圍變得越來越緊張。英國和中國已經在兩件之前一直懸而未決的大事上突破僵局、達成共識：一是新機場的融資方案，另一則是成立終審法院❸。但雙邊的關係依然緊張，當時中國負責港澳事務的最高官員魯平在訪問香港期間拒絕會見香港總督彭定康。彭定康在香港的支持度也越來越低，一九九五年七月，立法局更因此對他進行不信任動議投票，所幸動議以些微票數之差未通過。對於未來的媒體自由、執法真空期、選舉制度的擔憂占據了當時的報紙頭條。

一九九六年，上海出生的船業鉅子董建華從四百人組成的香港特區行政長官選舉中獲得「推選委員會」高票，當選為九七回歸後的第一任香港行政長官，但這個結果其實是先由北京方面欽點，再由委員會內定的。在投票結果出爐前，民眾因為不滿整個投票過程不公，所以在委員會開會討論候選人名單時於外頭示威。董建華其實就是香港回歸後，一連串由中國欽點特首的第一位，這些人即使被選出，卻始終不受香港大眾的支持。

像董建華這些商業巨頭都對於末代港督彭定康的改革深感憂慮，認為其改革過於激進。若是因此觸怒中共當局，恐會有危香港作為全球最快速成長經濟體門戶的地位。鄧小平當年的改革讓香港從製造中心轉型為服務中心，使一些當地的工廠紛紛移往中國，受惠於廉價的中國勞

❸ 譯注：香港特別行政區終審法院相當於台灣的最高法院。

工以及當地新成立的經濟特區，這些商業巨頭希望這個模式能夠持續發展。香港本身的低稅收政策以及快速飆升的房地產價格，更為香港創造了驚人的財富。當時周啟邦與譚月清這對作風奢華的富人夫婦經常登上香港《閒談者》（*Tatler*）雜誌封面，背景總是他們家的粉紅色勞斯萊斯名車。

當時的我也跟香港一樣，正在經歷一段人生重要的轉型期。

在經過前兩年生活中只有記者和外籍人士的日子後，我開始探索香港不算公開的同志生態和去處。當時的香港就和現在的中國一樣，同性戀並不違法，但在亞洲重視家庭觀念的社會中仍是個禁忌話題，在這樣的社會中，結婚成家、養兒育女更重於個人需要。同志酒吧和舞廳都小心翼翼地藏在中環的巷子裡，這些地方給了我認識香港年輕一代同志的機會，他們過著完全不同於傳統父母的生活。對於多數香港同志而言，週五和週六晚上到 Propaganda 和 Yin Yang（同志們稱該店為ＹＹ）這樣的同志夜店玩，是他們逃離上班日子、父母逼婚以及像是九七大限將近這類高漲政治壓力的地方。

許多同志喜歡名牌服飾和手錶，熱衷於西方流行文化以及像瑪丹娜（Madonna）和凱莉・米洛（Kylie）等同志偶像，但同時死忠擁護香港粵語流行歌曲和卡拉ＯＫ。他們私下交談時，也總是在粵語中夾雜著英語俚語和帶著性暗示的笑話，還有粵英雙語的雙關語。當時這些香港年輕一輩的同志都富有創造力，也非常懂得表達自我，但是對於政治卻不像現在這一代香港年輕人那麼敢於表達。當時的香港人覺得擁有自由是理所當然的事。飛行員、律師、工程師這些高所得的人和餐廳服務生、廚師、演員、珠寶設計師都平起平坐，在酒吧裡同樂，沒有階級之分。

在一位共同朋友於灣仔麵店的安排下，我在彼此事先互不知情的狀況下認識了如今的伴侶威廉。我和威廉除了年紀以外完全沒有共通點。他是鞋控，蒐集的鞋款大概可以媲美前菲律賓總統夫人伊美黛（Imelda Marcos）的收藏。他從事零售業，對設計很有品味，身邊圍繞著充滿魅力的朋友，這些朋友去香港夜店都可以憑著排場和外表優先進場，完全不用排隊。我是他們口中的「鬼佬❹」，剛從塔斯馬尼亞來到香港不久，穿著法蘭絨襯衫、髮型很糟糕、愛喝啤酒、跟別人合租公寓，甚至連床架都沒有，只能睡在床墊上。但是我和威廉卻一見鍾情。交往了幾週後，我就搬進他在皇后大道西小而美的精緻套房，和他的三隻狗同居。

認識威廉以後，我開始透過他和他朋友圈來認識香港。他們這群朋友中有兩個澳洲籍的華裔女孩瑪麗（Mary）和凱瑟琳（Katherine），她們後來成為我最親密的朋友，是我在澳洲和香港之間的橋樑。她們告訴我，她們的上一代為了有更安定的未來，所以移民到雪梨市郊定居，所以她們是在澳洲長大的。出於對自身中國血統的好奇，她們在二十多歲的時候搬回到香港，

❹譯注：指外國人，具有貶義。

想要探索一番。我也才首次注意到，原來在澳洲有那麼多中國移民。那段期間，我們只有週日才能全天放假，大家會相約一起吃點心，去石澳海灘游泳，到一些罕為人知的秘境小館吃晚餐，還有大肆採購。這才讓我真正開始融入香港的物質文化中。

像多數香港同志一樣，威廉沒有對家人出櫃，但其實誰都看得出來他是同志。瑪麗和凱瑟琳是我們的掩護，會定期和我們一起回他父母在九龍家吃飯時。多年來，「許先生和許太太」都以為她們是我和威廉的女友，我則是威廉的室友，至今幾十年。每次他母親往我碗裡盛魚頭煲湯、豬肚和一些粵式美味時，我都會用不流利的粵語跟她說：「好食，阿姨。」再一邊拍拍自己肚子。我還記得自己第一次吃下整顆魚眼珠時，全桌人都為我喝彩叫好。

威廉的雙親是很典型的上一代香港人。他們是一九四〇年代為了躲避戰禍和討生活，從中國逃到香港的數十萬人之一。當時的中國先後經歷了日本入侵和國共內戰，最後更有了毛澤東一九四九年的共產黨革命。為了過上更好的生活，我稱為許先生的威廉父親和他父親與二媽，從廣東越過邊界來到香港，大媽則留在老家。他父親先是在乾貨店找到一份工作，之後買下這家店自己當老闆。許先生的叔叔，也就是威廉的叔父，則是早幾年就從深圳泅泳逃到香港。我認識許先生和許太太時，他們住在一棟普通的兩房高樓層公寓裡，光是買下這間房子就花掉他們辛苦工作的畢生積蓄。威廉的父母不談政治。就跟那時候的許多香港人一樣，他們兩手空空來到這塊土地，只要能保得一家富足安穩，他們不在乎是中國還是英國統治香港。

對威廉和他的朋友而言，九七移交只是多一個狂歡慶祝的機會。一九九七年六月三十日晚上，我展開了一晚漫長的播報工作，和一群記者共同報導位於香港會議展覽中心的交接儀式。我的許多香港朋友都剪了新髮型、穿上緊身T恤，準備要到酒吧徹夜狂歡。有人辦了一場十二小時的狂歡派對，邀請到一九八〇年代的流行巨星喬治男孩（Boy George）、葛蕾絲・瓊斯（Grace Jones）和DJ保羅・歐肯佛德（Paul Oakenfold）前來演出，整場派對總共吸引了一萬兩千人入場狂歡。

雨在那個潮濕的晚上傾盆而下，成了這場籌備多年典禮中唯一人算不如天算的地方，可是這場意外的傾盆大雨也未能阻止四十萬人擠到港邊觀看數千發回歸慶祝的煙火。首位造訪中國的中國共產黨國家主席江澤民親自到場，會同英國查爾斯王子（Prince Charles）、時任首相東尼・布萊爾（Tony Blair）、港督彭定康，共同參與英國國旗在香港最後一次的豪華降旗典禮。在場的數百名小學生穿著雨衣，揮舞著手上的中國五星旗。

同一時間，人民解放軍也首次越過邊界進入香港。香港民主運動領袖李柱銘在立法會大樓的陽台發表演講，抗議新立法會的組建，因為當中的議員全都由中共指派。我所在的會議展覽中心正進行沉悶的就職典禮，其中一些新科議員就在典禮中宣誓就職。

這場交接大典上，中英雙方共有三百名官員到場，包括英國前首相柴契爾也親臨，這些人頭頂上掛著兩面巨大的中國五星旗和香港紫荊花旗。整場典禮中最讓我印象深刻的是，當香港議員紛紛上台致詞時，同在空曠媒體中心採訪的中國記者咯咯地嘲笑他們蹩腳的中文。

隔天一大清早我和同事一同離開採訪中心時，街道上依然滿滿是人。九七回歸是在眾人多年的期待下到來，即使如此我的心裡卻是五味雜陳：首先是鬆了一口氣，因為事情總算是告一段落；再來是興奮，畢竟我參與了這歷史重要的一刻，而且整個過程也按照計畫完成。香港依然屹立，地球也沒有因此停止轉動。

之後我們搭上沿著軒尼詩道行駛的電車，想找一家酒吧喝一杯。一路上大家七嘴八舌地討論著回歸是否會給香港帶來愁雲慘霧時，坐在我們對面的一名中國男子突然插話了。這人大約二十出頭，他說：「你們不會懂的，我們是中國人，以身為中國人為榮，很高興英國人終於走了。」

回歸大典結束三週後，我也離開了香港。計劃先到中國境內旅行，再搭上西伯利亞鐵路前往俄羅斯，之後再從那裡搭機返回澳洲。但此行返澳並不算我和香港永別，因為在威廉參加完移交派對返家後的那個清晨，他同意和我一起搬回澳洲定居。

四、國家主席終身制

二〇一八年二月，上海

二〇一八年二月，在上海一個凜冽的週日下午，習近平投下了一顆震撼彈。中國的國家通訊社新華社發布了一段聲明影片，全長三到四分鐘，前後只有兩段話[1]。但這段聲明中的文字從此改變了全世界對於中國的觀點，也就此展開了中國十四億人民自文化大革命以來，從未來經歷過的國家嚴密管控：

北京，二月二十五日（新華社）——中國共產黨中央委員會提議，刪除憲法中中華人民共和國國家主席和副主席「連任不得超過兩屆」的限制。

該提議於週日公布。

乍看之下，這似乎只是新華社為中國政府宣傳所發的公告，事實上卻不只這樣。中國共產黨中央委員會是一個由國家四百名領導高層組成的決策機制，他們提出的這項憲法修正案意在廢除其最高領導人的任期限制。依照憲法舊制，中共國家最高領導人每屆任期五年，最多只能連任兩屆，也就是最長十年。換句話說，這麼一來習近平可以終身都是國家最高領導人。

當天下午消息一出，從澳洲政府到美國政府的中國觀察家和外交政策專家，無不倒抽一口氣，在中國的數百萬平民百姓也都不敢相信自己看到的報導。

雖然大家早知習近平這人的野心之大，遠超過他在二〇一二年就任領導人前給外界的印象。他上任後，隨著逐漸展現出的強人領導也建立起一種個人崇拜的形象，但是誰也沒想到會有這麼一天的到來。

作為中共建國以來第五位國家領導人，一開始外界都以為習近平是溫和派，應該會延續前幾任領導人持續經濟改革和對西方開放的路線。習近平的父親習仲勳是共產黨中的改革派人物，後來被毛澤東整肅入獄，因此許多人原以為他會繼承父親的路線。作為黨的菁英之後，習近平一路平步青雲，在福建和浙江等沿海省份擔任要職，之後終於在二〇〇七年躋身北京領導高層之列。

現居雪梨的中國學者兼異議人士馮崇義就說：「二〇一二年是習近平生涯的轉捩點。原本眾人對習近平寄予厚望，以為他會跟隨其父腳步，引導中國轉型進入全面的市場經濟，並建立起中國式的民主體制。但到了二〇一二年底時，我們都看到薄熙來中箭落馬。這個時候大家還爭論不休，不知道習近平會選擇偏右或是偏左。沒想到所有人都看走了眼，他既沒有偏左、也沒有偏右，他只是偏惡。」這段話是二〇二〇年，馮崇義在我返澳後接受我訪問時所說的。

習近平一將大權在握，就立刻藉由反貪腐之名集中權力、肅清政敵，整個反貪運動所觸及的對象上達於政府和軍隊的最高層級。二〇一二年，習近平的頭號政敵薄熙來以重慶市委書記高官的身分遭當局以貪腐之名逮捕，薄和習從小一起長大，都是中共黨內高層之後，也就是紅二代。習近平的另一位政敵孫政才在薄熙來下台後接任重慶市委書記，被外界視為可能是習近平的接班人，卻在二〇一七年七月同樣被拔除職位。同時間，習近平也針對挑戰中共的地下勢力進行掃蕩，這些組織已經存在數十年了，數百名維權律師也在這波掃蕩中遭到逮捕。

馮崇義在採訪中提到：「你在媒體上看到被捕的大概只有三百名（律師）左右，但事實上有上千人被逮捕或是以外界無法得知的方式被懲處。此舉擊垮了過去四十年來發展的中國地下組織。」

習獲取權力的速度比之前的中共領導人更快。當時的他已經是中央軍委主席，這使他得以直接控制軍隊。隨著習近平加強黨對於媒體的嚴厲掌控，所有批評都消弭於無形，自然也就不再出現任何反對的作為及聲音。

但是取消任期制這樣的作法，即使以習近平者的狀態來說還是顯得太膽大妄為。他已同時身兼國家主席、共產黨總書記以及中央軍委主席等職，現在又公然取得無限期任期，等於是把自己的任期延長到規定的二〇二二年之後。以當時習近平六十四歲、健康無虞的情況下，表示他可能會再統治中國數十年的時間。

雖然當時我才剛到中國不到兩個月，但這顯然是個重大消息。「微信朋友圈爆炸了，微博也是。」我的中國朋友俊霖（Junling）傳訊息給我時，我正為了趕上《澳洲金融評論報》週日晚間的截稿時間忙得焦頭爛額。他指的是中國兩大社群媒體平台上出現了大量的訊息，他接著說：「我從沒看過這種現象，大家都很不滿。」

中國官方媒體見狀，急於把消息壓下去，因為這個消息由新華社英文版率先披露，而非中文版。中共中央宣傳部很擔心「終身主席」的頭條會出現在全球各大新聞媒體上，但此時五大洲的小報新聞和電視頻道早已冠上「獨裁者」、「習皇帝」、「登基大典」等字眼來報導習近平的事蹟了。

自習近平在二〇一七年的達沃斯（Davos）世界經濟論壇（World Economic Forum）上發表極具里程碑意義的演講後，他一直在努力塑造自己既有責任感、又關心世界局勢的全球領導人形象，藉此填補美國在世界舞台上留下來的空缺，因為川普（Donald Trump）上任後反覆無常，並且將專注力放在國內。如今習近平突然恢復中共廢除長達四十年的終身領導人制度，發出了和他先前表現出的形象完全相反的信號。

《環球時報》總編胡錫進身為中共政策最有力的化妝師和捍衛者，當時他說是西方媒體「誤讀」了這則消息。他還在推特上寫道：「取消國家主席的兩任期限並不意味著中國將會恢復國家領導人的終身任期。」[2]至於親北京的學者則為之辯解，說這是為了維持中國經濟發展連貫性的必要手段，因為習近平需要更長時間才能完成全面改革。

但外界很少採信中國政府的說法。

前《南華早報》通訊特派員林和立（Willy Lam）在消息披露當天告訴我：「這是所有人都不樂見的毛主義復興。」林和立曾經報導過一九八九年天安門事件，日後也成為備受敬重的學者和中國觀察家。

「這等於是重返毛澤東時代的個人領導體系。中國政壇日後會恢復成不管說什麼、做什麼、決定什麼都落到同一個人身上的情形。」他補充道。

林和立將習近平比為毛澤東的這番話絕對不是誇大其詞。對數百萬中國人民而言，習近平此舉讓他們不得不想起文化大革命的情形。自一九六六年以來，中國在毛澤東的帶領下陷入長達十年的痛苦深淵，數百萬人民生計無以為繼，鄰里之間互相批鬥，饑荒四起，經濟也崩盤。

在那天下午之前，我很少聽見中國人民對他們最高領導人妄加批評，因為習近平在過去六年執政期間有著神一般的地位。隔天一早，一股焦慮席捲了中國各地，光看當地朋友的反應和鄰里聚在一起緊張地竊竊私語就可以知道。只要有大事發生，這個情景就是傳統上海日常生活圈的縮影。

一名和我住在同一條街上的六十多歲水果攤婦人透過翻譯告訴我：「我覺得很不安，這讓我想起當年文化大革命的經歷。一個人擁有這麼大權力並不是什麼好事。」當天我聽了不少類似的評論，這讓人很震驚，因為中國人很少說他們領導人的不是，更遑論談是對外國人說。

有些人對此並不意外。「中國本來就是一切只聽命於一個人的國家。」我的紐西蘭朋友詹姆斯（James）在我剛到中國時就這麼對我說。他在中國進行進口生意，在這裡也住了三十年。

中國人最常用的社群網路平台上對習近平的這個舉動多半沒好話，這些社群軟體包含了好友可以自組群組和討論論壇的微信朋友圈，以及功能類似臉書和推特的微博。

消息傳出的第二天，所有的負面評論全都消失無蹤，因為中國政府的網路審查大軍出動了。幾年前中共官媒就曾報導過，政府聘了兩百多萬人擔任網軍，專責監看中國網路言論。我在翻譯的協助下，在特別言論出現時會趕快用手機螢幕截圖存檔，以免稍後被人刪除。中國政府不管處理什麼事都慢半拍，唯獨在竄改和掩蓋歷史這事上效率驚人。

澳洲當時的外交部長茱莉・畢紹普（Julie Bishop）以外交辭令回應此事。她說習近平是「很有效率的領導人」，這是「中國的內政」。但澳洲政府卻很擔心，因為中國當時正在南海的小島上進行軍事化行動，同時也有越來越多證據顯示中國正在干預澳洲內政和大學校園。這些都讓澳洲政府心生警覺，因此當時的澳洲總理麥肯・滕博爾（Malcolm Turnbull）正準備處理中國日益令人擔憂的所謂「軟實力」。

到了二〇一七年年底，澳洲工黨參議員鄧森（Sam Dastyari）因為被指控接受來自中國的政治獻金而被迫辭職。同年六月，由澳洲費爾法克斯傳媒（Fairfax）和《四角方圓》❶（*Four Corners*）電視節目合作進行的調查中揭露，澳洲政府安全情報組織早先就警告過澳洲國內各大政黨不要接受某兩位億萬富翁的政治獻金，因為此二人和中國共產黨有不尋常的關係。靠地產開發致富的億萬富翁黃向墨被澳洲安全情報組織認定有「外國干預勢力」的國安威脅，因此被澳洲政府取消永久居留身份。多年來，中方資金不斷透過房地產買賣交易流入澳洲，再加上二〇一四年中澳簽定自由貿易協定後，澳洲對中國的出口激增。在上述事件發生後，更讓中國流入澳洲的資金蒙上動機可疑的陰影。

曾任《時代報》（*Age*）和《雪梨晨鋒報》（*Sydney Morning Herald*）駐華通訊記者的約翰・甘諾（John Garnaut），日後成為滕博爾總理內閣的高階中國顧問，在中國政府祕密干預澳洲事務的事情上曾向滕博爾提出許多建言。他在二〇一八年八月曾為澳洲的《月刊》（*Monthly*）[3]雜誌撰寫一篇極重要的文章，當中提到：「全世界十多個國家的決策者和民運人

❶ 譯注：澳洲廣播公司的時事調查節目。

士都忙著處理中國境外勢力的影響，即『銳實力』、『統一戰線』和『影響力行動』的干預，但現在才發現已經晚了。」

當時許多人都在問，在澳洲率先對抗中國共產黨干預勢力與網路安全的時候，習近平的統治對於澳洲究竟意味著什麼？然而，任何對中國領導人和其日漸強硬的政策只是短期問題的希望，都在一夕之間化為烏有。

前澳洲總理陸克文（Kevin Rudd）曾寫道：「五年前，我曾撰文預言習近平會是中國自鄧小平以來最有權力的領導人。我錯了，他其實是自從毛澤東以來中國最有權力的領導人。」[4]

習近平終身任期的消息就像是不祥的預告一樣，中澳關係在這之後就走入不平靜的一年。而中國這個正在徹底改變世界的國家，也走上了意識型態的新方向。

赴任中國

二〇一八年一月四日一個寒冷的冬日傍晚，當我抵達全新的中國後，發現隨處可見習近平的臉，從機場出境大廳到戶外大型看板、電視螢幕、紀念馬克杯，連每天的報紙頭版也不例外。照片中的習近平時而身穿寬大軍服，時而高坐吉普車上巡視坦克縱隊，這樣的形象意在展現中國壯盛的軍力。照片中都沒有其他中國政黨高層同框，全是習近平的個人秀。

但是這樣的中國卻和獨裁統治下的北韓不同，因為上海這座人口數量相當於澳洲的商業重鎮仍緊緊擁抱著資本主義。

當我們在夜裡驅車前往位於前法國租借的新家時，我目瞪口呆地看著綿延不絕的霓虹燈、購物商城和摩天大樓，感覺像是來到導演雷利・史考特（Ridley Scott）電影《銀翼殺手》（*Blade Runner*）中的未來場景，只差我搭的是汽車，而不是片中的飛天車。我這輩子從沒見過那麼多的高樓大廈、鋼筋水泥建築、玻璃圍幕。當時世界第二高大樓的上海中心大廈和稍矮的上海環球金融中心就像兩個巨型的開瓶器一樣，巍巍聳立於遠處。我後來發現，即使往城外開四個小時的車都還能見到這兩座大樓。《澳洲金融評論報》的新聞助理露西來機場接機，日後我在中國的一切起居也都仰賴著她。一路上她提及自己從武漢搬來上海的這十六年間，上海的變化之大。她說：「上海完全變了一個樣。」

能夠安全抵達上海真的讓我鬆了一口氣。因為之前一個月我忙著完成專欄作家的工作、轉租先前承租的公寓，還要準備告別在雪梨的舒適圈。為了辦理來華簽證要跑的文件多不勝數，但最後還是順利從外國旅客入境處排隊通關了。

車子行駛將近一個半小時後，我們從蜿蜒穿過城市上方的高架快速道路駛下，慢慢開到一般平面道路上。

上海的前法國租借建於一八〇〇年代，是當時歐洲列強在這裡設立的外國領地之一，如今這裡是上海市最繁華迷人的地區。街道兩旁種滿了法國梧桐樹，當地具有歷史價值的建築都被改建成店面和餐廳。最後車子轉進一條狹窄的巷子，那裡的警衛老陳（Lau chen）親切地引導車子進入，後來我們也越來越熟。老陳上班和睡覺的地方是在一起的，因為他的妻子、孩子都住在別座城市，而且他好像總是在值班。有時會看他幫老年人提菜籃，有時則見他拿著啞鈴爬上爬下健身，拿我很破的中文開玩笑。

這棟一九三〇年代的法國殖民時期房子是棟四層樓的建築，是十六年前《澳洲金融評論報》第一代的中國特派記者柯琳・萊恩和史帝芬・懷亞特找到的房子，這棟建築在記者圈中有著傳奇般的地位，但它的富麗堂皇其實只是誇大其辭而已。在我們進門之後，地板在空盪盪又陰暗的建築裡發出危險的嘎吱聲響。幾週前，我前一任的通訊記者安格斯、莉莎以及他們的兩個孩子才剛搬走。我短暫地擔心了一下如果鄰居看到兩個男人和一隻狗搬進來會做何感想，雖然這根本沒什麼。離開澳洲時正值雪梨的夏天，來到上海卻一下子變成零度的天氣，著實讓人難以適應。這週稍早我才剛在邦迪海灘游過泳，然而到上海的隔天就下起了雪。

模樣老舊的暖器放在客廳的一角，因為說明書全是中文，一陣瞎忙後我才終於把它啟動。至於我們其他的傢俱還要等兩個星期才會送達。隔天一早起床後，我聞到屋裡有股燒焦的塑膠味。原來是暖器的插頭在夜裡不知何故竟然燒熔黏到牆上，還把牆燻黑出跟我頭一樣大的面積。把屋子燒了對我的外派工作可不是個好開始，威廉和我面面相覷，心想我們到底在幹嘛？

但一等我們到外頭吃早餐後，原本對於搬到他鄉異國的疑慮頓時煙消雲散。對於可以只用不到我買拿鐵一半的錢就吃到一頓道地、有麵有粥的中式早餐，威廉簡直是樂壞了。我們住處附近的街道兩旁有咖啡店、西式餐館、酒吧、漢堡店和流行的球鞋店，還有傳統市場和賣著小籠包的一般路邊攤。繁忙雜亂的小路上，電動滑板車和原本就與行人爭道的共享單車互不相讓，街道上誰想怎麼走就怎麼走，所以汽車也沒在管行人要過馬路，對交通號誌燈的指示也視若無睹。在中國這個規定一大堆的國家裡，規定常常形同虛設。

「這份工作最具挑戰的地方在於，很難讓人相信派駐到這裡是份苦差事。」莉莎・茉莉在我那天早上在辦公室發現的一張便條中寫道，我凝視著辦公室牆上偌大的中國地圖，心裡想著該從哪裡採訪起呢？

外國人在二〇一八年搬到中國已經不若幾年前般充滿挑戰，以前可能需要有不錯的中文能力，也沒有智慧型手機可以訂外送、叫計程車或是看地圖查詢路線。在澳洲時，一名曾在上海生活過的人聽說我們要搬到中國後，大驚失色地問我：「你們沒請司機嗎？」在他生活於中國的時代，外國人都會請司機載他們到目的地。但是物換星移，我現在可以自在地騎腳踏車、搭地鐵、計程車和滴滴（中國版的優步），而且滴滴租車不僅有英語功能，而且和澳洲比起來便宜很多。

我到達的中國完全是一個擁抱數位科技的國家，所有事情都可以用手機完成。在這裡現金很少見，雖然還是可以使用，但已經很少人用了。微信支付和支付寶這樣的手機應用程式可以用來支付所有費用，所有你能想像到的東西都可以在半小時內送達。新的數位經濟非常有效率，和國有銀行體系的牛步形成鮮明對比，一個簡單的轉帳動作還得忍受數小時的官僚制度折磨。就算我們有露西幫忙，申請一個行動電話帳號的過程仍是煎熬。在中國，智慧型手機就是你的生存百寶箱，沒有一機在手，什麼事都辦不成。微信是中國科技巨頭騰訊開發的通訊軟體，擁有超過十億名活躍用戶，幾乎是中國人使用的唯一通訊工具，初次見面的人互相加微信成為好友也是很常見的事。中國是一個依附於網絡的國家，微信也被中國政府監控著。我到中國不久就知道千萬不要在上面聊敏感的話題，但大部分的中國人好像不甚在意。

因為深怕在中國無法取得其他國家的資訊，離開澳洲前我就先在通訊設備上下載了三款被稱為翻牆軟體的虛擬專用網路（VPN），然而似乎只有一款能用。這類翻牆軟體會讓手機或電腦彷彿置身在他國，只有這樣才能翻出中國政府設立的防火長城，才能使用 GOOGLE、臉書、推特、Instagram 等各種在西方國家很方便就能使用、但在中國都被封鎖的網站。問題是，在像是六四天安門週年紀念或舉行重大政治高層會議的政治敏感的時期，翻牆軟體就會忽然失效。中國從表面上來看很像西方國家，但進一步接觸就會知道其實大不同。

此時的上海已經完全不像我在一九九七年時造訪的上海了，當時我搭平快車從香港來到上海，同行的還有三名記者朋友戴夫（Dave）、凱蒂（Katie）和蜜雪兒（Michelle）。當時是香港回歸三週後，我們三個都剛辭職，打算進到中國好好探險一番。到現在我都還記得平快車上的餐車車廂掛著蕾絲邊的窗簾，鋪著棗紅色的地毯。車掌小姐身穿一九三〇年代風格的粉紅洋裝和帽子，只要火車離站，她們就會鞠躬敬禮。到達上海後，我們驚嘆於滿是腳踏車和嘟嘟車的混亂街道，以及上海碼頭旁高聳的殖民時期建築，還有很多中國遊客邀我們合照。

當年宛如曼哈頓的浦東金融區尚未建成，黃浦江對岸天際線唯一高聳的建築就是那酷似卡通《傑森一家》（*Jetson*）般的圓球建築——東方明珠電視塔。當時的上海已經有肯德基炸雞和行動電話，有著高顴骨、拿著高檔手提包的行人們匆忙走著。現在的上海搖身一變成為二十一世紀中國商業成就的指標，原本浦東的泥灘地現在蓋滿了玻璃帷幕的高樓，其中宛如迷宮一般。南京路寬敞的街道兩旁滿是時尚精品界的名店，如聖殿般供奉著 Prada、Gucci、Louis Vuitton 等名牌精品。一九九三年時，上海完成了大型的地下鐵路網絡，高架快速道路和轉運站像一盤巨大的義大利麵交錯在城市之中。

但上海跟中國其他地方一樣，進步的同時也付出了相當的代價。從前具有標誌性的弄堂文化中，居民四通八達穿梭的衢弄和低矮石庫門（石頭拱門的住家），現在都被乏味的高層住宅和光鮮亮麗的購物商場所取代，上海外灘、法國租借與旅遊勝地豫園成了上海僅存的歷史建築。在離開中國前的最後一個月間，我的導遊好友山姆（Sam）為我介紹了上海最有歷史的宅院，當年在十六世紀建造這間老宅的家族後代現在都還在人世。[5]它斑駁、頹圮的模樣見證了中國豐富的歷史，雖然二十世紀的現代化進程已經將許多中國歷史建築抹除，也讓許多人遺忘了過去。這間老宅院四周圍繞著高牆，庭院長滿了雜草，有著繁複木製雕花的陰暗房間卻因天花板隨時可能坍塌而無法進入。這棟老宅院預計在二〇二一年就要拆除。

抵達上海一週後，露西提醒我該去進行健康檢查，這是每個剛入境的外國人的強制義務，所以我們開車穿過城市來到一家大型醫院。到醫院後，先是填寫了無數的表格，然後護士用櫃台上的一台小相機為你拍照，接著我被帶到裡頭的房間。露西不能跟進來，這讓我很緊張，因為我完全不知道接下來會發生什麼事。護士先是要我到更衣室換上病患服，但那裡根本一點隱私都沒有，病患服很寬鬆，我必須小心遮掩隨時會露出來的屁股。接下來的一個小時裡，我就這樣從一個診間被趕到下一個診間，穿梭在人來人往的醫院走道上。有個醫生完全沒有出聲提醒，就突然把塑膠管綁在我手臂上，扎了我一針進行抽血。一名很有份量的護士則把聽診器往我胸前一貼，大吼著要我吸氣。到了第三個診間時，醫護人員引導我站到巨大的X光機前面，然後離開房間到外頭隔著玻璃窗觀看過程。還有一名醫師拿出一把小槌子敲敲我的膝蓋，測試我的反射動作是否正常。我這輩子從來沒有被這麼徹地檢查過。

接下來的幾天裡，我在外籍友人的圈子裡聽到了健檢出包的經驗。有名外國男子被醫院告知是愛滋病毒檢測呈現陽性，但是他找了其他醫院再次檢查後卻發現是誤診。總之我最後安然通過體檢，因此可以留在中國，但接下來還有好多政府關卡要一一突破。

因為我在中國要從事的工作相當敏感，所以為了取得外籍記者簽證，我花了半年時間多次驅車前往首都坎培拉的中國領事館和中國外交官員會面。到了中國以後，我才知道我還是缺了幾個章和記者證。有天下午，我到公安局出入境處會見了負責核發我簽證的官員。他們雖然和善有禮，但是對於我的前任通訊記者安格斯的爆炸性新聞非常感興趣。安格斯在離開中國後發表的報導中寫道，中國政府曾派人和他接觸，詢問他是否有意願擔任中國在澳洲的情報員。我回答這件事我所知僅限於報導的內容。當我回到家後，又有一名快遞找上門來要拿走我的護照五天，這樣他才能送到海關讓海關人員放行我們從澳洲海運來的傢俱。儘管被這麼多雜事絆住，但我已經準備好要跑新聞了。

習思想

其實早在二月底習近平成為「終身主席」之前，他的領導風格就已經引起中國內外議論紛紛，眾人都想知道在他領導下的這個超級大國究竟要往哪個方向去。

在他上任後，除了知名的反貪腐行動外（一共整肅了二十七萬八千名黨內人士和政府官員）[6]，他也宣布了高達數兆美金的「一帶一路」基礎建設計畫，以求改善亞洲到歐洲的貿易管道。另外他還成立了亞洲基礎設施投資銀行（Asian Infrastructure Investment Bank, AIIB），成為中國在這個區域增長軟實力的工具。

「習思想」這一反映國家主席意識型態的政治教條，更在二〇一七年十月被寫入中國共產黨的章程中，在他之前的兩位國家主席胡錦濤和江澤民可都沒有如此尊榮。

習近平藉此進一步確立黨對國家的主導地位，同時更強化對於中國軍隊、經濟和媒體的控制。而人臉辨識這類新科技的推波助瀾，讓中國建立了從未在世界其他地方出現過的監控機制和審查手段，徹底杜絕了任何型式的批評言論。抗議示威者甚至還沒開始動作，就已經被國家先一步打壓；而問題份子更是只要一出家門，立刻就會被監視器定位。北京當局同時也鎖定各國企業，只要在其官方網站上將台灣或香港標示為獨立的國家或地區就會被針對，像是澳洲航空[7]。

在成為終身國家主席之前，習近平早已在二〇一七年十月的中共十九大黨代表會議進行大規模的黨內高層改組，藉此鞏固他在黨內的權力。在這個每五年才召開一次的重大會議上，他精心選出了包含自己的中央政治局常務委員七人小組，也就是主席的核心小組。這些人都是習近平的忠心幹部，但也都是無望接替他成為主席的人，所以中國大部分百姓都沒聽過這七人的名字。

習近平似乎想在最短的時間內盡可能握住越多權力。澳洲洛伊國際政策研究所（Lowy Institute）的高階研究員馬利德（Richard McGregor）認為，他是「作繭自縛」才會這麼著急，因為他先前樹敵過多，所以絕對不能下台。

馬利德在二〇一九年的一篇研究〈習近平：反撲〉（Xi Jinping: The Backlash）中寫道：

「習發動了中國近代史上最大規模、最徹底的肅貪行動，一旦下台，那他肯定是四面楚歌。」

「即使他在任內享有政治和人身上的多重保護，但只要下了台，他深知就算保得了自己，也不見得保得了家人或是心腹，這些人肯定都難逃囹圄，會被繼任者清算。」

習近平的肅貪行動為他樹立眾多仇敵，但這些人都敢怒不敢言，而中國人民自古以來就對領導人敬畏有加。儘管習近平的形象無所不在，但他從來不接受訪問，公開發言也按照事先擬好的稿子念。所以除了他的官方傳記以外，一般人對他所知不多。而他選出的其餘六位常委更是罕為人知，這些卻是在習近平領導下管理中國的人。

雖然習近平的終身國家主席提議讓一向對政治冷漠的中國大眾忽然熱絡了起來，但這股熱潮一下就冷卻了。不滿的情緒不到幾週就逐漸消散，部分原因是來自於中共的網路審查刪除了所有的負面評論，但更主要的原因則是中國民眾都深知自己無能為力。

國際社會的態度也類似中國民眾。看著習近平從上任初期支持自由貿易以及友好的外交關係，改為挾中國經濟實力以作為外交籌碼，讓上海的澳洲商界高層和外交人員們憂心忡忡，從我一抵達上海就立刻感受到了這股憂慮。

那年的一月中旬，我和一群澳洲商人共進早餐。用餐地點是上海一家高層飯店的自助餐廳，入座時其中一人半開玩笑地問我：「你找到你家的針孔攝影機了嗎？」那天餐會上，澳洲駐上海總領事米葛蘭（Graham Meehan）前來致詞，台下眾人的提問都透露出了大家當時的焦慮。北京政府真的對澳洲政府不滿嗎？北京會採取報復行動嗎？北京所謂的「銳實力」究竟是什麼意思？澳洲商界過去數十年來所見的只有中國無盡的財源金礦，至於投資中國所存在的風險卻是到現在才發現。

當時派駐上海的澳洲外交人員約翰．傅勒（John Fowler）在會後喝啤酒聊天時告訴我：「大家最擔心的是中國拿澳洲殺雞儆猴，以此讓各國知道，要是敢跟中國作對，就會落得跟澳洲一樣的下場。」他的話就像預言，在兩年後不幸成真。二〇二〇年，北京政府對澳洲總理莫里森領導的政府發動了全面的貿易戰。

但早在當時，澳洲外交官接觸中國政府官員的機會就已經開始減少了。中國官方總是會拖很久才核准澳洲方面申請的對華會議、活動和官方訪問。當時大家原本還期待澳洲前總理滕博爾會在澳洲週訪問中國，這是澳洲貿易投資委員會（Austrade）固定在年中舉辦的年度活動，會展出澳洲的產品。但是當年不僅滕博爾沒來，連澳洲週也取消了。

中國對各國外交人員的審核也變得更為嚴格。不只記者要經過層層考核，連外交人員也是。二〇一八年初，有一群澳洲外交人員在某天前往預定要開會的餐廳，但進去之後發現餐廳中只擺了一張桌子，而唯一的桌子已坐了三個人。一名當時參與會議的人就說：「他們一定竊聽了我們的行程，後來我們只好改到別處開會。」

三年前，原本派駐中國的外交人員都可以在餐廳約見中國官員，但後來全部改成要在辦公室內進行，而且一定要有第三人在場。到了二〇一八年時，外交人員幾乎無法見到中國官員，而派駐中國的外籍記者也開始在工作上遇到刁難，只是大家起初都沒會意過來。

習近平的崛起以及中國在他治理下對國際社會採取那種較不開放、卻較為躁進的態度，在之後的兩年間對澳洲和其他國家都產生了深遠的影響。中澳雙邊關係更像是坐雲霄飛車般大起大落，大出眾人意料之外。

五、經濟狂飆還是泡沫化？

二〇一八年三月，北京

二〇一八年三月，我搭上高鐵從上海前往北京，準備去見習近平本人。這是我十三年來首次前往中國的首都，所以我迫不及待想親眼看看這個掌握中國政治決策的核心重地。

中國全國人民代表大會[1]的年度會議是中國一年中最大的政治盛會。在這個所有重要政策都在密室裡決定的國家，能夠一睹最高領導階層公開現身是非常難得的機會。

在我搭乘的子彈列車以時速三百五十公里的速度駛往北京的同時，我一邊細細爬梳這次全國人大會議錯綜複雜的細節，因為它的歷史意義相比往年更為重大。

中國全國人民代表大會一共有三千名代表，來自全國三十一個省、市、自治區和香港及澳

[1] 譯注：簡稱為全國人大。

門。這些代表有的是軍事首長、商業巨頭和全中國五十五個少數民族的成員。他們都由中央指派，多數時候不具有什麼影響力，都只是為黨中央的重大法案、預算和主要派任職務背書，充當橡皮圖章。

重要的是，人大會議提供了一個舞台讓總理李克強頒布年度工作報告，基本上就是預估國家未來一年經濟成長目標的年度預算。這一年，李克強足足花了兩個小時才把這份滿是術語的報告念完。在這些辭令下呈現的是，這個世界第二大經濟體將會在其領導人之下，走上和以往非常不同的發展路線。

過去數十年來，中國一直專注於經濟的成長。國內生產毛額（GDP）年年創新高，經濟成長率更是從一九七八年鄧小平擁抱市場經濟以來，以每年平均一成的速度在成長，這促成了近代史上無人能及的成長速度，只有十九世紀末美國工業化時期才差堪比擬。隨著數百萬人湧入大城市工作，更讓這個原本深陷貧窮的農業經濟體搖身一變成為世界生產大國，人均所得增加了二十五倍之多。鄧小平在他第一階段進行的社會主義市場經濟實驗中，廢除了毛澤東所設的集體農場，改成允許個人擁有產業，中國的成長在之後的數十年間勢如破竹。然而，自二〇〇八年金融海嘯以來，中國設計來控制失業率的大型振興方案卻造成嚴重的財政赤字，分析家一再警告中國經濟可能會遭遇「硬著陸」，意指政府試圖減緩通貨膨漲而導致經濟衰退。那一年，李克強卻出乎意料將年成長定為和前一年一樣的百分之六．五，還自二〇一二年以來首次降低了中國的預算赤字。這一反中國政府過去的傳統，不再硬是著眼於野心勃勃的成長目標，而是甘願接受溫和的成長。

儘管面臨經濟上的難題，但這一年的重點卻不在此，因為所有人談論的焦點都在習近平成為終身主席的提議這件事。

全場焦點

全國人大因為在政治上高度敏感，所以安全戒備特別森嚴，甚至在我們踏出北京車站前就已經感受到了。出車站前一路要經過好幾個安檢站，旅客和軍警人員都被擋在狹窄的人行通道上。車站裡四處可見公安拿著很吵的擴音器在指揮交通，非常刺耳。對當時的我而言，如此擁擠的人群實在是平生未見，不過只要住在中國，很快就會對這種事習以為常。

那天的天氣在北京的冬天極為罕見，天空異常清澈，原來當局因應全國人大開會，所以規定這一週附近的工廠都要停工。一名保全就說：「習主席要出席的場合一定都是大晴天。」但一到北京就發生了一件讓人心跳停止的事，那就是我的翻牆軟體失效了，把報導傳回雪梨變得格外困難。

想見到習近平本人必須有得有點耐心。第二天清晨我騎著腳踏車到天安門廣場。這個時期的這裡可以說是全天下維安最滴水不漏的地方，整個廣場上四處是公安和軍人，全都穿著深綠外套、戴著白手套，手裡握著對講機。廣場周邊的店家擺滿了紀念商品，像是印著習主席和主席夫人彭麗媛肖像的盤子和茶杯。

要進入人大會場得通過足足七道安檢關卡，過程中必須隨時出示我掛在脖上的通行證。每個關卡都安裝了人臉辨識攝影機，還會有專人仔細檢查我的證件。等到全部過關了才能踏上空盪盪的天安門廣場，此時太陽才緩緩從我們右方掛著的那幅知名毛澤東肖像後方升起，那感覺還真讓人心情澎湃。之後我隨著一群記者蜿蜒爬上人民大會堂前的樓梯，朝著它入口處的大理石柱前進。

人大會議的開會結果在之前就已經公布了，我來這裡主要是為了湊熱鬧，順便看看能不能在這精心安排好的大會上撿點意外的花邊新聞，或是隔著門採訪到全國代表，因為他們通常見到外國記者都會馬上逃走。那一年在人民代表大會為期兩週的會期中，社交媒體上最熱門的一則貼文是，一名女記者被鏡頭捕捉到在另一名記者藉著提問吹捧中國政府經濟表現時，因為其發言冗長而翻了一個白眼。[1]

經過多次搜身檢查後，再閃過正在紅地毯走道上踢正步的西裝警衛，我終於來到大會堂主會場，這裡頭坐了一萬人。我的位置在會場的後方，全國代表們坐在象徵共產黨的槌子和鐮刀掛布之下，他們的臉遠到我都看不清楚。還好露西有帶雙筒望遠鏡。

這是一個完美對稱的畫面。數千名穿著西裝的代表在成列的桌子前面正襟危坐，每人面前都有一只相同的白色茶杯和一份厚達三十六頁的總理講稿。所有人桌上都看不到雜物，連隻亂擺的筆都沒有，最嚴格的課堂都不會這麼整齊劃一。當李克強開始報告時，會場中每個列席的人無不埋首於那本報告書，然後每隔五到十分鐘，整個會場更會忽然唰地響起在場三千人同時翻動報告書的聲音。

以前我不知在哪讀到過，中國政界高層習慣把頭髮染黑，好讓自己顯得更年輕，今天一看果然如此。會場上每個人雖然都年過四十，卻沒有一個人頭上有白頭髮。唯一例外的是全國代表中來自中國五十五個少數民族的代表，他們頭上別著一些象徵民族傳統的髮飾。

講台正中央可見習近平端坐其上，中共高層則在他兩側。而這一早的報告過程中，只有兩個人從來沒把這份工作報告打開過，一個就是習本人，另一人則是王岐山，他原本在習近平反貪腐運動中擔任主要領導人，現在已升任國家副主席，擔任總理李克強的左右手。

人大會議後幾天，全國代表再為「終身主席」的動議進行投票表決，將票投入紅色的票匭中。在總數三千人的全國代表中只有兩票投不贊成，據說這兩票是刻意安排的，畢竟有少數反對票比全部都贊成更合理一點。

習近平在人大會議的閉幕演說中，內容訴求了強烈的民族主義，談到過去中國歷史上經歷多次的「浴血戰役」，並強調「每一寸」領土絕對不可能分割出去，意即對於任何嘗試台灣獨立的分裂絕不寬容。

「一切分裂祖國的行徑和伎倆都是注定要失敗的，都會受到人民的譴責和歷史的懲罰。」習近平在雷鳴般的掌聲中說道。

此番話的言下之意就是，他會採取更強硬的外交政策。當時美國總統川普剛好也在同一週簽署通過一項允許美國官員訪台的法案，北京一向視台灣為終有一日會回歸中國懷抱的省份，對於美國此舉當然不樂見。

會議結束後，綁住習近平任期的舊制既已不在，他自然就可以實現承諾，讓中國脫貧、解決污染問題、重整財政危機，並加重中國在全球事務中的參與度。時間之於他不再是個問題。

經濟問題

雖然習近平史無前例地取得大權，但政權穩定與否終究取決於中國經濟的穩定。眾所周知，中國領導者的偏執其來有自，因為只要經濟不好、社會不穩定，整個體制就會跟前蘇聯一樣垮台。

數十年來，中共和中國人民有一個沒有說出口的默契，那就是只要人民生活水平能夠不斷提升，那就不會有人挑戰其政權。一九八〇年代中國才開始過渡到混合式資本主義經濟體制的階段，就讓數百萬人有了他們這輩子第一個像樣的家、接受教育、享受健保，而且隨著時日漸增，更實現了從前想都不敢想的美夢，送孩子到海外念大學、買名牌服飾等等。到了一九九〇年代後期，中國經濟大幅成長，股匯市更是熱錢不斷，一再創新高。很難想像中國人民在十幾二十年前還要靠配給才有飯吃，當數百萬人為了過上更好的生活而拼命工作時，大家也就選擇對政府踐踏人權、箝制個人自由之事睜一隻眼閉一隻眼，因為他們正在追求物質上的進步。表面上來看，中國看似比世上其他國家都還要資本主義，但其實在這個獨特的經濟模式中，還是由國營企業主導了整個市場。私人公司占中國國內生產毛額和就業機會的六成，到了二〇二〇年底時，有越來越多的跡象顯示習近平正在加強國家對於私人企業的掌控。[2]

中國經濟這種銳不可擋的氣勢首次遭到質疑是在天安門事件後出現的突然經濟衰退。到了二〇一二年的第二季時，中國國內生產毛額掉到百分之八以下，再次不樂觀。經濟學者不禁又要問：中國的經濟奇蹟是否已經走到盡頭？而且似乎有越來越多的跡象顯示，在這個過去什麼都可能實現的國家開始要為過去的過度成長付出代價。作為中國經濟大宗的出口數字突然降為預期的一半，當季的進口金額也遲滯不前。二〇一二年五月，《紐約時報》[3]報導中國一些小型城市的稅務單位不停催促報稅公司，要他們盡量浮報銷售金額和利潤以美化地方經濟的成長數字。

在我初到中國的前兩個月期間，幾乎找不到充份證據證明中國經濟正處於毀滅性崩盤的邊緣。在我一月份抵達中國的一週內，中國的國內生產毛額反而比二〇一七年成長百分之六・九，比起前一年的百分之六・七還高，也是自二〇一〇年來首次出現年成長率升高的情形。

但這些數字可信嗎？北京當局將焦點轉移到處理金融危機上，似乎讓地方官員不用再如往年浮報數字，以求官運亨通❷。根據最近的報導指稱，內蒙古自治區已經坦承其在二〇一六年數據浮報了四成，目的是為了「增加工業生產的產值」。

中國北方的大都市天津也說，看似蓬勃發展的金融區的國內生產毛額其實包含了出於稅收目的而登記的商業活動。經濟學者認為，這表示該市浮報的國民生產毛額達兩成左右。前一年，中國的鏽帶❸省份遼寧同樣表示，在二〇一一到二〇一四年間均曾在經濟數據上造假。

但真正讓人憂心的並不在於經濟成長速度趨緩，而是債台高築。習近平曾承諾，要以高儲蓄、投資導向的方式讓中國的經濟規模在二〇三五年翻倍。但是根據於美國華盛頓「國際金融協會」（Institute of International Finance, IIF）所公布的數字，到了二〇一九年初，中國的國債卻高達其國內生產毛額的百分之三〇三[4]。在全球金融危機爆發時，中國的出口大幅驟降，北京當局透過將政府資金用於造橋、鋪路、興建廢水處理廠等，以及其他可供未來數十年使用的興建計畫，藉此降低龐大國內失業率。銀行也擴大貸款為挹注刺激方案提供資金，中國企業同時也在全球各地大肆消費，到澳洲收購礦場和養牛場以及世界各地的其他產業。這在帳面上看

❷ 譯注：當地說法為「官出數據，數據出官」。
❸ 譯注：rust-belt，意指曾經工業蓬勃，但現在處於經濟衰退的地區。

似有效，但背後要付出什麼樣的代價？

此外，中國各地都出現過剩的情形，在我初到的前幾週讓我印象最深刻的就是山一般顏色鮮明的廢棄腳踏車塚。這些棄置單車正是中國擁抱新的消費趨勢的表徵，以這些廢單車塚為例，為了以最快速度生產出一般人最負擔得起的交通工具，卻造成了災難性的後果。打著共享經濟起家的企業明星如小藍單車（Bluegogo）、小黃車（Ofo）和摩拜（Mobike）在陷入財務困境後，不是倒閉，就是另尋企業夥伴。

我上海住處附近的人行步道上堆滿了生鏽破舊的共享單車，迫使行人不得不走上馬路與車爭道，經過那裡就像是走過垃圾場一樣。但是那年稍晚，所有廢棄單車卻一夜間消失無蹤。後來出現了一種更具永續性的共享單車商業模式，中國的共享單車才減少到了合理的數量，這個創新作法到現在都還是很棒，我們每天都在騎。

但是共享單車不過是整個大問題的九牛一毛。現在中國境內幾乎找不到沒有一座嶄新亮麗的機場、鐵路網或是高速公路系統的城市。比爾．蓋茲（Bill Gates）很常引用一個數據，指中國在二〇一一到二〇一三年間用掉的混凝土數量，遠超過美國在整個二十世紀的數量。[5]

中國向來自豪其新建的摩天大樓、公寓和城市數量遠勝於其他國家。在高級品牌的消費上，中國占了全球三成七。此外，中國總人口數為十四億，但其智慧型手機的用戶人數卻遠遠超過其人口數。

難道這一切都是錯覺嗎？任何在中國待過一段時間的人都知道，在這裡事情不能只看表面。中國境內的假貨盛行，店面、餐館或是旅舍的外表可能富麗堂皇，裡頭卻是油漆斑駁、設備破舊不堪。

我造訪過中國十幾座城市，常見到空置的購物商場，成排的高樓層住宅無人居住，夜裡一盞燈也沒有，還有大量沒使用過的基礎建設。針對這種無效生產的情形，習近平也開始關閉一些不能獲利的工廠，但現在才做是否為時已晚？

二〇一八年四月，澳洲儲備銀行（Reserve Bank of Australia）行長菲利普・羅威（Philip Lowe）就曾警告稱中國高築的債台像是定時炸彈。他尤其擔憂中國的企業債務相對於國內生產毛額的比重，遠高於多數已開發經濟體。這個警訊其實不算新聞，投資大戶如喬治・索羅斯（George Soros）多年來就一直在警告大家這件事。特別值得關注的是中國的「影子銀行金融體系」（shadow banking sector），這個被外界形容為眼花撩亂的體系，從作為放款人的中國五大國有銀行一路延伸到超過兩千五百間的合作和小型鄉村行庫。澳洲儲備銀行估計，從二〇〇九年以來，這部分的債款以平均每年四成的速度在增加，現在已經高達七兆美金，等於是中國國內生產毛額的六成。[6]

當時中國經濟成長最快的城市之一是成都，作為西南內陸省份四川的省會，這裡也是兩年後我最後一次在中國度假的地方。二〇一八年二月，成都是我第一座上海以外的採訪城市，當時澳洲的人工電子耳製造商科利耳（Cochlear）邀請我去報導他們在當地新建的生產中心。但是到了之後我卻發現另一個比這更有意思的新聞，那就是成都在非常短的時間內在經濟上和社會上的變化，而成都所經歷的一切其實也是中國的縮影。

我和露西為了這次採訪從上海飛往成都，航程約兩個半小時。當飛機準備降落時，露西正在逐條念出與成都有關的統計數據。成都有七十一間上市公司，五十六座大學。過去七年來，其國內生產毛額的成長率都優於平均值。尤其在二〇一七年，更成長了百分之八·一，優於上海的百分之六·九和北京的百分之六·七。和中國其他大城市比起來，成都的步調來得更悠閒一些。該市有蓬勃發展的時尚產業、現場音樂演出和餐館。當地人顯然好喝啤酒，也常愛在茶館裡和朋友一聊好幾個鐘頭。「那這裡的人口數呢？」我問露西，腦海裡浮現的是一個約有五十萬或一百萬人口的小型、悠閒都會中心。但她的答案是：「九百萬人口。」

一個擁有九百萬人口的城市怎麼可能會有多悠閒？我心裡納悶的同時，飛機也朝著濃霧之中的成都降落，而這些濃霧在整趟採訪行程中始終籠罩著這個城市。

對外地人而言，很難清楚掌握中國一些大型城市的規模，因為這些城市的人口都是過去四十年才陸續從各地鄉間移入。大部分的澳洲人可能都聽過中國一級大城市如上海、北京，再來可能還有廣州和深圳，後者就跟香港隔著一條地界，但其實在中國超過百萬人口的城市共有一百五十座。

二〇〇八年，成都附近發生了一場毀滅性的大地震，一共造成八萬七千人喪命，更導致四百八十萬人無家可歸。雖然成都市逃過一劫，但這場大地震改變了整個地區。基礎設施經費在重建過程中開始增加，也讓成都搖身一變成為科技、創新和教育中心。

下飛機後，我們又開了兩個小時的路，穿過成排外觀醜陋的摩天大樓，來到城郊的工業區。接著我們駛往科利耳廠區，在一塊土地上參加了他們色彩繽紛的開工儀式。因為霧霾始終籠罩著成都上空，再加上綿延無盡的水泥建築和空盪盪的街道，成都給人一種世界末日的感覺，似乎一切都很巨大。這天稍晚，我和人約在世界上最大單體建築❹裡的室內海灘見面，旁邊還人造的地中海村裝。就連我住的那間國營飯店，大理石鋪成的華麗大廳裡也都懸掛著房屋般大小的吊燈，還有點綴著紅綠燈的高聳的樹木。

在這麼一個四處是霓虹、鋼筋水泥的地方，很容易讓人有種失落感。一名派駐成都的西方國家外交人員和我在他位於二十七層樓高的辦公室喝茶聊天，這裡可以俯看下方的風景，他告訴我：「西方人在成都這樣的城市裡開車常會被它的現代感所震懾，放眼四下沒有古老、熟悉的東西可以讓人欣賞流連。不像上海外灘有歐洲風情，讓我們覺得舒適。」

他給我看了一張一百年前在同一地點拍攝的照片，照片中是一座被樹木環繞的古老中國宮

❹ 譯注：新世紀環球中心。

殿。我無法想像世上有其他地方能像中國這樣，以這麼快的速度、大規模地轉變。

成都的基礎設施建設不斷，國內生產毛額更是高速成長，這讓當地居民的生活品質一方面劇烈地改善，另一方面卻也劇烈地惡化。

一名計程車司機告訴我，他覺得成都的富裕讓他感到很徬徨。往好處想，他現在有錢可以送女兒上大學了，但他也不能再像從前一樣開到下午就收班、和朋友去茶館聊天，而是必須一直開車到晚上來支應更多的開銷。

另一名成都男性告訴我，他去年買下一間兩房的公寓，花了一千兩百萬人民幣，並付了四成的頭期款。但他的月薪卻只有五千元人民幣，所有的錢都要拿去繳房貸，一家生活開銷全靠他老婆每月四千元人民幣的薪水支撐。這種情形在中國各地都在發生，中國大都市房地產價格比雪梨或墨爾本高，而中國百姓的家庭收入很少。

這些我初到中國時進行的訪談讓我了解到，這裡的人和澳洲人抱怨的事情都一樣，不斷攀升的物價、孩子的學費、難以承受的房價。在這個平均薪資仍停留在開發中國家階段的國家裡，火熱的房地產市場加劇了這些問題。

但另一方面，統計數據也顯示中國的中產階級消費者花錢完全不手軟，把澳洲牛肉、葡萄酒、維他命和嬰兒奶粉全都搜刮一空。澳洲對中國的出口每年都創新高，因為中國中產階級對於奢侈品及鐵礦石等物產的需求量大增，而鐵礦石對中國大量生產鋼鐵來說極為重要。

到了二〇二〇年底，即使全球疫情大流行，中國經濟也沒有如同許多人多年來預測的崩潰。這一年的國內生產毛額為百分之二・三，是自一九七六年來的最新低。然而在第四季的時候就恢復至百分之六・五，中國表現得比其他大多數國家還要好。

沒有想到，到頭來危害到澳洲對中國出口的卻不是中國龐大的赤字或是緩慢的經濟成長。到了二〇二〇年的下半年，澳洲商人所懷抱的中國夢成了澳洲貿易的一場夢魘。

六、足球外交

二〇一八年五月，上海

那天是星期六下午，澳洲啤酒ＶＢ[1]像自來水一樣不斷注入杯中，盛滿肉餡餅和香腸捲的盤子也一盤接一盤快速被大家端走，這裡是上海江灣體育中心的主席廳。外頭正下著雨，天氣既潮濕又悶熱，一群死忠的足球迷穿著雨衣，正在為兩支大老遠來到上海的澳大利亞澳式足球聯盟（Australian AFL）的球隊歡呼。

屋子裡滿滿澳洲口音，因為澳洲外交官員、商界大老、運動明星、電視名人全都前來參加這場盛會。阿德雷德港口隊（Port Adelaide Football Club）的教練滿口髒話，不斷從教練區敞開的窗子對著足球員大吼。整個會場的中心則是當時的澳洲貿易部長史帝芬・西奧波（Steven

[1] 譯注：Victoria Bitter。

Ciobo），他驕傲地在脖上掛著一條黃紅相間的黃金海岸太陽隊（Gold Coast Suns）圍巾。

這樣的情境讓在場許多人都有種瞬間回到澳洲的感覺。唯一的例外是一位上海商界菁英，因為他負責接待贊助這次球賽的中國地產大亨，所以一直喋喋不休。除此以外，真的很容易忘記自己其實置身於中國境內這個由國民政府領導人蔣介石建於一九三〇年代的體育場裡。

將澳洲足球聯盟賽事帶來中國進行算是中澳建交五十年歷史中滿古怪的一個發展。在中國這個偏好籃球和羽毛球的國家裡，甚至大多人都不太運動，所以幾乎沒有人知道澳洲足球聯盟是什麼。但這阻止不了阿德雷德港口隊的企圖心，他們四年前就想來中國踢球了。

雖然表面上說，在上海舉辦澳洲足球聯盟年度足球賽是希望藉由體育外交增進中澳情誼，但說到底就是為了錢。阿德雷德港口隊因為無法在澳洲爭取到跟維多利亞隊一樣多的贊助經費，所以轉而朝中國企業尋找機會。他們找到想在澳洲作生意的中方企業，讓這些企業藉由贊助阿德雷德港口隊得以讓澳洲人留下深刻印象。這個想法一開始的確有些作用。

阿德雷德港口隊找到的最大贊助商就是億萬地產大亨桂國傑，他自稱是足球迷。他的公司上海中房置業（Shanghai CRED）過去一直和澳洲礦業大亨吉娜・萊因哈特（Gina Rinehart）合作，在澳洲收購當地牛隻牧場，所以雙方一拍即合。

我看著西奧波和桂國傑拉著他小孫子合照，小孫子似乎對澳式足球規則很好奇。上海市副市長陳群這天也來了，跟著一起為球賽歡呼喝采。當天稍早，西奧波會見了上海市長應勇見。

當時中澳和樂融融，誰能料到兩年後中澳關係竟會生變。

從當天的氣氛來看，會覺得中澳關係未來肯定極為樂觀，但其實那一年雙邊關係正急轉直下。到那個階段時，中國已經多次拒絕發給滕博爾內閣多位部長簽證，也停辦每年一度的澳洲貿易推廣活動。阿德雷德港口隊的主管那週也告訴我，中方原本也不打算發給西奧波簽證，是經過協調後才勉強同意。

這次活動的前兩天，澳洲商業部長也試圖向中國釋出善意，在一場官方晚會的演講中盛讚中國這個澳洲最大貿易夥伴為「真正的全球巨人」，並讚美習近平的一帶一路基礎建設計畫。此舉與滕博爾政府從十月以來採取的措詞可以說是強烈的對比。

西奧波在數天前曾對我說：「我很有信心，我們能夠把過去數月的不愉快拋在腦後，中澳現在的關係很緊密。這並不是在掩蓋過去雙方的分歧，而是顯示這樣的分歧是可以跨越的。」[1]

乒乓外交

各國使用運動作為外交手段拉攏中國政府，這也不是頭一遭。前美國總統尼克森（Richard Nixon）任內所運用的乒乓球外交就成功為他一九七二年訪中之行鋪路，從而開創歷史新局。此前一年，在日本國際桌球錦標賽上，美國乒乓球選手格倫．科恩（Glenn Cowan）與中國桌球選手莊則棟兩人打出了一段友誼。中國桌球選手是當時少數可以出國的中國人，中國當局在他們出國前曾告誡他們不得與外國人有接觸。但這次中美這兩位選手因切磋球技而擦出的友誼火花，讓中國政府破例邀請美國桌球隊在賽後前往中國訪問。他們也成了自一九四九年以來，第一支踏上中國的美國代表團。

當然，當時中美雙方其實早有心想要化解僵局，才能有此進展。尼克森其實也跟澳洲前首相高夫．惠特蘭（Gough Whitlam）想的一樣，知道建立中美關係對美國經濟有利可圖，尤其當時美國和蘇聯又剛好關係惡化，此舉正好可以制衡蘇聯。

但是歷史上也不是沒有因為運動而傷害了他國與中國關係的事。二〇一六年里約奧運時，澳洲游泳冠軍麥克．霍頓（Mack Horton）就因為指控中國運動英雄孫楊是禁藥騙子，而在媒體上引起喧然大波。[2]孫楊是中國有史以來第一位拿到奧運游泳金牌的選手，但他早在二〇一四年就在藥檢被驗出使用禁藥。

二〇一九年，在南韓世界游泳錦標賽（World Aquatics Championships）的四百公尺自由式決賽頒獎儀式上，霍頓更拒絕站在孫楊旁邊。孫楊事後宣稱：「你可以侮辱我，但你不能侮辱中國。」此話一出，中國社群媒體上瞬間湧入大量反澳言論。

憤怒蒙蔽了中國民眾對共產黨過往行為的感受，像是黨對滕博爾外國干預法的不滿、對人權紀錄的抨擊或是對華為禁令的抗議。

後來孫楊因為在藥檢時動手腳而被禁賽八年，因此在中國失去大眾的支持，但在當時不管對他的指控是真是假都不重要。和許多國家一樣，中國人民不能忍受自己的國家英雄被攻擊，若被指控的人是澳洲人，情況大概也差不多。但是中國政府卻利用這次事件來操弄人民的反澳情緒，合理化其對澳洲政府的霸凌，從而名正言順地使用經濟手段對澳洲政府威逼利誘。

二〇一九年，運動而在政治上擦槍走火的事件也在中國的美國職籃界上演。籃球在中國本來就很盛行，中國籃球迷普遍都很熱衷於ＮＢＡ（美國國家籃球協會）賽事。中國的ＮＢＡ觀眾人數遠多於美國本土，ＮＢＡ移師上海的比賽更是當地的年度運動盛事，我許多中國朋友家裡的十幾歲孩子絕不會錯過任何一場轉播。

但是在二〇一九年十月，ＮＢＡ在中國受到了嚴重影響，當時抗議中國侵害香港人權自由事件正達到高峰。ＮＢＡ球隊中最紅的休士頓火箭隊總管達雷爾．莫雷（Daryl Morey）一晚在推特上轉發了一張圖片，圖片上印有「為自由而戰，撐香港。」（Fight for Freedom. Stand with Hong Kong）的字樣，這是出自支持香港反送中運動的標語，這一轉發引爆了中美外交風暴。這則完全無害的貼文若是關係到的是其他國家，那肯定不會有什麼問題，問題在於它牽涉到中國。ＮＢＡ只好發出緊急道歉聲明，但為時已晚。社群媒體上再次出現大量中國網友大肆攻擊的言論，中國政府不許人民發聲批評自己政府，卻放縱其民眾攻擊他國政府。中國的ＮＢＡ廣告贊助商紛紛抽掉廣告，中國國營電視台和轉播媒體也都停止轉播ＮＢＡ球賽。

無數原本有心進入中國運動產業的澳洲運動賽事代理商，不管是澳洲足球聯盟、英式橄欖球或是網球的代理商，他們都密切關注著這起事件。這樣的發展讓他們意識到，只要一則不管來自球員、球隊經理或球團相關人員的小小公開評論、推特或臉書貼文，就足以粉碎整個運動產業辛苦構築的中國夢。

結果就是，澳洲足球聯盟訪華行動雖然沒有壞事，但也沒能救中澳關係於頹勢。

熱帶風暴

中澳雙邊關係自我到中國赴任以來正在不斷惡化，但直到二〇一八年三月我前往中國南方的熱帶島嶼一行後，才真正體會到狀況變得有多糟糕。

每年中國國家主席都會在海南島舉辦博鰲亞洲論壇，邀請國際政界與商界領導人參與。海南島是中國境內最像泰國或峇里島這類度假勝地的地方，每年數百萬中國遊客來此享受它的沙灘、椰子樹、南海的微風和俗麗的高層度假旅館。

博鰲亞洲論壇甫創辦時，一心想成為亞洲版的達沃論壇，但是這幾年下來卻逐漸失去了光彩。因為中國在外交事務方面的吃緊，以及論壇上限制講者發言內容等事，都讓大多數的重量級人物望之卻步。但對澳洲而言，博鰲論壇一直是強化雙邊關係的重要平台。

二〇一三年，前澳洲總理茱莉亞・吉拉德（Julia Gillard）曾率領十二位澳洲商界高層人士共同與會。另一位澳洲前總理鮑勃・霍克（Bob Hawke）則是二〇〇一年催生博鰲亞洲論壇的重要推手，依照傳統會在佛特斯庫（Fortescue）的非公開聚會上，帶領與會澳洲代表一起唱一段熱情的〈叢林流浪〉（Waltzing Matilda），但二〇一八年他因為健康因素無法參加。

二〇一八年，澳洲代表團的人數在博鰲論壇會議中心酒吧中寥寥可數，因此當時的澳洲駐華大使安思捷（Jan Adams）成了整個代表團中最高層級的政府代表。澳洲佛特斯庫金屬集團（Fortescue Metals Group）創辦人安德魯．福雷斯特（Andrew Forrest）是博鰲論壇的大贊助商，他率領澳洲代表團前來，但當晚卻相當低調，據說他先和習近平私下會面後才搭機前來。福雷斯特說，他和習的淵緣早在習爬到中共高層前就開始了。福雷斯特早期為了和中國打好關係以利進口鐵礦，曾多次到訪中國，就是在那時結識了習近平。福雷斯特在中國的地位想必很穩固，因為他同時也是另一場中國商界重量級人士才能與會會議的共同主席，這場會議的與會人士包括中國進出口銀行前董事長李若谷、中國農業鉅子新希望集團董事長劉永好等人。這場小型會議由習近平進行開場，演講中他承諾會放寬中國對外資持股的限制。

但在排定的會議發言背後，中國與各國私下的種種不愉快才是整場論壇最值得報導的焦點，包括了中美之間的貿易制裁、中國對澳洲的不滿。

在博鰲會議中心人來人往的走廊上，與會代表和商界高層悄聲交談，互相提醒當前形勢遠比表面看來要糟。中國多次拒發滕博爾閣員訪華簽證，這件事是《澳洲金融評論報》專欄作家珍妮佛．休威特（Jennifer Hewett）披露的，她從訪問的對象得到了這些關鍵內幕。我也發現，原本每年例行在中國舉行的澳洲產品展也被暫緩了。四月十一日，《澳洲金融評論報》頭條報導指出，中國「冷凍了」與滕博爾政府的雙邊關係。[3]報導隔日，滕博爾本人也親自證實了消息無誤。

讓北京政府不滿的原因可能有幾個，一是對滕博爾針對中國所頒布的反外國干預法，另一則是澳洲出言批評中國在南海侵犯他國海域，也可能是澳洲禁止中國電信巨頭華為在澳洲興建5G電信網路。

滕博爾在二〇一七年年底所發表的一段言論更是激怒了中國，談話中他引述了毛澤東的話：「中國人民站起來了……那我們澳洲人民也該站起來。」資深的中國觀察家警告說，引述毛澤東來指責中國政府是很不智的行為，因為中國人對毛澤東有很深的情感。有些學者表明，滕博爾的引述也不正確。

雖然反澳言論是由北京政府發動，再往下延伸到全中國，當時還沒有對澳洲貿易直接構成威脅，但光是這樣就已經讓許多澳洲公司人心惶惶。

西奧波在五月抵達上海後，在澳洲總領事位於上海租借的官邸中舉辦了一場澳洲足球聯盟的新聞發表會，當時我向他詢問了澳洲最大酒類出口商富邑葡萄酒集團（Treasury Wine Estates）指稱他們有些酒品貨櫃在中國港口清關時遇到的麻煩。富邑集團是第一批跳出來指責政治問題已經影響到貿易的公司之一，他們當時面臨中方施壓，謂其低價葡萄酒供大於求。當時這個爭議如過眼雲煙般稍縱即逝，沒有後續發展。但事實是，中國足足等了兩年才真的對富邑集團下手，藉由對澳洲葡萄酒課徵高額關稅，直接斷了富邑葡萄酒在中國市場的競爭力。

當時一些跨足中國的澳商也私下抱怨，貨物清關時遇到的官僚刁難比往常更多。這一招其實是中國用來針對踩到其政治紅線的國家的策略。

中國對澳洲的不滿越來越頻繁地出現在官方媒體上。那一整年的報紙上不斷出現澳洲的負面新聞，包括對學生的種族歧視攻擊、鯊魚咬人，甚至是澳洲毒蛇和毒蜘蛛肆虐，但大部分的報導都是子虛烏有。

中國媒體用無聊新聞修理澳洲可不比中國政府拒發澳洲閣員訪華簽證，後者已經充份顯示出中澳關係的僵局。

我跟一些中國學者、地方商人、退休政府官員和其他親近北京政府的人聊過，他們都無法理解為什麼澳洲政府膽敢得罪自己的頭號客戶。他們當然不懂，這是澳洲政府在保護自己的主權。即使我不是滕博爾政府中的官員，但每次和這些中國人見面時都會被教訓一番。這些人都不贊同澳洲政府的作法。

中國官方智庫領導人劉卿第一次和我在北京碰面時訓了我一個鐘頭，過程中就是在指責「你們總理」真的領導無方，還數落我作為澳洲新聞記者沒能善盡職責，擔任改善中澳關係的橋樑。對很多中國外交部的官員而言，很難理解媒體不聽政府的話、遂行出版自由這種事。澳洲外交官就常被問到，為什麼澳洲政府允許澳洲記者撰寫有關中國的負面報導。

當晚我和一名退役的人民解放軍海軍軍官吃飯，他是別人介紹認識的，同桌還有他的夫人。跟中國官員見面通常就是這樣，相敬以禮，客客氣氣。但隨著桌面的菜餚越出越多，他對澳洲的批評也跟著越來越不留情。

他基本上就是覺得澳洲不該質疑中國的種種作為。他一再保證中國絕對不會想對澳洲採取任何軍事行動，中國過去從來沒有對澳洲有過任何冒犯舉動。但反過來也一樣，中國也不想被別人欺凌，習近平把話說得很清楚。中國之所以要大秀軍事肌肉、展現軍事實力只有一個原因。

這名退役軍官說：「中國當然不想傷害澳洲，但是當孩子不聽話時，做父母的也不得不痛打他一頓。我們是不想這麼做，但不表示我們沒這個實力。」

當我們用我帶來的澳洲產比諾葡萄酒（pinot）為今晚乾杯時，我不禁懷疑這是威脅嗎？中國真的把澳洲當成是需要大人出手管教的調皮孩子嗎？

當時似乎有一種不管是澳洲、美國或世界上其他國家都只能習慣中國這種說話方式的氛圍。前中國國家主席鄧小平有句格言「韜光養晦」，他藉此形容中國在世界舞台上的地位；但在習近平的領導下，情況顯然大異其趣。

澳洲經濟學家兼前駐華大使郜若素（Ross Garnaut）同年四月造訪上海時，曾經對我說過一段話：「他（習）已經準備要讓中國站上全球的領導地位，剛好美國此時在世界領導地位上不如以往，更是給了習近平大好機會，得以改變世人對中國在國際體系中的看法。」[4]

澳洲足球聯盟在上海舉辦比賽兩個月後又發生了一件事，讓人得以一窺當時中澳關係的風雲詭譎。

出獄

澳洲鐵礦業巨擘力拓集團中國區總經理胡士泰因收賄罪被囚上海監獄長達九年，預計在二〇一八年七月獲釋。

他在二〇〇九年被捕後，隨即遭判十年刑期，讓他成為中澳關係生變篇章中的代表人物。此案同時入獄的還有三位力拓集團的員工。

胡士泰的刑期之重不難嗅出報復意味。力拓集團在退出國營企業中國鋁業集團的交易案後，不再受寵於中國政府。中鋁集團交易案原本是要增加該集團對力拓集團持股，藉此獲得後者兩席董事會席次，這對一直想要打破澳洲鐵礦雙頭寡斷情形的中國而言至關重要。交易破局後，北京政府認為澳洲的多家鐵礦商合謀哄抬鐵礦價格，而對於大量基礎建設需鐵孔急的中國而言，鐵礦又是不可或缺的關鍵原料。即使到現在，澳洲鐵礦依然是中國最不可或缺的單一澳洲商品。

胡士泰是澳洲公民，但是華裔，這表示他被中國官方視為中國人，不會享有外國人的特別待遇，但最終他的刑期還是透過多次直接上訴得以兩度獲得減刑。

在一個熱到受不了的七月早晨，澳洲廣播公司的比爾．博圖斯和我約在上海市郊的青浦監獄外，我到時他已經到了。那天氣候很乾燥，風沙又很大，我們在外面等著，卻不知道胡士泰今天什麼時候會出獄，又或者是否真的能出獄。一名自稱是胡士泰同事的友人也在外等著，他遞了根煙給我。他也不是很有把握，但我們覺得應該沒錯。

結果大家花了整整二十四個小時在玩老鷹抓小雞。在這條風沙很大的路上被大太陽烤了好幾個小時後，才有人告訴我胡士泰早就出獄離開了，可能是從後門被接走的。中國一般會把外國籍犯人帶到公安局，因為公安局負責核發外籍遊客的簽證，出獄後會先到那裡申請離境。所以我們急忙趕赴公安局，卻被告知他剛離開。當週稍晚，我接獲情報說他會搭澳洲航空離開中國。那是一個漫長的週五夜晚，我守在機場堵他，一邊吃著麥當勞，一邊緊盯報到櫃台。但胡士泰始終沒現身。

民間無所謂

當北京政府的反澳言論越演越烈之際，大多數的中國民眾卻不怎麼當一回事。我在上海的朋友對澳洲的沙灘、葡萄酒或是雪梨的狂歡節更有興趣，反外國干預法或是網路安全之類的事情，他們一點也不在乎，許多人更是連聽都沒聽過。這種情形一直到我離開中國時基本上都沒有變過。

「這就是我想去澳洲旅遊的原因。」二十一歲的上海女學生黃嬌（Qiao Huan）給我看她手機裡的照片，照片中是一名留著時髦男團髮型的年輕白人。這個讓黃嬌一群女孩子為之著迷的人叫做貝樂泰（Alistair Bayley），是一名來自墨爾本的澳洲留學生，他因為贏得一場中文演講比賽而在中國國家電視台爆紅。[5]

但並不是每個人對澳洲的態度都這麼正面。當我詢問一名在上海法國租借熱鬧街上擺攤賣雞爪和豆腐的小販對澳洲的印象時，他說：「澳洲好像有點歧視黃種人。」和許多中國人一樣，他收看新聞的主要來源是微信。

我在中國時並沒有遇過對澳洲人有敵意的普通老百姓，只是要適應文化上的差異，但花個幾個月的時間就沒問題了。

我的中文老師梅（May）雖然對我工作行程滿檔、又欠缺學外語的天份感到灰心，但她也叫我不用太擔心鄰居對我過於多禮的漠視。她解釋說，他們並不是因為中澳關係緊張才這樣。她還給了我幾個簡單的行為指南，初到中國的外國人只要記得這些注意事項就行了：

第一課：中國的鄰居可能不像西方人那麼友善，也沒那麼健談。搭電梯時，旁人不一定會打招呼問好。要是有人無視你的問候或者在互動、交談時眼睛不看你，也別介意。

我可以證明確實是這樣。在當地住了三個月後，鄰居才開始對我熱絡起來。一天早上我在溜狗時，住我隔壁退休的王先生原本埋頭在整理盆栽，當我對他微笑打招呼時，他半抬眼，咕儂著對我說「你好」。我們的關係這才有了進展。

第二課：你可能會常常聽到中國人大聲講話或爭吵，這很正常，別當一回事，也別想當和事佬。另外，你偶爾也會看到有人在街上或公園唱歌或跳舞。

這件事也是真的。中國人雖然在很多地方很保守害羞，但卻會在公車或街道上突然在你旁邊唱起歌來，另外也不難遇到有人穿著睡衣上街。

第三課：中國人不用烘衣機。他們把衣服晾在陽台上，內衣內褲也一樣。

只要一出太陽，我們那條巷子就會變成五彩繽紛的衣服萬花筒。而且大家都不是自備曬衣繩，而是拿出有鉤子的長竹竿，把掛著衣服的衣架往看起來很危險的糾結電線上掛。我喜歡這樣新舊碰撞的中國，在我家大門外，偶爾會見到老人家在街道上殺雞，而離這雞血滿地處不到幾公尺遠，卻又會見到一群穿著名牌外套的十多歲年輕孩子站在上海西式古典建築前擺姿勢拍照。

我在上海住的那條街叫長樂路，街上的屋子多半都是要塌不塌的危老建築和低矮民房。長樂路顧名思義就是永遠快樂的路（Street of Eternal Happiness），美國記者羅伯·史密茲（Rob Schmitz）就以此作為二〇一六年出版作品的書名，書中描寫上海在追求二十一世紀現代化進程中，一群充滿特色的主角們在被資本主義化的城市裡如何發揮創意營造更美好的生活。沿著長樂路走到底會看到東湖賓館，這是一幢粗獷主義風格的義式大樓，在一九三〇年代曾是黑社會大老杜月笙（別名杜大耳）的舊居。在這裡，電動滑板車和藍寶堅尼高級跑車競速爭道，一旁還有小販擺攤，商品從襪子到鮮花琳瑯滿目，騎著三輪車的資源回收者車上載滿了厚紙板穿梭其間。

剛落腳中國的最初幾個月裡，可以說苦樂參半。有時我會在前往採訪的途中迷路，因為太過倚賴 GOOGLE 地圖，但在中國使用必須透過翻牆軟體。在截稿前一刻要寄出新聞稿時，家中網路偏偏斷訊。家裡因為常有東西壞掉，總是不斷有工人、水電工進進出出，又因為威廉老愛從中國熱門購物網站淘寶訂鞋，所以家裡也常有快遞光顧。我剛到不久就有一名資深的外籍通訊記者跟我說：「剛到的第一年我根本一頭霧水，也不知道該相信誰的話。」聽了他這番話後，我覺得好過多了。

再加上我們的住處也是報社的辦公室，因為報社同仁可以隨意進出，所以我們根本沒有隱私可言。譬如辦公室的清潔人員劉小姐，她有時會在晚上八點我們正打算喝杯酒放鬆一下的時候，忽然拿著拖把出現在客廳。來訪的朋友也會擔心，總是在問房子裡是不是有被裝竊聽器或針孔，但我盡量不去多想。要是真的有政府官員趁我不在時闖進來，我也查不到證據，雖然很多人都跟我說過去真的發生過這種事。資深的通訊記者都說，在一九九〇年代，便衣公安動不動就上門要跟你聊一聊。以前外籍記者在中國境內旅行或是採訪前都要先取得當局同意，管控在二〇〇八年北京奧運後逐漸變得寬鬆，但是在我被派駐到中國後，又逐漸開始變得嚴格了。

威廉來到上海後簡直如魚得水。雖然他的母語是粵語，但它和普通話畢竟有些相似之處，所以學起來就快了些。而且他有很多朋友早在十年前就因為中國就業市場蓬勃，搶先一步從香港搬到上海就業。某種程度上，他算是繞了一圈又回到原點。威廉在小時候放假的時候，會到中國南方的廣州村裡拜訪阿姨們。他討厭一九八〇年代中國的農村生活，但二十一世紀的上海可是個五光十色的現代派對之城，他一頭就栽了進去。

當澳洲和中國的關係降到冰點的同時，上海的冬天也到了。

我們從雪梨寄出的那一百四十箱行李好不容易運抵上海後，威廉二話不說把我們在《澳洲金融評論報》的住處改造成導演王家衛電影裡的場景。好笑的是，十六年前他為了妝點他的餐廳，特別從中國把這些一九三〇年代的中國木凳、麻將桌和畫作大老遠搬到雪梨，如今卻又千里迢迢把它們運回上海來。不過行李中有一樣東西被沒收了，就是我小時候在凱馬特商店（Kmart）買的地球儀。不過被沒收算都該怪我疏忽，因為我後來在電子郵件中找到一張中國海關禁止進口清單，上頭列了槍械、禁藥、平台鋼琴、碟型衛星天線等項目，還有「凡是所繪中國邊界違反中國憲法的地圖」。

七、與北韓近距離接觸

二〇一八年五月，丹東市

我們搭的快艇引擎熄火時，距離北韓河岸只有五十公尺。風越來越大，我們搭的玻璃纖維快艇就這樣一動也不動地卡在鴨綠江上載浮載沉，鴨綠江就隔在中國與北韓這個最被全世界孤立的獨裁國家中間。問題是，我們的船正往錯的一邊漂去。

這時一名北韓士兵出現在滿是石頭的江邊，瘋狂地揮舞著雙手。一旁軍用擴音機開始大聲放送，我猜是針對我們來的，但風聲實在太大了，沒人聽得清楚放送內容。

中韓邊境並沒有實牆為界，只有用低矮的鐵絲拉成圍籬，不過北韓那一頭每隔半公里就有一座哨台，顫危危地立在山丘上守望江邊。我們的快艇這時已經隨著江水一路往北韓沿岸漂去，近到可以看到田裡北韓農人下田耕作的模樣了。

我們的船伕是個穿著黑色皮夾克的四十多歲矮個子中國人，他在船上來來回回，按一下啟動鍵就跑到船尾檢查引擎有沒有發動，然而引擎就是不聽話。他嘴裡叼著半根煙，一點也看不出慌張的樣子，我看在眼裡卻急壞了。

揮手的士兵這下更加氣急敗壞，另一名士兵正從哨台跑下山丘來。我很確定他們都有配槍，只是還沒有拔出來對著我們。頓時我腦海裡浮現報紙頭條標題：「澳籍記者陳屍北韓江邊，掀起外交爭端。」

同船的好友克里斯（Chris）是我合作多年的攝影師，他不忘工作，正在用手中的 Nikon 相機多拍幾張照片，卻讓該名士兵的怒氣火上加油。

說時遲那時快，就在最緊張一刻，船上引擎忽然啟動了。大夥全都抓穩船緣，要船伕快點駛離現場。不一會兒，船已經迅速回到中國一側的江上，進到中國國界內。對比隔年二〇二〇年，我要靠著逃離中國才覓得安全，這次倒是回到中國才得到安全。

這次來到中韓邊界是為了要到中國東北部的城市丹東，一睹金正恩統治下的北韓，只是剛剛那一刻靠得有點太近了。

邊境城市

數十年來，外界一直對遺世獨立的北韓感到好奇，這個國家之所以會這麼孤立，一方面是肇因於第二次世界大戰，另一方面則要拜金家三代獨裁暴政所賜。朝鮮民主主義人民共和國（The Democratic People's Republic of Korea, DPRK）創立於一九四五年，是日本在二戰戰敗後，因美國和蘇聯以北緯三十八度線為界分別占領朝鮮半島而形成的。朝鮮半島從二十世紀初就被日本占領。蘇聯拿下北韓後，在首都平壤選派當時共產黨游擊隊的年輕戰士金日成為國家主席。一九五〇年時，金日成出兵占領南韓，從此展開為期三年的韓戰，但因為美國介入而功敗垂成。金日成從此成為北韓強悍政權的第一人。

金日成的兒子金正日繼任後，北韓在一九九四年陷入嚴重饑荒，總計造成兩百萬人死亡，北韓人權也被嚴重侵犯，同時他還發展核武，讓北韓成為全世界最危險難測的國家。但北韓也時常成為西方國家嘲弄的對象，《美國賤隊：世界警察》（*Team America: World Police*）這部二〇〇四年的美國喜劇電影將片中的人偶角色「金」描寫成被大家孤立的狂人，因此唱出「我好咕毒」（I'm so ronery）。但現實世界中，金正日一家人的殘酷歷史可是恐怖到讓人笑不出來。

北韓金日成王朝第三代繼承人金正恩在二〇一一年父親金日正過世後即位，被奉為北韓「最高領導人」。外界對這位當時二十七歲的領導人所知甚少，只知道在他的領導下，這個國家繼續擁有核武、以蘇聯式獨裁方式統治北韓。雖然西方媒體經常揶揄矮胖的金正恩竟然和美國職籃明星小蟲羅德曼（Dennis Rodman）的奇妙友誼，但前《華盛頓郵報》（*Washington*

Post）駐北京辦事處主任安娜・費菲爾德（Anna Fifield）卻覺得大家不該小看金正恩，在她的著作《偉大的繼承人》（*The Great Successor*）一書中，她就主張金正恩遠比一般人認為的精明。

金正恩生性冷血，他下令公開處決姑父，又在吉隆坡機場暗殺同父異母的哥哥。但他也懂得運用笑臉攻勢來贏得助力，像是一邊拉攏北韓唯一的外交盟友中國，另一邊卻又迎合著美國總統川普的自大，好讓他為兩人安排歷史性高峰會，促成兩人二〇一八年在新加坡的會面。與此同時，他也不忘在國內進行飛彈和核武試射，深諳如何和親近美國的盟國抗衡較勁之道。

二〇一七年，金正恩開始升級軍備武器設施，此事讓全世界坐立難安。北韓宣稱正在測試一種新型的跨洲際彈道飛彈，射程可以遠及美國。美國總統川普在二〇一七年見北韓一連串飛彈試射失敗後，還很不屑地給金正恩起了個「火箭人」（Rocket Man）的綽號，但隨後卻還是陷入金正日「情書」不斷的溫情陷阱中。

金正恩同時也向世界另一個超級大國中國頻頻示好。二〇一八年三月，一段他搭著綠皮列車前往北京的影片曝光，吸引許多人的目光，綠皮列車正是他父親金正日生前搭的專車。事後北韓官方亦證實，這是金正恩自二〇一一年上任以來首次公開出訪海外的行程。兩個月後，他二度祕密出訪中國，與習近平會面。這次出訪的畫面更在之後由中國公開，畫面中可見習金兩人時而散步於大連港附近沙灘、時而在花園喝茶。

但更具影響的則是當年四月二十七日金正恩和南韓總理文在寅的高峰會，[1] 這是朝鮮半島數十年來最有可能實現和平希望的跡象。中國在這個高峰會中插了一腳，顯示它有意願在這個涉及美國、南韓、日本多方的外交困境中，扮演化解北韓核武威脅的重要角色。

不過，金正恩上台後最大的外交進展，卻是川普同意那年六月與他在新加坡進行具歷史意義的高峰會。這個消息一公布，讓所有外交政策專家都跌破了眼鏡。川普當真要讓一個使用核武的獨裁者在國際舞台有一席之地，認可他的國際地位了嗎？但川普其實也只是在迎合美國國內觀眾而已。因為美國大眾多年來一直很擔憂北韓擁有核武的事，而川普此舉正好可以藉口要化解僵局，為他爭取更多的選票。

我當然很想就近採訪到北韓的新聞，但是記者沒有官方邀請便無法進入北韓。當時許多人都看好朝鮮半島在將近一世紀的戰亂、分離後終於要首度迎來和平，因此中國東北方的房地產市場更是一路狂飆。所以在川金會談數週前，我們就收好行李，搭上飛機前往兩國邊境的丹東市。

我合作多年的攝影師克里斯生性素好冒險，從我在《荷巴市水星報》當實習記者時就一起工作，他剛好來上海度假，所以想跟著一起來。一九九五年時，我們也在東帝汶合作過，當時還被印尼政府的諜報員跟監，所以在我們的想像中，到中國與北韓邊境應該沒什麼危險性，只要不要太靠近北韓那頭就好。

丹東市只有兩百四十萬人口，以中國城市的規模而言算是小城市，但卻有種說不出的魅力。這裡主要是遊客旅遊的景點，有種西部拓荒的感覺，中朝兩國人民會在這裡進行非法交易，被判強迫勞役的罪犯也會發配到這裡。一些年輕北韓女性據說會被人偷運到這裡打零工賺取微薄薪水，晚上則睡在宿舍裡，但是被規定不准和中國百姓打交道。

橫跨在黃澄澄鴨綠江上的中朝友誼橋是這世上唯一能通往金氏王國的正式連結。丹東市這頭飯店臨江的房間裡都備有望遠鏡，供遊客眺望火車和卡車日夜來往於鋼鐵建成的友誼橋。鴨綠江上游處其實還有一座橋，但橋到江中就斷了，這是當年韓戰中遭到美軍轟炸的結果。

在江畔的步道上也有成排的望遠鏡，身穿名牌服裝、手拎 Gucci 名牌包的有錢中國遊客會在此排隊，只為一窺對岸那個世界最窮國家的樣子。有些遊客會搭上遊艇橫跨鴨綠江，拿著智慧型手機拍攝北韓窮苦人民在貧脊土地上種田或是撿從中國漂過去的垃圾。這是一種反常的偷窺。

這裡處處都是一九五三年結束的韓戰痕跡，提醒著人們當年血腥的戰役。在丹東市內隨處可見真人比例的銅雕士兵像，他們手持步槍騎在馬上。不知是誰在這些雕像的脖子上別上紅色絲巾，迎著微風徐徐飄揚。

從機場驅車前往市區途中，最醒目的就是一幅大型看板上反覆播映著習近平和金正恩在鴨綠江畔散步的影片。這是為了提醒大家，世界能與北韓維持和平，中國貢獻良多。自從韓戰以來，中國就一直支持著北韓，畢竟兩國有著美國這個共同敵人。雖然多年來北京一直在背後支持著金日成、金正日政權，但是北韓在二〇〇六年進行核武測試，讓中朝關係從此不再如往日單純，北京甚至支持國際制裁平壤政府。儘管如此，中國依然是北韓唯一的貿易夥伴，一旦北韓開放，中國將會在經濟上受惠最多。對北京政府而言，北韓最重要的地位就在於它作為中國與南韓之間的折衝，因為南韓有兩萬八千五百名美軍駐守。中國雖然不願意自家門口被人擺著核子武器，但也不樂見和平降臨朝鮮半島。當我們抵達丹東市時，眾人之所以歡欣鼓舞終究還是因為南北韓和平有望，大家都看好和平後的商機。

此行主要也是為採訪商業新聞而來。因為在丹東市市郊正興起一波房地產熱潮，一夕之間高樓公寓林立，形成一座座迷你城市。多年前丹東市外圍有一個名為新區的經濟特區，但朝鮮半島的緊張局勢讓原本想藉此吸引資金前往東北投資的計畫功虧一簣，現在這裡依然欲振乏力。

我們到達丹東市時，數百名來自中國各地的房地產投機客也紛紛湧入該市新加坡城開發商的華麗展示廳裡。鋪著大理石地板的大廳上有好多個白板，上頭貼滿了黃色的笑臉貼紙，表示該屋已經成交。成群的投資客和買家聚在模型屋旁看著裡頭的模型公園、泳池和籃球場，一旁的仲介則為他們解說購買這個邊境城市房產的種種利多。銷售主任謝志強（Xie Ziqiang）告訴我，他一天最多可以成交四十戶，以往這個業績他可能要賣一年才能達到。在過去兩個星期的時間裡，這裡的房價已經從每平方公尺四千六百元人民幣躍升為六千元人民幣。有些公寓的最頂樓還刻意設為保留戶，如果金正恩和川普的高峰會進行順利，房價肯定會再攀升。他們期待中國能夠從中調停，讓美方解除對北韓的經濟制裁，這樣一來就能讓北韓經濟一飛沖天，從而帶動中韓邊境的發展。

我們和一群潛在買家一起搭電梯來到二十九樓，當時這棟建築可以說是全世界最熱門的高樓。一名房仲帶我們來到一間大型的起居室，裡頭盡是華麗、鑲金的傢俱，一旁還有架平台鋼琴，頭上則是巨大的吊燈。大部分的人一上來就直接走向外面的陽台，因為那裡可以一覽對岸北韓的無邊風情。

很難想像會有人想要在如此荒蕪的地方定居。這整個地區唯一有特色的建築就是那座橋上的二線車道，但車道一過江來到北韓空無一物的農地旁就什麼都沒有了。這座友誼橋是中國蓋的，卻始終沒有開放過。這是一個沮喪的提醒，北京當局曾想要讓北韓對全世界開放，卻徒勞無功。

房屋銷售主任謝志強信心滿滿地對我說：「北韓決定要撤除核武了，而丹東是離北韓最近的中國城市，因此經濟遲早會開始發展。」但不是每個前來的買家都被他說服，從北京來的年輕女性金敏（Jing Min）就不斷逼問房仲北韓的政治動向，她說：「我們還是很擔心未來情勢，我想知道金正恩究竟在打什麼算盤。」

回到丹東市後，我們到處打探，想找到中國違反聯合國決議、無視對北韓的貿易制裁，私下和北韓進行買賣的證明。北韓雖然有一群富裕的上流階級，手機在該國也相當普遍，但大多數人民都生活在貧窮線以下。中國占了北韓對外貿易量的九成，而多數中國貨品都從丹東市進入北韓。不過丹東市的貿易商都不願意談論北韓的事，一聽我們問個不停就立刻打發我們。而快艇擱淺的事件並不是我們在丹東事唯一惹上的麻煩。

來此之前，我們就聽說丹東市中心有一個大型的海關，貨物會在這裡裝車送往北韓，裡頭會夾帶非法違禁品。我們造訪當地一處大型砂石場時，就看到一大群北韓女工爬進卡車後面，裡頭已經裝載了好幾箱的貨物。我們走近一群看似很有錢的男女，他們正把印有ＬＶ名牌商標的包包裝進黑色賓士的後車廂。這些人身穿黑西裝，西裝上別著紅色的北韓國旗和金正恩頭像的徽章。據說在北韓如果不別上這個愛國標誌，就是對當地人不尊重。我們才站了一會兒就被一旁年長的警衛趕走，他指著後頭牆上一面寫著「禁止拍照」的骯髒看板。

我們最不該做的事情就是在隔了二十分鐘之後又跑了回來繼續拍照。這次換成另一名警衛過來趕我們出去，我們趕忙快步跑到街上，以為只要我們離開，他們就會放過我們。後頭卻突然了出現四名高壯大漢，其中一人直接拉住我的肩膀說：「可否請你跟我們到公安局回答一些問題？」

中國政府平常就不喜歡外國記者到處挖新聞、問東問西，何況在丹東市這麼鄰近北韓的地區，那更是格外敏感。一進到公安局滿布灰塵的候詢室，我們立刻想盡辦解釋，想讓對方了解我們只是記者，絕對不是間諜。但要解釋清楚可不容易，首先要出示護照和記者證，對方再將之一一拍照、複印後，傳真到茫茫中國官僚體系的不知哪個高層那裡。之後三名身著黑色制服的公安先後對我們問訊長達一個多小時，雖然他們還算客氣，但我們還是很緊張。一名公安因為流鼻血，還全程用綿花球塞著鼻子；另一名公安則命令克里斯把相機中的照片刪除，克里斯用了一種攝影師慣用的技巧，看似從視窗上刪掉照片，但記憶卡還保留著檔案。幸運的是，他們原本打算從外交部找高層過來審問我們，但沒成功，因為當天是休假日，外交部沒有人上班。要是真的讓對方過來，那我們就會遇到更大的麻煩。後來公安也不知道拿我們怎麼辦，只好放我們走，臨走前還一起拍了張合照。

為了緩解快艇擱淺以及被請到公安局的緊張感，我們決定去探索丹東市的夜生活。結果就跟丹東之旅的其他行程一樣，又是一次迷幻的超現實體驗。太陽都還沒下山，丹東市就已經搖身一變成小型的賭城拉斯維加斯，岸邊更充滿了派對氣氛。

露西幫大家訂了當地一家受歡迎的北韓料理餐館。一到餐館，一位身穿平壤傳統兩件式連衣群的漂亮年輕女侍領我們到預約的座位旁。這裡的招牌是店內的北韓員工，但是餐館員工叮囑我們千萬不能與他們交談。即便我們試圖搭訕，他們也只是禮貌地回以微笑，忽視我們的問話。儘管受到了限制，但在霓虹燈與旋轉燈球的照耀下，氣氛在如夜店般的餐廳內輕鬆了許多。我們周圍的桌子上擺滿了熱氣騰騰的陶碗湯麵以及幾十道沒人吃的菜餚，鄰桌的一群中國商人無視服務生的勸告正抽著煙。

這一晚的演出教人難忘。穿著各色衣服的北韓婦女高聲唱著卡拉ＯＫ風格式的情歌，身後巨大的ＬＥＤ螢幕投影出煙火。唱畢，又有十幾個人身著金色亮麗短裙，揹著鍵盤吉他出場。這讓我想到一九八〇年代羅勃・帕瑪（Robert Palmer）的歌曲〈耽溺於愛〉（Addicted to Love）的電影剪輯片段，那個片段裡有著無數名舞者和吹薩克斯風的女人在表演。

不過這些北韓歌舞只能算是暖場而已，真正的大戲是六月十二日金正恩與川普在新加坡的高峰會。世上最惡名昭彰的獨裁者和歷史上最不按牌理出牌的美國總統會晤，其歷史意義之大，全球媒體當然不會錯過。總共有三千多名記者為了這場會來到新加坡，讓這個向來井然有序的城市頓時陷入長達一個星期之久的混亂，更搶占了全球各地報紙的頭條版面。

新加坡這個小小城市國雀屏中選的主要原因是這裡明令禁止示威，而且過去對於控制集體暴動或抗議的表現相當出色。我到達當地時，整座新加坡城已陷入金正恩狂熱中。當地的餐廳都推出了應景菜色，將韓式料理和美式料理結合在一起，一家購物商場甚至還請人扮演川普和金正恩以吸引人潮。[2]

兩人會議舉行的五星級飯店位於聖淘沙島，但記者禁止進入，所以我們長時間駐紮在川普和金正恩下榻的飯店外，除了可以一窺兩位元首外，也方便欣賞跟在元首車隊後跑步的正裝北韓侍衛隊。

我們只能在一個巨大的媒體中心看兩位元首歷史性會晤的直播，但這並不是這次的重點，真正的高潮出現在我們想也想不到的地點，我們得以在那裡近距離看到金正恩本人。

在高峰會舉行前一天，因為整天都守在金正恩下榻旅館下方、安管警戒區外而筋疲力盡，所以我晚上和其他澳洲記者一起去喝一杯放鬆一下。就在虎牌啤酒才剛端來之際，我的電話就響了。一名記者朋友打來報訊，但這消息不知怎的聽起來不太合理。她說：「金正恩正在前往濱海灣金沙飯店的路上。」我問：「真的假的？」我實在不太相信。為什麼這個全世界最神出鬼沒的獨裁者要去新加坡最豪華的酒店？總不會是要去頂樓知名的無邊際泳池游泳吧。

「去看看又不會死，就去走走嘛。」凱特・潔拉蒂（Kate Geraghty）堅持地說，她是澳洲費爾法克斯媒體的攝影記者，《澳洲金融評論報》特別請她來協助拍攝這次高峰會。潔拉蒂多次贏得被稱為澳洲普利茲獎的沃克利新聞獎（Walkley Award），多年來曾數次在戰場出生入死拍攝新聞題材。為了有機會就近一睹金正恩，放棄舒服的酒吧對她而言根本就不算什麼。我們跳上計程車趕赴金沙飯店大廳，在馬路上的安管警戒才剛部署之前搶先一步進入飯店。我們從一群少女中間硬擠過去，成為世上少數得以貼近金正恩的媒體。

接下來的二十分鐘非常緊張，我們一直被旁邊的人推來推去，但我們可是寸步不離。穿著西裝的維安特勤人員開始成列進出大廳，北韓隨扈中的攝影小組則朝我們這邊拍攝。每當有人從房間遠處的旋轉門走進來，人群就會大聲尖叫。終於，一列車隊來到飯店外，一隊穿著俐落西裝、外表相似的韓國人進到大廳，步伐整齊一致。

就這樣，金正恩出現了。他穿過旋轉門走進大廳，他就是漫畫裡的主角。身材矮胖的他穿著黑色中山裝，在他的維安人員以及新加坡政府閣員旁邊顯得格外矮小，但他卻非常自在。大廳裡的噪音震耳欲聾，群眾興奮地狂吼，照相機快門狂按的聲音也響個不停，我身後一名少女歇斯底里地尖叫。金正恩始終掛著微笑，停下來向群眾揮揮手後才踏進電梯。

但我總感覺不太對勁。這個全世界最聲名狼籍的獨裁者出言恐嚇要用核子武器對付美國還暗殺了自己政敵，現在卻像是流行偶像、好萊塢巨星一樣接受眾人的喝彩。通常圍在金正恩身邊的維安特勤人員都全副武裝，但他卻出現在數百人面前，而這些人完全沒有經過安檢搜身就如此近距離和他接觸。這世界真的瘋了。

金正恩在樓上待了二十分鐘，享受從高處三百六十度俯看新加坡天際線的美景。這次的訪問日後收錄在北韓製作的一支四十分鐘宣傳影片中，[3]金正恩在片中被塑造成在數千名愛戴粉絲擁護下前來新加坡訪問的超級巨星。

隔天一早川金會議開始時，瀰漫著充滿無限希望的氛圍。雙方領導人在會議最後簽署了一份和平文件，保證要終止朝鮮半島的核武僵局。這場會議的象徵意義非常重大，但是三年後卻始終看不到任何有助於北韓廢除核武的進展。感覺大家都被這兩個作風特立獨行的領導人擺了一道，他們根本就把這個會議當成作秀、擺擺姿勢供人拍照的機會。

這次高峰會的鋒頭很快就被另一個真正的嚴重衝突蓋過去，那就是正在惡化的美中關係。川普一邊誇口他和北韓達成停戰協議，但他項莊舞劍意在沛公。早在之前，他就已經計劃要對中國課徵高額關稅，並對北京政府進行科技冷戰。

當今世上兩大強國之間就這麼陷入漫長的貿易戰爭中，而澳洲則在毫無預警下被捲入其中。

八、嬰兒、男孩、剩女

一九七一年，上海

我在上海住了六個多月後，才知道最能體現現代中國的報導題材就在我眼前上演著。劉貞（Lin Jen）是我們辦公室的清潔人員，經常可以看到她出現在我住處兼辦公室的房子裡，她也是我剛到中國時認識的人。她是一位年約六十五歲的精實女性，在《澳洲金融評論報》當清潔人員已經十六年了。她不會說英語，但很愛跟人聊天，也不管你是不是正要趕著截稿，到後來，她教我的中文比我花錢請的中文老師還多。

她喜歡人家叫她劉小姐，渾身充滿活力。她可以大氣不喘地爬著陡峭的樓梯從一樓四樓，通常還會提著頂樓飲水機要裝的十五公升水桶。每次我試著要幫忙她都會被她揮手趕走。

她會說：「我很強。」

劉小姐的強悍不是沒有原因的。她和數百萬中國人一樣，在毛澤東的文化大革命期間以及之後一直持續到八〇年代的饑荒中受了許多苦。從很多方面來說，她的遭遇就是全中國的遭遇。

她出生於一九五四年，在上海外圍一個叫周浦的地方長大，位置就在現今上海兩座機場的正中間。這個地區在一九九〇年代上海市快速擴張時被併入其中，成為高樓林立的市區。

劉小姐的童年很愉快，住在傳統中國式的四合院裡，上有父母，下有手足十一人，有六個女孩，五個男孩。房子裡有自己的井和一個小花園，家裡有四間臥室，兩間給女孩住、兩間給男孩住。當時中國的新生兒夭折率很高，但他們一家十一個孩子都平安活了下來。

劉小姐的父親有個不錯的公家機關工作，他在當地的商務局當主任，負責管理當地居民的物品配給。當時的物價和生產目標都由國家制定，資源也都由國家分配。劉小姐高中畢業後就在當地的布行擔任會計工作，工作很輕鬆。

然而她父親的官職卻成了她的累贅。毛澤東一聲令下，數百萬個在上海等市中心受過教育的優渥青年都要下鄉向工農階級學習。這些人被稱作知青。

劉小姐十七歲時，她的父母把她送到中國西部的偏遠地區。他們別無選擇，她父親的官職使他必須成為效忠毛主席政策的榜樣，將原本就業率低的城市人口重新分配到鄉下。她的幾個哥哥姐姐早在這之前就已經離家，鄰居知道劉小姐居然還在當會計沒跟著下鄉後開始抱怨。要是劉小姐的父親再不送她下鄉，連自己的工作都可能不保。

劉小姐當然老大不願意。她跟我說：「我千百萬個不願意。我在上海好好當個會計，日子輕鬆的很，但我不得不下鄉。我氣壞了。大部分的年輕人都知道，出了上海以外的地方日子都不好過，何況是被他們送去甘肅或內蒙古那種地方。」

一九七〇年，她被送到甘肅這個中國西北方靠近蒙古的內陸省份。現在的甘肅因為沙漠和古絲路的貿易古道成為旅遊勝地，但在交通不便的五十年前，被送到甘肅就像被送到西伯利亞。

搭火車前往甘肅省會蘭州那天，劉小姐滿腔怒火，死也不看來送行的爸媽一眼，就讓爸媽站在月台上對她揮別。

她說：「我坐上車後正眼不看他們一眼。我媽難過到暈了過去，但我真的恨死我的家人了，我不懂為什麼要犧牲我的幸福來成全他們。我那時太年輕，不懂事。」

「那趟車程好久，但一路上我一點也不覺得餓或冷，只是滿腔恨意。」

從上海搭火車到蘭州要七十個小時，到了以後，她發現甘肅比她想像中的還要落後。和她同行的一百名上海年輕人在護送下到了宿舍，短住後再被送往更偏僻的甘肅鄉間進行勞動。當地人都不喜歡上海人，覺得上海人沒吃過苦、嬌生慣養。

她和數十萬中國人一樣，在毛澤東的命令下動員來建造防空洞，要以此保護中國人民躲避蘇聯的空襲。因為卡車進不了隧道，所以劉小姐被分配到的工作是要挑大桶的水泥到工地去。

其他工人一次只要挑一桶五十公斤的水泥，劉小姐和其他的上海年輕人則被要求要一次挑兩桶。他們每天只能吃玉米和五穀雜糧，當時她瘦到體重只剩四十公斤。

「當地的官員和工作管理人也都不喜歡上海人，覺得上海人軟弱、嬌貴、自覺高人一等，所以都想給我們苦頭吃，對待我們的態度根本就是虐待，他們會動手打我們，我常被人用棍子敲額頭。但是後來有些上級的惡行被告發，所以就被調走了。」

白米在勞改營裡是奢侈品，連用水都由上層嚴格配給，他們會派人守在水龍頭旁，一百五十個人只有一個水龍頭可以用。

雖然文化大革命在一九七六年就結束了，但劉小姐一直到了一九八六年才得以返鄉。這種情形並不只發生在她身上。中國衰敗的經濟狀態造成大城市工作機會短少，所以像劉小姐這樣的數百萬知青在上級一聲令下就此斷了返鄉之路，必須等到有工作機會才能返鄉。她的許多朋友乾脆死了心不回去，直接在甘肅成了家。

但她一心就想回家，所以她的父母花了一大筆錢為她在一間啤酒廠安插了工作。這在當時中國家庭很常見，為了給孩子安插個工作機會而塞錢賄賂僱主，好讓下鄉的孩子獲許返家。她在啤酒廠每個月可以掙得一百元人民幣。

即便當時中國的政治已經不再動盪，正逐漸走向富裕，但人生的難題還是沒有放過劉小姐。

回到上海時她已經三十一歲。在那個年代的中國，這個年紀已經大到嫁不出去了。那時的社會認為，受過教育的女人到二十七歲還單身就是社會公害，還因此將她們貼上「剩女」這種充滿貶義的標籤。至今這仍是中國的一大問題，即使在這個家中多半只有一個孩子而且更喜歡男孩的國家中，不管這些數百萬單身職業婦女是不願意結婚或是找不到另一半，未婚的女性就是揹負了罵名。

劉小姐其實也不想嫁人。在甘肅吃過苦的她早就變得獨立自主，一個人也過得很好。但她的父母卻不這麼認為，她的父親拿了三十六雙鞋給媒人當作酬勞，請對方為劉小姐找門合適的婚事，最終找了個窮人家的小伙子當女婿。兩人一結婚，劉小姐就被啤酒廠解僱了，於是她轉而幫人打掃賺錢養家。

不久後她懷孕了。當時中國還施行一胎化政策，她先生的哥哥家裡生了個女孩，所以先生一家上下都希望她能生個兒子好傳宗接代。懷孕期間，全家把劉小姐捧得像寶貝似的，只要她好好養胎。當時中國流傳的民間說法是可以透過孕婦外觀來判斷胎兒的性別，譬如孕婦肚子的形狀和孕婦走路的樣子。劉小姐的夫家都相信她這胎懷的一定是男嬰。

偏偏天不從人願，生下來的卻是個女孩。她先生的親人一得知嬰兒性別後氣到掉頭就走，劉小姐的公公還為此和醫院對簿公堂，指控醫生把嬰兒調包，這個案子後來因證據不足被駁回。雖然娘家的年邁父母依舊給予她支援，但她說少了夫家的支持，照顧孩子就難上許多。

如今劉小姐的女兒已經大學畢業，在上海政府機關找到了一份不錯的工作，現在正在念研究所。

「我先生因為我生的是女兒而不高興，但我的女兒現在事業有成，還會幫忙我料理家務。雖然扶養她我吃了很多苦，但現在一切都值得了。」

「明年我女兒就要三十了，我最後一個任務就是要幫她找門親事。」

像劉小姐這樣的故事在她這一代人之中並不少見，他們直到現在都還擺脫不了文革帶來的創傷。這樣的遭遇說明了經歷過貧窮和饑荒那一代人的工作態度，正是數百萬人寧可犧牲自己也想要有穩定經濟能力、給孩子更好的將來的想法，才得以讓中國經濟在一九八〇和九〇年代站穩腳跟。文化大革命同時也讓中國人失去對彼此的信任，讓朋友和親戚反目成仇，互相向上級舉報對方。

直到現在，劉小姐面臨的結婚生子壓力仍舊充斥在現代社會中。每當有朋友來上海，我都會在星期六早上帶他們去人民公園的「相親角」一開眼界。會有數百名孩子還未婚的家長，在公園人行道和廣場上互相交換資訊。他們孩子的各種相關數據和簡單介紹會寫在紙上，張貼在放在地上撐開的洋傘上，但是這些相親者本人卻絕對不會在現場。

中國大城市裡受過教育的中產階級婦女越來越忽略父母要求早婚的壓力，我認識許多有大學學歷和不錯薪水的女性，她們的心思都放在買房或是升遷，少有人在想婚事。如果她們真的想找老公，以中國社會因為一胎化政策造成的男多女少情形，肯定不難。儘管一胎化政策早在二〇一五年廢除，但現狀依然沒什麼改變。二〇二〇年六月，甚至有位中國的經濟學教授提議，應該讓中國婦女行一妻多夫制。

上海是一個相對母系的城市，家中經濟掌握在女方手上，在街上也常看到老公替老婆拿包包。但是對試圖在企業中爬上高位的中國女性而言，還有很長一段路要走。

滴滴出行被喻為中國版的優步，我曾於二〇一九年時在北京訪問過其營運長柳青，她當時告訴我：「我認為現在中國男女地位的狀態還不到我們滿意的程度，中國人覺得事業成功的女人不怎麼討人喜歡。」[1] 柳青作為當代中國女性的楷模，卻是女人中的少數。她是有三個孩子的單親媽媽，在離開高盛集團（Goldman Sachs）這間男性主導的美國公司後，加入一間充滿企圖心的中國科技公司，之後在職場步步高升。

她在北京中關村科技園區的辦公室接受我採訪時說道：「女人在科技業會面臨許多挑戰，如果同時還是三個孩子的單親媽媽，那挑戰又更大了。」中關村科技園區被稱作中國的矽谷，有許多科技公司進駐其中。柳青出身於商業世家，她父親是聯想集團的創辦人，祖父則是中國銀行的高階主管，但這不表示她在男性優勢的領域就能發展得比較順利。我認識柳青時，滴滴出行正要跨出中國向全球邁進，她手中管理的司機人數多達三千萬人。

在中國，無論是多無害的社會運動，只要受到太多關注就會被共產黨喊停。二〇一五年，一個反對性騷擾的新興婦女運動創辦人就因此遭到逮捕。一九七〇年代，中國都會婦女就業率是全球最高，有九成之多。[2]但是在之後數十年逐漸現代化的過程中，男女在升遷機會和酬勞的差異卻越來越懸殊。中國共產黨的高層也是由男性主導。

小皇帝

中國在二〇一五年宣布鬆綁惡名昭彰的一胎化政策，卻沒料到此舉並沒能發揮太大作用。允許一個家庭有兩個孩子的隔年，生育率雖然稍見攀升，但之後的生育率又回復原樣。這對已經開始邁向高齡化、勞動年齡人口減少的中國而言是個長期的挑戰，在中國普遍的看法是政府放寬限制得太晚了。

一胎化是鄧小平在一九七九年施行的政策，目的是為了挽救當時中國極度貧窮的經濟狀態，這可以說是人類歷史上最大型的社會實驗。這個政策從某些方面來看算是成功了，讓中國的經濟得以復甦，但也造成了非常大規模的傷害。我們看過太多相關報導，許多人遭到強制墮胎、節育，還有許多家庭因為想要男孩而對出生的女孩做出許多殘忍的事情。

到了二〇二〇年底，雖然官方公告還是維持一家限生兩胎，但中國政府其實已經公開以金錢和政策鼓勵人民不妨多生育。在二〇一九年底時，中國六十歲以上的人口數為兩億五千四百萬，到了二〇二五年時會增加到三億人，而二〇三五年時更會攀升至四億人，這對早已經負擔沉重的中共健保制度以及非常緊縮的社會福利制度而言是雪上加霜。[3] 即使如此，中國政府還是視一夫一妻制傳統家庭結構為社會穩定基礎，所以單親家庭和同性家庭依然不受歡迎。

從很多方面來看，一胎化政策是福也是禍。許多人在沒有手足的狀況下快樂地長大，所以自己成家後自然也就不會給自己的孩子多添兄弟姐妹。

只生了一個孩子的上海母親艾瑪．張（Emma Zhang）這麼告訴我：「我考慮過這個問題，但我不會生第二胎。中國人喜歡投資在孩子身上，要是多生幾個，那屋子、車子都得買大一點，還要請幫傭。」

艾瑪是三十一歲的資訊科技業工程師，我和她在二〇一八年認識，當時我正在寫一篇報導，探討中國中產階級不想多生小孩的原因。

採訪那天我和她約在上海浦東住宅區的公園見面，她和先生就住在這一區。父母加一個孩子的三人小家庭是現代中國中產階級常見的家庭型態。他們兩歲的獨子約瑟夫（Joseph）集三千寵愛與一身，除了父母之外，還有兩邊的祖父母也都會過來陪他，在他玩溜滑梯時牽著他，或是幫他撿玩具卡車。

中國這一代的兒童被稱作「小皇帝」，聽起來可能有些不客氣。批評者指出，一胎化政策造成這一代小朋友個個體重過重、被人慣壞，過了三十歲還賴在父母家，成天花錢享樂，全都因為他們的成長環境過於富裕奢侈。

但這情形在約瑟夫身上似乎沒有發生。艾瑪和她的先生雖然都從事高薪工作，但他們的日子並不好過。中國經濟蓬勃發展帶來的副作用就是大都市的生活開銷大增，遠非一般家庭所能負擔。中國中產階級上班族不得不加班賺錢，科技業裡不乏員工一天三餐都在公司裡解決，夜裡就趴在辦公桌上打盹的事。也因為這些人的工時特別長，因此出現了「九九六」的說法，意思是每天早上九點上班、晚上九點下班，一週上六天工作七十二個小時。而且不只大人辛苦，小朋友也沒得閒。許多小朋友都還沒正式上小學，就被逼著要去上鋼琴課、小提琴課、舞蹈課和語言課。

在中國，念書比什麼都重要，青少年念書念到半夜是常有的事，週末還要趕著上補習班。中國大學入學考是全世界難度最高的考試之一。許多我認識的中國家長都說，對他們而言最重要的是提供孩子理想的學習環境。有一晚吃飯，我朋友的太太聊著聊著就啜泣了起來。事後朋友跟我解釋，因為他們最近發現他們十五歲的兒子每晚關在房裡竟然不是在準備大考，而是躲在棉被下面打電動。他們只好週末送他去上補習班，所以他兒子每天的生活作息除了偶爾和朋友打打籃球以外，就只有學校和念書。

在中國，一個人一輩子的出路就取決於高考，也就是大學入學考試。一般學生通常只會考這麼一次，一試定終生，考試結果決定你念哪所大學，但很多人連高考都無法通過。如此重要的高考很重背誦，所以有些中國城市每逢高考期間還會禁止建築施工與汽車鳴按喇叭，以確保考生能集中注意力。

現在的中國比過去富裕，但社會壓力也更大，因此導致許多人焦慮不安。西方媒體對於中國的報導多半聚焦在其枉顧人權以及共產黨強迫人民效忠的制度，但許多中國人也開始質疑，如此熱衷於消費享樂、念書、工作和生活，是否已經導致道德和精神方面的嚴重匱乏。當然，西方國家也有同樣的問題。

「中華人民共和國是個還很年輕的國家。雖然我們有超過五千年的歷史，但這個政府還很年輕。」上海的珠寶設計師安琪拉・陳（Angela Chen）和我約在上海外灘喝茶，她這麼說。「人們也是在最近二十年間才開始富裕起來，大家現在有錢了，但精神和價值觀呢？現在大家才開始重視到這些。」

這個問題很有意思，先前我才聽到另一名年紀較長的中國人提起，他私下跟我抱怨說，中國人現在雖然多了財富，卻在道德上破產。一九八〇年代的中國有著樂觀進取、強烈的群體感，現在已不復見。

因為好奇，所以我又問了其他朋友這個問題。我的朋友高華（Gao Hua）的反應特別激烈，他從小在中國貧苦地區長大。他說：「我小時候的生活很簡單，現在卻變得很複雜。以前我的爺爺奶奶只要有塊麵包吃就很快樂了，但現在的中國人有車有房有美食卻不快樂。他們總是在跟人比較，永遠想要更多，但人與人之間的互相尊重卻蕩然無存。」

中國人對於道德議題的探討在二〇一一年因「小悅悅」事件到達高峰，小悅悅是廣東一樁車禍肇逃事件的受害女童，媒體披露了她的遭遇。從監視畫面中可以看到小女童受傷躺在街上，但是開車或步行經過的十幾個人都未曾停下腳步，這起事件引起全中國一片譁然。

即便人們對於陌生人還是會有所提防，我住中國的期間從未遇過這樣的事，中國的犯罪率雖低，但人們依舊相當多疑。譬如用現金交易時，對方會再三檢視以防偽鈔，假貨和仿冒品也相當泛濫。在朋友、家人或同事介紹之前，人們一般不太信任陌生人，這時要是再提起社會不公的議題，就可能會帶來負面影響。

多數中國人都跟前述的劉小姐一樣，只想過著沒有過去痛苦夢魘的日子就好。但年輕一代想要的不只如此，他們希望給孩子更好的教育、到海外度假，並且過得更健康。但也有些像安琪拉和高華這類的人，他們進一步質疑一味維持高速的進步，在這個古老社會中奉行速食消費主義的現狀是否已經讓中國人付出了慘代價。

第三部
中國崛起
二〇一九年

九、黑天鵝、灰犀牛

二〇一九年三月，上海／雪梨

二〇一九年一月二十二日，習近平召見來自各省的數百位官員、核心幹部與軍官。在會議中，他提醒與會者要留意「黑天鵝」和「灰犀牛」的出現。

這並不是指北京動物園有黑天鵝和灰犀牛逃出來。習近平所用的這兩個詞源於美國，但經常出現在中國共產黨的黨內宣傳之中，以此強調高度謹慎就可以避免的經濟和社會風險。

「我們必須始終保持高度警惕，既要高度警惕『黑天鵝』事件，也要防範『灰犀牛』的風險。」習近平這番話在中國媒體上對全民放送。[1] 他同時也表示中國正在面臨「波詭雲譎的國際形勢」。

灰犀牛指的是「非常可能」的威脅，等到發現時卻為時已晚。想像一頭犀牛正朝著被盯上的獵物步步逼近，但等到獵物聽到犀牛腳步聲時卻已經來不及反應了。黑天鵝事件則是指難以預料卻有嚴重影響的事件，像是全球金融危機。在習近平發出警告兩年後的現在，讓人不免聯想新冠疫情是否就是這番話中所指的終極黑天鵝事件，這點在經濟學家之間有許多爭論。

中國的領導者歷來有以動物作為譬喻以闡明意圖的傳統。二〇一三年，習近平宣誓肅貪行動時就以「打虎拍蠅」作比喻，前者指中共高層領導階級，後者則指低層政府官員。意思是，上打貪官猛虎、下打腐吏飛蠅，無人可以貪贓枉法。

習近平的提醒是中國罕見承認自身正遭受經濟重大危機，以及當局在地緣政治浪潮中遭遇的困境。

二〇一九年初，我到中國的第二年正好遇到中國經濟奇蹟的重大轉折。依照中國官方的數據來看，這個全球第二大經濟體的表現仍比澳洲等多數已開發國家好上許多，只是成長速度已經趨緩。這也是中國數十年來首次出現經濟成長放緩的情況。

習近平發表談話的前一天，中國公布了國內生產毛額的季成長率是自全球金融危機以來的歷年新低，然而前一年即二〇一八年的第四季國內生產毛額原本還上升了百分之六．四。這讓習近平左支右絀、疲於奔命。一方面，他必須避免經濟趨緩造成的社會不穩與大幅升高的失業率；另一方面，又要解決中國長久以來為了刺激經濟成長所造成的巨額債務。國內企業信用債券違約的情形日益增加，另外還有投資人將畢生積蓄投入Ｐ２Ｐ網路借貸卻血本無歸，因此出現了罕見街頭抗議，股市也風光不再。

除此之外，還有一個地方讓習近平頭痛，那就是美國總統川普與他唱反調。川習兩人先後兩度在佛羅里達州和北京會晤，川普多次以「朋友」、「很棒的人」稱呼習近平，但現在卻一反過去友善態度，採取美國有史以來對中國最強悍的態度。華府一方面宣布對中國實施高額關稅措施，另一方面川普的顧問團也開始構思科技戰以遏止中國正蓬勃的科技業發展，同時處理美國忍耐已久的中國侵害智慧財產權與網路安全的問題。

從很多方面來看，習近平才是西方民主國家從未料到的最大隻黑天鵝。這位中國國家主席可沒打算向美國總統或任何人示弱。

在一個月前的中國改革開放四十週年大會上，習近平於北京人民大會堂這麼說：「沒有可以對中國人民頤指氣使的教師爺。」[2]

習近平同時也出言警告台灣，告訴這個中國認為終有一日會與祖國統一的自治小島說：「實現祖國完全統一，是全體中華兒女共同心願，是中華民族根本利益所在。」這番話讓台灣獨派立場總統蔡英文的民調扶搖直上，蔡英文隨後就在隔年的大選中高票連任。

此時全世界都已經看清習近平的真面目了。不用再夢想他是改革派，會讓中國採用新加坡部分民主開放模式。從歐盟到華府和澳洲政府，西方國家終於認清習近平口口聲聲所謂的「改革開放」不過是幌子，中國共產黨對國內私營機構的控制只會更加強。

中國領導人已經清楚表示，他將政治看得比市場經濟還要重要，並且將外國公民當作國際紛爭談判的籌碼。

二〇一八年十二月一日，中國籍女性企業家孟晚舟在溫哥華被捕，罪名是涉嫌違反美國對伊拉克的交易制裁禁令。面臨可能被引渡到美國接受審訊的孟晚舟可不是普通的企業高層，她是中國電信巨頭華為作風高調的財務長，也是華為創辦人任正飛的女兒。孟晚舟被羈押不久，加拿大對她改採居家監禁，但將她逮捕可以說是正中中國政府的要害。華為作為全球最大的智慧型手機供應商，已經是中國企業和科技成功的象徵，但它也處於世界兩大強國正醞釀科技冷戰的前線上。「我們可能是全球企業中被稽核、調查、訪問、檢視得最無微不至的一家公司。」華為的網路安全官也是前英國政府官員約翰．沙福克（John Suffolk）一年前這麼對我說，當時我受邀前往華為深圳總部參加他們的公關發表會。[3]

中國拘留了兩名加拿大人作為孟晚舟被捕的回應。其中一人是和北韓有生意往來的商人麥可．斯帕佛，另一人則是前加拿大外交官康明凱。二〇二〇年六月，這兩人被正式起訴，罪名是從事情報工作，本書撰寫時兩人都還未獲釋。這是中國政府第一次如此明目張膽地採用人質外交的手段，而兩人的被捕證明了澳洲政府在二〇二〇年針對中國發布的旅遊警告[4]，以及澳洲外交貿易部稍後建議我離開中國的判斷是正確的。

許多人將此視為中國今後會不惜犧牲人命來表明其政治立場的證據。

川普坐上白宮大位促使白宮一改過去數十年來的對中政策，過去歐巴馬和其他美國總統所採取的懷柔手段不再。

當時一位派駐中國的美國外交官員私下聊天時就對我說：「川普說了，中國不要欺人太甚，這麼多年來他們一直在扮豬吃老虎，也是時候討回公道了。」我不知道他這番話是否代表美國政府對中國的立場，但我可以感受到他語氣中的憤怒和失望，那絕對是發自內心的不滿。

不管是在中國的澳洲或美國企業，他們的抱怨都在於中國沒有全面對外商開放市場、法規不一且因人而異、對智慧財產權的保護也嚴重不足。[5]二〇一八年起，中共要求外商必須開放公司，讓共產黨在各公司成立支部，並且讓共產黨成為合資經營人。從外商獨資到合資經營、再到工作簽證發放，幾乎所有涉外政策，中國都要求外國政府對中國開放，自己國內對外籍人士來華卻層層限制，這些都讓許多駐華外交官和在中國的經商人士感到憤怒不已，他們多半都在中國深耕數十年了。然而，許多能從中國市場獲取龐大收益的跨國企業還是樂意留在中國發展，而私人公司和公營企業之間的界線在中國越來越糢糊。同時新疆出現了大量的再教育營，中國對於人權的侵犯日益受到關注。

來自各國的外交官員都告訴我，到這個地步已經沒有必要再和中國講客套、守規矩了。不論你再釋出多大的善意，到頭來都只是徒勞無功。問題在於中國坐擁了龐大的經濟和軍事實力，大家都要聽他的。澳洲政府莫里森內閣在二〇二〇年時就吃了一頓排頭，因為時勢比人強，澳洲對於中國的需求遠大於中國對於澳洲的需求。偏偏澳洲對中國的輸出卻還是與日俱增，不減反升。

要錢不要命

二〇一八年底，威廉和我為了慶祝在中國生活一週年，特地在《澳洲金融評論報》的住處舉辦了一場盛大的聖誕派對。威廉當時在上海的米氏西餐廳（M on the Bund）工作，這間傳奇的餐廳由知名的澳洲餐廳經營人蜜雪兒．加諾特（Michelle Garnaut）創辦於二十年前。

那時候我們在當地結交了許多來自各國的朋友，有澳洲人、台灣人、新加坡人、日本人、瑞典人、荷蘭人、美國人、愛爾蘭、香港人，當然也有中國人。他們多半是從成都、武漢、西安等其他城市來上海工作的年輕專業人士，這幾年靠著他們的分享，讓我對中國這個多樣化又龐大的國家增加了很多深入的寶貴知識。

派對中只要提到任何跟與政治相關的話題，都會立刻有人用我們家可能被竊聽這個玩笑話中止。如果提到習近平，他們就會用「老闆」或「那人」來暱稱，若是討論到興頭上，就會突然間換話題到他們春節的出遊計畫。

近年來，中國人越來越有禮貌、越來越守規矩。雖然我沒有看過真的被社會信用制度扣分過的人，但官方媒體上不乏有人因為亂過馬路或在室內抽菸而被扣分的報導。二〇一九年有報導稱，過去十二個月內有四千兩百零九人因此被禁止搭機。社會信用制度於二〇一四年公布實施，計劃將來自警方、銀行、政府機關、科技產業等蒐集到的資料匯整，作為中國公民誠信評等的參考。許多文章都在討論這個類似歐威爾式❶的社會評等制度。中國政府設計這個制度的目的是，希望到二〇二〇年時可以藉此評等決定誰可以向銀行貸款、誰家的孩子可以上好學校、誰可以買機票或火車票。這個制度真的有在執行，也是中共執行社會控制的另一種手段，只是比起過去其他控制手段更為險惡。我在搭火車時就聽過廣播宣布，若在行車過程中行為不端就會被扣信用點數，但是我離開中國時，這個體系還在發展階段。

二〇一九年初，最讓住在中國的人不放心的其實是中美兩國的經濟和貿易衝突。經常有公司大幅裁員、工廠倒閉的報導，過去白領階級習以為常的巨額獎金，現在領不領得到都很難說。在中國生活的澳洲人也很緊張，雖然兩國敵對的關係暫時緩和，但許多人都覺得衝突隨時可能一觸即發。

澳洲總理滕博爾前年八月因為執政能力遭到質疑而匆忙下台，改由莫里森繼任，一開始中國還表示這是和澳洲政府重修舊好的機會。儘管澳洲在新舊任總理交接時期對華為發布了禁令，中國仍是在二〇一八年十一月接待了抵達上海的新任澳洲貿易部長賽門・伯明罕（Simon

❶ 譯注：歐威爾式（Orwellian）一詞源自英國作家喬治・歐威爾（George Orwell），涵義出自其知名小說《一九八四》（*Nineteen Eighty-Four*），描述破壞自由開放社會的行為。

Birmingham）率領的商業代表團。就在伯明罕抵達中國不久，原本在上海採訪的澳洲媒體團隊卻急忙轉往北京，因為澳洲外交部長瑪麗斯·佩恩後腳也突然造訪中國，要與中國外交部長王毅會面。澳洲已經有很長一段時間少有部長級的閣員訪問中國，因此一時之間還真是吉凶難料。

但是隨著中國在一月底迎來農曆豬年，眾人期待的中澳關係解凍之事很明顯未能如願。澳洲政府禁止華為競標5G電信合約的決定讓北京政府的臉色越來越難看，對中國而言，這不啻於當眾賞了它一記巴掌，其他的西方國家也開始考慮效法澳洲的作法，這讓情勢更為惡化。

澳洲籍華裔作家楊恆均在一月從美國飛抵中國時，於廣州機場被捕。這位前中國外交官後來成為小說家和網路評論人，他被捕的罪名是從事情報工作。楊恆均被捕的消息和先前兩名加拿大人被捕的事情，首次讓在中國的澳洲公民有了人人自危的感覺。

史帝芬·喬斯克（Stephen Joske）是在中國待過十五年之久的前澳洲駐華外交官，也是澳洲退休金公司（Australian Super）的經濟學者。當時他在接受《澳洲金融評論報》的訪問時說道：「就一句話，我不會去中國。那裡出事的機率非常高，而且真要要出問題，你也察覺不到任何徵兆。」[6]

即便如此，當時的我還是不覺得需要擔心自己的人身安全。雖然當時在中國要要報導一些敏感話題已經越來越加困難，尤其是實地採訪常會被當地官員阻撓，不過以前《澳洲金融評論報》刊登中國的負面消息後從來沒有出過什麼事。但是喬斯克在二〇一九年年初所講的那番話直到現在仍舊適用，二〇二〇年九月時我就以慘痛的經驗應證了他的警告，中國政府出手真的是無跡可尋。

柔性外交

同年三月我飛回雪梨，要在《澳洲金融評論報》的年度商業高峰會進行演講。當時中美貿易戰正打得如火如荼，中國自然成為這場會議的主題。

高峰會結束後的第一個晚上，我受邀前往金杜律師事務所（King & Wood Mallesons）六十一樓的辦公室參加晚餐座談會，演講主題為「中國與西方國家如何合作？」（China and the West–how do we make this work?）。

雪梨的夏天傍晚舒適怡人，雪梨港上還懸著壯觀的夕陽，但是在座來賓的目光焦點全落在受邀講者金刻羽身上。金是倫敦政治經濟學院（London School of Economics）的教授，她獨到的中國經濟觀點、多次在達沃斯高峰會的演講與不斷攀升的全球媒體形象，都讓她在國際間聲名卓著。在場的學術界人士、商業界高層、中澳外交官中，白人與中國人的數量各占一半。

在眾多白人講者爭論中澳關係之後上台，金刻羽的演講條理分明，讓人耳目一新。她主要的觀點是，澳洲對中國的敵對態度恐將適得其反，得不到預期的效果。她相信中國和西方國家（尤其是和美國）一定可以合作，但雙方都必須讓步才行。

金刻羽不是普通的學者，她的父親金立群是習近平創立的亞洲基礎設施投資銀行（亞投行）的行長，也是前中國財政部副部長。兩年前，他也在同一間辦公室演講。[7] 他和女兒金刻羽一樣熱愛澳洲作家派屈克・懷特（Patrick White）和西方文學，善於擔任東西文化的橋樑之餘，還能顧及中國共產黨的利益和價值

在她坐定準備開講時，我忽然想到眼下正是中西交流的全新形態，金刻羽所使用的語言讓在座不論西方或中國的賓客都能聽得懂。雖然她明顯是要消弭西方國家對中國的不滿，但是她沒有用中國官員慣用的那套對外宣傳手法，也不直陳對中國憂心的不是。她用非常老練的世界公民觀點來陳述、化解爭議，並佐以身為學者的思辨能力。金講話時偶爾會將一頭黑色長髮俐落地往後撥，穿著淡色的長褲搭配露趾涼鞋，一身打扮看似休閒卻非常優雅。

我不知道眼前這位講者真的是獨立客觀的觀察家，只是剛好身為中國高官的女兒，抑或是另有隱情？會不會這其實是中國大外宣的升級版，和中國外交部發言人的直接相比，這可能是更複雜的做法。

金刻羽當晚談到西方國家如何誤解中國，也提到中國共產黨絕對無意要全世界照它的意思走。中國共產黨過去從沒有主動找人麻煩，它只是因為現在有能力而想要幫忙而已。

當晚的一部分時間我都在和滙豐銀行（HSBC）的年輕行政主管聊天，滙豐是在亞洲擁有大量業務的英國全球銀行。這位主管在中國北方城市哈爾濱長大，她曾經在北京的官方媒體新華社任職，幾年後才轉往金融業發展，數年前搬到澳洲定居。

當我們對話內容談到中美關係緊張以及習近平時，她說：「以前我的想法比較激進，覺得中國應該要走向民主。這讓我爸媽很擔心，覺得我的想法會讓我惹上麻煩。」

「但我在澳洲住過以後，想法反倒變了。我現在變得比較站在中國這邊，我覺得民主對中國沒有好處。你要知道，中國那麼大，情勢轉變那麼快，只有共產黨能夠掌握好。要是沒有中國共產黨，中國一定大亂。」

這些話可不是預先寫好稿、照本宣科，這全是她的肺腑之言。但她接下來卻又說，她很喜歡在澳洲的生活，這邊的人都對她好好。這幾年我在中國也聽到一些年輕上班族發表過類似的言論，他們都是教育程度很高、二十出頭、在海外念過書或工作過的年輕人，比起上一代要開明許多，但他們卻都支持習近平，也支持中國的一黨專政制度。這些人雖然都接觸過西方文化，卻和一九八九年在天安門廣場上大聲疾呼中國應該民主的學生走上了相反的路。

離我不遠處坐了另一位中國人，他是中國駐雪梨總領事館的政治新聞處主任王凡夫，演講後他約了我隔天見面。

他邀請我的時間讓我覺得不太對勁，因為中國雪梨總領事館幾天前才寄了電子郵件給我，時間就在我離開知名中國異議份子兼學者馮崇義家後半小時。這時間上的巧合讓我覺得他們似乎知道我人在雪梨，還去了一位在二〇一七年被中國禁止出國的學者家中吃水餃。我知道監控這種事在中國是家常便飯，但這裡可是澳洲啊！

隔天我和王凡夫聊了一個多小時，內容主要都是關於雪梨和上海、我在中國的經歷、我報導過的新聞以及我怎麼找到報導中的美食和人物。這類茶敘的氣氛一般來說都很和諧，但聊著聊著就聊到了重點。

「你在中國當記者有遇到什麼困難嗎？」他問。

「沒有我同事遇到的多。」我這麼回答他。其實我最近到青海省的西藏高原採訪時，政府官員開了四台車跟監我三天，但我覺得沒必要提起。

「聽你這樣說我反而有點意外，因為你寫過一篇關於在中國工作的外籍記者的文章。」他指的是北京駐華外國記者協會（Foreign Correspondents Club of China）刊登的那篇年度報導，文中我提到二〇一八年中國政府干預報導情事有增加的趨勢。自二〇一一年以來，記者抱怨受到中國政府監視或阻撓報導的情形就屬這一年最多，尤其是試圖報導新疆維吾爾族穆斯林集中營的事。

王凡夫接著又提到我前一週剛寫的一篇報導，內容是關於一年一度即將舉行的全國人民代表大會，他不滿我將全國人大指為做樣子的「橡皮圖章」會議。在英文中，橡皮圖章這個詞就是指一黨專政國家的議會依黨意行事，投票表決只是形式。同一篇報導中，我還提到只要是出席這類公開會議，習近平總是「面無表情」。我這麼形容是想讓讀者大概了解習近平這位中國領導人的風格，尤其是和一向作風狂放的川普相比之下，所以其實算是在誇他。意思是習近平的公眾形象一向進退有據，不像川普總是進退失據。但王凡夫卻不買單，他認為這是醜化。

接下來他把我訓了一頓，告訴我亞洲文化對元首一向抱持敬意，不會像西方人那樣拿來開玩笑或揶揄。他同時也提醒我，別忘了西方一樣有很多國家採用不經選舉的君主制。

中國這樣教育西方國家，尤其是針對有幸要赴中國工作的西方記者的情形並不少見，這樣的做法已經持續好幾年了。當時我忍不住拿王凡夫和前一晚金刻羽更老練、以退為進的方式相比，相形之下，金刻羽要高明的多。

澳籍華人

並不是所有我認識的澳籍華人都跟上文那位年輕的銀行律師持一樣的觀點。

我初見貝瑞・李（Barry Li）的時候，他對祖國的看法和當時初到澳洲已經不同。他在澳洲讀書，之後在二〇一一年成為澳洲公民，定居雪梨。貝瑞是家中獨子，出生在中國北方，但在上海近郊由他姑母帶大。當時中國經濟還沒起飛，很多父母為了工作養家只能把孩子託給祖父母或是親戚帶。貝瑞的父親十幾歲就在礦場工作，之後成為政府官員，還躋身共產黨高層，這讓他有能力送貝瑞出國留學，很多中國高官現在也是一心想把孩子往國外送。

貝瑞在雪梨攻讀會計六年後取得學位，之後回到了一個和六年前截然不同的故鄉。海歸的他沒有任何優勢，他要和就業市場上一堆跟他一樣有國外學歷的畢業生競爭。貝瑞討厭中國企業必須在宴會廳裡大量喝酒的應酬文化，最終和妻子回到雪梨北邊的海灘定居，在這裡成家後就不回去了。

貝瑞覺得澳洲對於中國的看法相當過時，這讓他很氣餒，所以他在三十五歲那年特意休息，於二〇一七年出版了一本書《新中國人：他們如何改變了澳洲》（*The New Chinese–How They Are Changing Australia*）[8]。針對超過五十萬名生於中國的澳洲居民，本書提供了少見的深入見解。

我在這本書發行後採訪了他，當時離我前往中國赴任還有半年的時間，貝瑞在訪問中對中國上下的巨大改變讚不絕口。這本書並不是從政治觀點或對共產黨執政的觀察，貝瑞相當自豪於中國在鄧小平經濟改革下的成就以及為他父母創造的機會，他也因此才能到澳洲留學。

但時隔兩年後，態勢不同了。在貝瑞出版該書的隔年，習近平成為終身國家主席。這徹底改變了貝瑞的態度，現在的他覺得中國迷失了，他認為中國政府背叛了對人民的承諾。二〇二〇年我返回雪梨後，我們聚在一起喝咖啡聊天。習近平採取的獨裁政策以及中國日益強勢的外交作為都讓貝瑞感到不安，他尤其擔心台灣的未來。

「我的書在二〇一七年發行後，鄧小平時代所打造的政治平衡就被破壞了。中國在政治自由度和改革目標上走了回頭路。」他這麼告訴我。

貝瑞認為，眾人在習近平上任以前原本有個不言而喻的承諾，要讓共產黨乃至全中國慢慢走向更自由開放和民主的體制。「但自從二〇一八年以來，我們卻回到毛主席的年代了。對大多數的中國人而言，這是一個危險的信號。大家都經歷過那段時期，沒有人喜歡過那種日子。我支持鄧小平和他的政策，那才真的讓中國受惠。」

貝瑞的看法和他父親那一代人截然不同，那一代的數百萬中國人都受惠於中國共產黨的統治。「我爸是體制內的人，人在體制內就只能和體制站在一起，但體制內的人卻也喜歡把自己孩子送到國外去受教育。我當然覺得澳洲的體制要優於中國，但是我父親支持中國也是很自然的事。」

「人的想法取決於他接收到的資訊。要是我今天住在中國，我的想法大概也會和現在截然不同。」

貝瑞說澳洲華人對政治的看法很兩極，許多人對中國還是抱持著高度愛國心。雖然自新冠疫情爆發以來，他在澳洲沒有遭遇過任何種族歧視，但中澳關係的崩壞卻讓他非常不安。他將這個情況部分歸咎於有些澳洲政治人物不夠圓融的處理方式，相對於澳洲，其他國家如日本更圓滑地處理了對中國的不滿。

「從頭到尾，澳洲在很多方面都處理的都不是很有技巧，全是政治人物在主導，而不是由專業的外交官去處理。政治人物往往想要吸引注意，批評中國是很容易贏得關注的主題。最大的軍事盟友和最大的貿易夥伴，兩邊都不好得罪，這種事交給專業外交官來處理會比交給國會議員來得好，議員總是口不擇言。」

貝瑞的看法很有意思。其實小看習近平又緬懷過去鄧小平時代圓融和氣的不只是澳洲和全球政治人物而已，中國人民也都誤判了習近平這個人。

十、拜會馬雲

二〇一九年三月，杭州

只是剪個頭髮就讓我體會到馬雲在中國受歡迎的程度。

我在和這位中國首富見面幾週後，在微信的朋友圈貼了一張和他的合照，這張照片的點擊數量只能用破表來形容。

這真是個有點奇怪的名人效應，證明我僅僅是和這位全球知名的中國企業家榜樣共處一室就沾了不少光。論起在中國的知名度，馬雲可是堪比比爾·蓋茲、英國女王和碧昂絲（Beyoncé）。

貼了那張合照幾天後，我到髮型設計師里歐（Leo）的店裡想修一下後面和兩邊的頭髮，他一見我到就大喊「馬雲、馬雲、馬雲」。里歐平常不是作風誇大的人，但那天他顯然很興奮。在西方我們稱馬雲為傑克·馬（Jack Ma）。

里歐拿出自己的華為手機，點開我朋友圈的頁面，往下拉到我和馬雲的合照，然後拿給髮廊所有人看，包含其他設計師、客人，連剛好來送包裹的快遞也不放過。只有坐在角落一位正在染髮的小姐似乎覺得很無聊，所以只是用她長長的指甲滑著手機。

接著里歐做了一件我從沒見他做過的事，他拉著我和他自拍。這在中國東邊的城市已經很少見了，因為大家早就對西方人見怪不怪，沒人在意你的膚色是白是黑（除了在新冠疫情期間，不過那不能一概而論）。當天晚上我才知道為什麼，因為里歐貼出和我的合照（標記邁可和里歐），然後在旁邊擺上我和馬雲的合照（標記邁可和馬雲），這樣就能夠讓他的髮廊間接和馬雲牽上關係，藉此拉抬他的髮廊生意。當然這和我的髮型無關，畢竟我不是什麼理想的廣告模特兒。

馬雲的影響力在中國無所不在。數百萬個家庭中掛著他的照片，在這個世上無神論者最多的國家裡，馬雲的地位有如消費主義之神一樣崇高。他是中國家喻戶曉的創業家，在這個億萬富翁數量僅次於美國的地方，馬雲是最有錢的一位。但是馬雲的特別之處不在於他的財富。

馬雲在一九九九年成立了阿里巴巴，該公司的創新科技改變了中國數億人口購物的方式，它帶起的線上購物文化至今沒有其他國家可以相比。這間公司還發明了一個一年一度的二十四小時購物節，這個稱作光棍節的日子讓全中國在這一天陷入了瘋狂購物的熱潮，程度不下西方的聖誕節。

他在中國有一群非常崇拜他的追隨者。馬雲是個很有魅力的人，溫和又富有哲思，他不斷告訴人們，金錢和科技終應該用來改善世界，而不是讓有錢人更有錢。也因為他特異的長相，讓他整個人從內到外都散發出與眾不同的氣息。

馬雲應該可以說是在中國僅次於習近平最有權勢的人，他也是最為國際所知的中國臉孔。和他往來的非富即貴，全是些各國元首、央行總裁、國王和王后、電影巨星。看看習近平過去競爭對手的下場就知道，馬雲也因此動輒得咎。雖然他在政治上不構成任何威脅，但是就算中國再怎麼市場取向，一旦你的利益不符中國共產黨的利益，那共產黨就再也容不得你在中國生存了。

二十年前，馬雲和朋友在杭州這個湖畔旅遊之都的住家裡創辦了被喻為中國版亞馬遜（Amazon）的阿里巴巴，阿里巴巴的轉變見證了中國科技產業的崛起。阿里巴巴的電子商務平台淘寶已經深入中國當代文化的每一個角落，每個我在中國認識的人都會在上面購物，許多人都對其崇拜至極，連威廉也不例外。我們家從阿里巴巴寄來的包裹幾乎一年三百六十五天沒有停過，而這種快遞包裹阿里巴巴一天要寄出三千萬件。阿里巴巴旗下的支付寶應用程式以及騰訊的微信支付更徹底改變了中國的數位付費模式，並遙遙領先全球其他國家。我在中國可以好幾個月不用到現金或信用卡、金融卡，只要刷一下條碼就可將把錢轉帳給商家和朋友，在上海街頭也經常可以見到乞丐在脖子上掛著印有行動條碼的紙板。

偶遇馬雲

馬雲生於一九六四年，也就是毛澤東展開文化大革命的前兩年。年輕時，他會騎著腳踏車在城裡到處找外國遊客練習英文，他的家鄉杭州就在西湖風景區旁，有很多外國遊客會來這裡探訪寺廟、佛塔和花園。現在搭高鐵從上海到杭州只要三十分鐘，這裡依然是遊客喜愛的熱門景點。馬雲在念書時對數學沒興趣，也沒有電腦資訊的相關背景，大學高考還落榜兩次，只有教英文一直是他的熱情所在。

十二歲時，馬雲和兩個澳洲人在西湖畔聊天而相識，他們是來自新堡（Newcastle）的電機工程師肯．摩利（Ken Morley）和其年幼的兒子大衛（David）。肯．摩利對共產黨很有興趣，所以帶著家人到中國旅遊。

現在在新堡當瑜伽老師的大衛．摩利回憶起數十年前和馬雲的相識說：「我經常會用超現實形容這段際遇，兩個小男孩偶然在中國認識，當時他並沒有打算要成為中國首富。」摩利眼中的馬雲是個白手起家、沒有被財富沖昏頭的人。「我們之間的關係純粹就是朋友，也正因為這樣才會維持到現在。」

一九八五年，馬雲首次海外旅行的目的地是澳洲雪梨北方的新堡，他去拜訪摩利一家人，並且在摩利家待了一個月。馬雲在他們家的院子裡表演醉拳給大家看，還在當地的扶輪社進行演講。那次旅行改變了馬雲的世界觀，開啟了他改變中國的道路。

馬雲從澳洲回到中國之後，於一九八八年大學畢業，接著在杭州電子科技大學教英文，時薪十二美元。一九九五年他在造訪美國西雅圖時首次使用了網路，而他在網路上搜尋的第一樣東西則是啤酒。

這個經驗讓馬雲意識到網路會改變全世界，而當時的中國家庭都還沒有網路。之後他架設了一個叫「中國黃頁」的線上通訊搜尋網站，但沒有成功。後來他找了十七個朋友合資創辦了阿里巴巴，當時他用教書賺來的錢在杭州買了一間公寓，這些朋友就是這裡的住戶，他們最初的集資金額是六萬美金。二〇一四年，阿里巴巴在美國紐約納斯達克證交所上市，市值已經增至兩千三百億美金[1]，創下當時史上最大規模公開募股的紀錄。

之後阿里巴巴蒸蒸日上，中國其他科技業巨擘如騰訊、百度和京東同樣水漲船高。這些中國科技業的成功都是鄧小平一九九二年「致富光榮」宣言的產物，雖然中國自那時起又花了十幾二十年才真正從儲蓄型社會轉為消費型社會。馬雲在二〇〇三年推出淘寶，首度讓中國網路的零售商可以和消費者直接做生意。之後他創辦的線上付費平台支付寶問世，讓這一代的中國人可以完全將現金交易改為線上支付，至今仍有許多中國人到現在都沒辦過信用卡。

馬雲的線上王國持續擴張至線上銀行、雲端運算、物流業、數位地圖、電影、食物外送、媒體業等（香港的《南華早報》就隸屬其集團）。二〇一一年，阿里巴巴旗下所屬的第三方線上支付平台螞蟻集團獨立出來，原本螞蟻金服計劃在二〇二〇年掛牌上市，將會再次打破紀錄成為史上最大募股公司，沒想到中國共產黨看不慣馬雲直言批評中國落伍的銀行體系，而讓該計畫胎死腹中。其實許多人早在這之前就認為，一向有話直說的馬雲雖然身段柔軟，但他功高震主，遲早會吃中共高層苦頭。習近平上台後的中國再次收緊對金融企業的管控，一些眾人景仰的創業家無不如履薄冰。

採訪馬雲

我不知道我在二〇一八年三月採訪馬雲時，他是否就已經遭受到北京方面施壓，如果有，他也沒有表現出來。

當時他已經宣布將在隔年五十五歲生日當天從阿里巴巴董事局主席位置上退休，光是此舉就能顯示出他的與眾不同，因為中國的億萬富豪向來都堅持到七老八十才會交棒給下一代。但是隨著共產黨對私人企業益發緊縮的控管，許多債台高築的大型集團如海航集團和大連萬達集團都遭到中共的制裁，大家越來越清楚私人創業的黃金年代已經過去。

馬雲同意接受我的專訪，但條件是要談他交棒給比他年輕的現任執行長張勇後所要專心經營的慈善事業。這可是一次難得的獨家專訪[2]，因為馬雲向來不太接受平面媒體訪問。若非我提出的訪談內容是他有興趣的慈善事業，再加上他早年和澳洲的淵源，可能不容易得到他的首肯。

「天啊，他竟然答應了！」我以《澳洲金融評論報》雜誌的名義提出採訪申請後的好幾個星期，阿里巴巴的公關人員打電話通知我，她的語氣難掩興奮。「真是難以置信。」

不過他的答應附有但書，馬雲公關表示有關中國政治或是經濟的問題都不能問。這是中國的標準作法，中國企業就跟中國政府一樣管控得很嚴格，他們會要求事先審查提問內容、事後核對記者引用的採訪內容，並在採訪稿出版前檢查完稿（但這點被我們拒絕了）。不過在後來採訪時，我的提問逐漸偏離預定的慈善主題，但馬雲竟然也相當自在地聊下去，沒有顯露出不愉快。

採訪約在下午，我和攝影師到達時正下著雨，阿里巴巴總部就像校園一樣，四周圍繞著綠意盎然的綠地，一年前我也曾為了報導中國零售業採用的創新科技來過這裡。阿里巴巴總部裡有一個配備無人機遞送產品的超市、一間透過販賣機點餐的餐廳，還有一間以人工智能鏡子使用人臉辨識系統來辨識買家，並掃描買家所購買商品的百貨公司。在中國生活充滿了各種像這樣的衝突感：前一天你還在傳統市場用人們數百年前使用的方式買東西，或是在到處是監視器和管控嚴格的銀行裡辦事，什麼東西都要簽名，簽個幾百萬遍都簽不完；隔天你卻一下子來到二十二世紀，像是時空旅行一般。

我們一到阿里巴巴總部立刻就發現，馬雲的地位就如矽谷蘋果公司的賈伯斯和臉書的祖克伯一樣神聖。隨後我們被告知馬雲不能在辦公室以外的地方拍照，因為熱情的員工會一湧而上。阿里巴巴的企業文化也有一些特別之處，像是公司會為總部三萬名員工取一個獨特的綽號，並且建議他們多多倒立以「從不同觀點看世界」，甚至有許多員工住在公司附近。二〇一八年，該公司一百多位員工在總部舉行集體婚禮時，當中還有兩名澳洲人。

採訪馬雲之前要遵守一些基本程序。我們要提早三小時抵達，先告訴他的公關相關訪綱，也讓攝影師有時間準備現場。馬雲真正接受採訪的時間有一個小時，但只給攝影師十分鐘時間拍攝，所以攝影師要在短時間內拍出三張馬雲不同姿勢、角度的照片。採訪所在的辦公室命名為「桃花島」，此名出自馬雲最喜歡的武俠小說作家金庸的小說場景。辦公室的設計非常簡潔，奶油色與褐色交錯，和天然木材與現代藝術融為一體。從落地窗往下眺望，可以看見滿是脆綠、交錯的水道和榆櫸成林。

外頭接待區的牆上掛著數百張的照片，記錄著馬雲的生平故事。第一張泛黃的老照片是一九九九年在杭州自購公寓中拍攝的，照片中的馬雲和其他公司創辦人擠在椅子和沙發上，公寓看起來更像是學生宿舍，而不是企業王國的誕生地。隨著時間推移，照片風格也有著不同變化，譬如二〇〇三年SARS（嚴重急性呼吸道症候群）疫情發生時，馬雲和員工戴著醫療用口罩的照片、二〇一八年馬雲在大型舞台上慶祝阿里巴巴單日收益高達三百億美金的紀錄，還有一張是馬雲和比爾・蓋茲、法國總統馬克宏（Emmanuel Macron）、法國政治人物克莉絲汀・拉嘉德（Christine Lagarde）、約旦國王和王后以及其他國際掌權夥伴的合照。

採訪前的氣氛很緊張。馬雲的公關人員在等待老闆時的神情都相當緊繃，不停敲著手機。辦公室大約有十二個人進進出出，看起來很忙碌，裡面有半數人我都不認識，所以我只是在一旁聽著他們和公關爭論馬雲的穿搭以及要怎麼跟背景搭配。一開始他們想讓馬雲穿白色的衣服，之後又改成黑色，最後又變回白色。突然間一個身穿黑色運動衣、個子不高的人從門外探出頭來。馬雲來了。

馬雲的身高只有一百六十五公分，體態像個少年，但是當他開口講話就會展現出和他身材完全不同的存在感。馬雲的頭在照片中看起來特別大，他總自嘲看起來很像外星人，但他本人其實就是個普通人，沒有穿一般上班族會穿的西裝、也沒打領帶，甚至連襯衫都沒穿。他穿的是阿里巴巴員工在二月南韓冬季奧運會時穿的那套運動服，那場奧運就是由阿里巴巴贊助。他把袖子往上捲，腳下踩著雙運動鞋，這位商界巨人看起來一副正打算去慢跑的模樣。

但馬雲的神情一點也不放鬆，這也可以理解，畢竟房裡盡是些他不認識的人，個個都盯著他望。另外他也還在調整時差，因為他前一天才剛從美國回來。不過他很快就適應了，然後開始和每個在場的人客氣地握手。忽然間，他轉身離開。

我嚇了一跳，難道就這麼結束了嗎？我和中國第二大名人的訪談就只是握個手，說聲你好？一名公關過來跟我說：「別擔心啦，他只是去上廁所。」五分鐘後馬雲回來了。

雖然我們的攝影師事前試著和馬雲套交情，讓場面熱絡了一點，但他跟很多商界大老一樣不喜歡在拍攝過程被告知要坐哪裡、怎麼做。「這是我今年第一次拍照，未來幾年可能也不會再拍了。」馬雲說。

當我們坐在皮製辦公椅上開始採訪後，他的表情放鬆，顯得相當自在，因為說話是他最拿手的事。他眼裡閃爍著光芒，講到特定議題時會伴隨著更豐富的手勢，也常會揮拳以示強調。一開始我先拿他準備從阿里巴巴退休的事問他，因為這件事最具爭議。他為什麼選擇在高峰時急流勇退？

但是我知道，如果他真的如外界揣測是被中國政府逼下台，或是因為對於體制感到心灰意冷，那他是絕對不會對我坦承的。

他說：「如果我們認真想讓阿里巴巴達成營運一百零二年的願景，那就要讓這家公司轉型到下一個世代，既然如此就要趁著我還年輕時趕快動手。其次則是我想做我有熱情的事，我想在下半生做我更在行的事。」

接著他對自己關注的三個領域提出了令人信服的論點：教育、創業以及女性領導。回到他的老本行教學工作上，馬雲花了很多時間思考中國和全球的教育體制，以及科技對世界全面的影響。

「將來的歷史會不會記得我並不重要。人死了就是死了，就是不在了。」他說，「但我希望如果將來有一天有人提及馬雲，他們會說這個人以前是教書的，他對教育和傳承充滿了熱情。」

馬雲在中國的超級富豪中非常與眾不同。他對於擁有財富這件事似乎很不好意思，這可能是他刻意營造的形象，因為他知道凡事一定要低調，他在二〇一九年帳面上有著三百八十二億美金的身價，卻始終沒有人知道他把錢花在哪裡。他既不穿名牌服飾，大家對於他的私人住宅或生活方式所知甚少，他也刻意讓幫忙他創立阿里巴巴的妻子張瑛與兩個已成年的孩子遠離鎂光燈的焦點。

「像我們這樣的人一定要搞清楚財富對自己的意義何在？一個人一輩子能花多少錢？睡覺也就只要一張床，能吃的晚飯也就那麼多。然後時候就到了，不是嗎？我不愛珠寶，也不愛名錶。」他晃了晃空蕩蕩的雙手說，一隻錶也沒戴。

「要是你有個幾百萬，那些錢就是你的。但要是你有兩、三千萬，那麻煩就來了，你會擔心通貨膨脹、錢該怎麼投資。如果你有十億以上的財富，那這錢就不歸你所有了，社會期望你、你的小孩、你的組織應該比別人更懂得怎麼花這些錢。這是社會責任。」

感覺馬雲談起錢來有點不自在，這實在有些矛盾。「我從沒想到自己會這麼……有錢，」他話說到一半忽然頓了一下，彷彿錢這個字是罵人的髒話。「現在我這麼有錢，但我深信這些錢不歸我有。」

馬雲花了很多時間傳授知識給年輕的創業家，他認為科技的功用在於創造社會價值和工作機會，他同時也想將自己的財富回饋給社會。

他效仿微軟創辦人比爾・蓋茲的作法，在二〇一四年創建了馬雲公益基金會，致力於幫助中國鄉間為九千萬兒童服務的教師和校長。馬雲和阿里巴巴的共同創辦人蔡崇信以股票期權作為資金，投入兩人的個人信託基金中，當時的股票期權大約等同阿里巴巴市值的百分之二。從二〇一〇年以來，阿里巴巴每年都會捐出其年營收的百分之〇・三給一間企業慈善基金會。

一般中國人就算對家人也很少暢談自己的內心感受，但馬雲對此卻出乎意料地開放。聊到後來，他還談到自己覺得身為名人真的很累，也談到名聲對人的傷害。

「每天社群網站上都有人在罵我……被罵了二十年之後……我一點也不在乎。但要是你年紀輕一點又是個名人，那麼當狂風暴雨突然襲來，你很容易就會承受不住。那滔天巨浪……得要做好準備才行。」

「很多人都想站在舞台中央成為眾人注目的焦點，但名氣是有毒的，成名以後，全世界都會盯著你的一舉一動。這有什麼意義？我不是政治人物，也不是演員。做生意的人卻成為目光的焦點，這一點也不好。」他這麼說，然後引用了一句中國成語來形容：樹大招風。接著他暗示自己被迫不能在公眾眼前展現真實的自己。「我知道有兩個馬雲（Jack Ma and Jack Me），他們是不同人。一個是大眾的榜樣，但那不是我。」他說，「阿里巴巴的成功不是我一個人的功勞，不能歸功於我。」

時隔十八個月後回想起來，我才發現真正的馬雲仍是個謎。有很大一部分的他在眾人目光下茁壯，因此得以為阿里巴巴的財務帶來了很大助力，同時也為馬雲的社會公益事業創造了一個可以施力的平台。

但到了二〇二〇年底，馬雲神話破滅了。這一年的十一月三日，中國政府趕在螞蟻金服上市前一天喊停其上市計畫，扼殺了這個史上最大宗股票上市案。

螞蟻集團是阿里巴巴旗下的金融服務業務集團，如果按照計畫在上海和香港證交所上市，將會達到三百七十億的驚人市值。在新冠疫情肆虐造成全球經濟慘不忍睹的這一年，螞蟻金服的上市會讓中國成為當年度金融市場上的亮點，全球各地的投資人也都等著要買其股票。阻止螞蟻金服上市是北京政府的一著險棋，注定要讓其推動中國成為世界級金融市場的計畫功虧一簣。

但現在的中國是習近平的中國，那個眾人期待靠市場力量可以讓共產黨收斂對私人企業干涉的夢已經碎了。

失敗的原因在於，馬雲在它上市數週前進行的演講中批評了中國銀行業過時的監管系統，他將中國國營銀行貸款的作法比作當鋪。馬雲對於針對線上支付過於嚴格的規定感到失望，原本線上支付和銀行作業應該是兩個分開的系統。馬雲說：「成功不必在我。」言下之意是，中國在刺激經濟上必須採行更多創新的作法才行。

「中國金融沒有系統性風險，中國金融基本上沒有風險。相反地說，它的風險是缺乏系統。」他這麼說道。

這不是馬雲首次出言批評中國政府。二〇一八年他就曾說：「要跟政府談戀愛，但不要結婚。」許多人當時就直指他犯了大頭症。但不論如何，馬雲根本不可能對政府構成威脅，因為再怎麼樣他也不可能有機會當上國家主席。

儘管馬雲數十年來為了成功始終小心翼翼不要惹怒共黨高層，終究還是踩到了黨的紅線。這是他第一次誤判，以為自己的話不會惹來麻煩，不料卻為此付出了慘痛的代價。

《華爾街日報》在同年十一月十二日刊登了一則報導，引述一位不具名的中國官員的話稱，這件事由習近平親自出手。報導指出，馬雲的言論觸怒了當局，被視為是對習近平經濟治理能力的挑戰。

馬雲是否不再受幸運之神眷顧了呢？在新冠疫情期間，他也參與中國政府的宣傳，在推特上發文頌揚中國政府對海外捐贈藥物的義舉，但習近平已經出手教訓讓馬雲知道誰才是老大了。二〇二〇年聖誕節前夕，馬雲的處境更加糟糕。中國的監管部門對阿里巴巴進行反托拉斯調查，指其「疑似進行壟斷行為」，並以違反競爭法條之名義處以罰款。到了一月初，坊間謠言不斷，認為馬雲麻煩大了。直到一月二十日之前，他已經有超過三個月的時間沒有公開露面，這一天他才罕見在線上發表一隻五十秒的影片談及自己的公益基金會。即便如此，大家還是不確定他究竟是不是被人間蒸發了。

億萬富翁難逃厄運

馬雲很清楚踩線批評黨的億萬富翁會什麼下場。二〇二〇年九月，退休地產大亨任志強在一篇文章中批評政府處理新冠疫情不當，並稱習近平是小丑❶，因此被重判十八年，罪名是貪污、受賄、挪用公款。

二〇一八年，安邦保險前董事長吳小暉因涉嫌詐騙一百億美金遭判十八年徒刑。同年，中國石油集團中國華信能源創辦人葉簡明忽然被捕，但外界認為以他和北京軍方高層關係良好，應該能夠保他地位不動如山。

從盧森堡出生的胡潤（Rupert Hoogewerf）所編彙的「胡潤百富榜」（Hurun Rich List）中可以看出這些中國富豪的地位變動。

二〇一九年，澳洲籍華裔富商周澤榮以二百二十億元人民幣名列胡潤百富榜一百五十三名，他在中國以政治捐款聞名。澳洲廣播公司和九娛樂集團（Nine Entertainment）因為在報導

❶譯注：「剝光了衣服也要堅持當皇帝的小丑。」

中將他形容為中共間諜，被他控告誹謗罪並且勝訴。

同年，被澳洲禁止入境的中國地產大亨黃向墨也登上胡潤百富榜，要登上此榜至少要擁有二十億人民幣的財產。

大多數的中國億萬富翁通常都會遠離鎂光燈，他們很少接受媒體採訪，你也很難在室內裝潢雜誌封面上看見他們的居家擺設。這是在共產黨統治的中國下的自保之道，在這裡炫富唯恐遭致禍端。其他富豪在個人資產和知名度飆升後，不是選擇避走海外，就是乾脆隱姓埋名讓人找不到。

這在這個鼓勵資本主義的社會中顯得相當矛盾。在上海或北京的市中心常會看到行人手提路易威登名牌包，或是腳穿一雙一千美金的耐吉球鞋，不會有人覺得怎麼樣。

胡潤持續記錄著自一九九九年崛起的中國億萬富翁的排名，他告訴我，現代中國億萬富翁和公眾的關係與上個十年的那些企業巨頭相當不同。中國第一批億萬富翁都是地產開發商，主要靠著和政府官員關係密切致富。

「外界都說他們致富是靠關係，而不是創新的思維。而現在這些科技公司的不同之處在於他們背後有投資人，而且發展業務比上一代更透明。」胡潤這麼說。

二〇一八年九月，我在抵達中國九個月後認識了一位這種新一代的創業家。梁建章是中國線上旅遊巨人攜程旅遊網（Ctrip）的創辦人，他答應接受我採訪，和我約了吃午餐。依澳幣的標準而言，他還沒達到億萬富翁等級，但他當時的財富還是足足有六億元美金之多。那一年我在駐華外國記者協會的活動上聽過他演講，當時我覺得他創業應該不是為了賺錢。梁建章在中國企業界是很獨特的一類企業家，他是擁有史丹佛大學博士學位的人口經濟學家，還寫過一本談中國人口老化挑戰的暢銷書。

攜程旅遊網的總部就在上海虹橋機場附近，可以俯看這座上海第二座興建的機場。我搭著計程車前去採訪梁建章，踏進攜程總部像來到未來一樣，或者說是一九五〇年代電影中幻想的未來場景，同年好萊塢電影《明日世界》（*Tomorrowland*）就是以這個概念拍攝而成。攜程總部的主大樓刻意設計成子彈列車的樣子，象徵其在中國全境帶動革新浪潮，這個有著玻璃圍幕塔、天橋和高雅的流線型建築很自然地融入了週遭綠意盎然的花園中。

跟其他中國科技公司一樣，攜程旅遊網也試圖塑造一種放眼未來的公司形象。旅遊是中國的一大產業，在新冠疫情尚未造成世界各國管制邊境之前，中國新興的中產階級全都大批湧向澳洲、泰國、歐洲和美國等地。從二〇一五年到二〇一九年間，中國出國旅遊的人口數三級跳，躍升到一億五千五百萬人。

我到達時，梁建章正在辦公室裡講電話。他的辦公室有整面正對虹橋機場的落地窗，可以看到遠方機場上的飛機起降，而飛機裡的旅客肯定都是他公司的客戶。這裡和藏身在通風不佳、光線陰暗的水泥建築裡的中國國營企業相比，可以說是有著天壤之別。這裡是新時代的中國，置身其中宛如在美國矽谷一般。時年四十八歲的梁建章身穿藍色POLO衫，顯得非常休閒。

梁建章小時候就被認為是天才，十四歲就輟學去寫程式。他在加州為美國跨國軟體企業甲骨文（Oracle）工作的期間學到很多，之後於一九九九年回到中國。他跟馬雲一樣看準了當時正在風起雲湧的中國市場，縱身一躍投入其資本市場中。

當時網路剛進入中國，中國政府也全力支持對科技產業的投資。數百萬中國人開始進行商務出差和休閒旅遊，而新興科技正好可以讓旅遊變得更方便。梁建章聽到許多商務旅客對旅遊服務品質不佳的抱怨，當時中國旅遊業就跟許多其他行業一樣，其基礎設施都跟不上消費者需求變化的腳步。攜程是最早採用客服中心訂票、訂房的旅遊公司，澳洲企業多年來也都使用這類系統。這個構想讓攜程成為中國最早的電子商務成功案例，再加上該旅遊網不使用付費平台，旅客只需要在抵達機場或飯店時付費即可，更助長了該旅遊網的成長速度。

梁建章告訴我，中國科技業擁有的最大優勢就在其十四億人口，也因此過去一胎化政策造成人口緩慢成長的情形讓他深感憂慮。

「中國的龐大優勢就在其規模，如市場的規模、人才庫的規模，正因如此才能吸引那麼多資源投入創新。拿攜程來說，我們一個軟體就有幾千位工程師共同研發，其他相對較小的國家就只能投入幾百人來研發。」他說。

「美國之所以在網路時代取勝也是因為它的規模，而歐洲的網路企業始終起不來。網路產業越來越重要，現在決勝的關鍵點就在於市場的規模夠不夠大。中國目前因為握有這個優勢而站在勢頭上，卻因為錯誤的人口政策正在一點一滴地揮霍。」

在川普政府和北京當局日益升級的緊張角力中，中國的科技產業持續是最具爭議的一部分，最讓華府緊張的就是像攜程這樣的公司。未來中國有可能在全球科技競逐的舞台上取代矽谷的領先地位嗎？若是習近平持續為難這些帶領中國科技產業邁入二十一世紀的企業家，中國還有逐鹿群雄的機會嗎？馬雲和中國億萬富豪的時代似乎已經過去了，現在全中國唯一能容得下的權力者只剩下一個，那就是習近平。

十一、從赤貧到巨富

二〇一五年十月，羅馬

「等等，我們也要搭。」一個女人的聲音在羅馬俄羅斯大飯店（Hotel De Russie）[1]大理石鋪面的大廳中迴盪著。一名身穿名牌西裝、頭戴對講耳機、身材壯碩如同橄欖球員的保全突然出現在我們眼前，擋住正要關上的電梯門。這位看起來像一九九〇年代香港動作片優雅巨星楊紫瓊的女子順勢進入了我們搭的電梯，她的老公跟在她後頭一起進來。威廉和我朝他們點了點頭，因為他們和我們要參加同一場婚禮。我們互不認識，但我們知道下榻在這座皇宮般酒店的人都是婚禮的賓客，因為新人把整座飯店都包下來了。

「喔，你們去購物啊。」她看見威廉手上拿的ＺＡＲＡ購物袋後說，接著也說了句：「我

[1] 譯注：亦翻譯為羅科福爾蒂羅西飯店。

們也是。」他們夫妻倆身上都是高檔服飾，她更是珠光寶氣，我想她大概從來沒去過ZARA。

威廉基於禮貌回問：「那你們買了什麼？」

「我們買了一棟旅館。」她笑著回答。電梯叮咚了一聲。「我們的樓層到了。」

我轉過頭看著威廉說：「我剛有聽錯嗎？」

沒想到這對從上海來的夫妻當天真的在羅馬買了一間旅館，而且還是間規模不小的旅館。我在羅馬參加婚禮的這一個星期遇到許多跟他們一樣的人，連這場婚禮也是我這輩子參加過最豪華的一場。在二〇一五年十月的這三天裡，我有幸走進亞洲超級富豪的世界，跟他們一起在義大利的首都狂歡，我們住的飯店裡全是賭場大亨、畫廊老闆、時尚造型設計師、有名的獸醫師，還有許多超級貴賓。那些人活生生就是作家關凱文（Kevin Kwan）暢銷小說《瘋狂亞洲富豪》（*Crazy Rich Asians*）中的人物，這部小說後來也改編成同名電影。看這本小說時，我一直覺得那只是虛構的情節，沒想到真的出現在我的生活中。

有錢到不行的中國婚禮

躋身這場名流婚禮全然是個意外。威廉和他的幾個朋友碰巧認識新娘，她是飲品王國的第二代，和威廉他們早年在香港跑夜店狂歡時相識，身為伴侶的我也連帶獲得邀請。新郎則是中國的基金管理人和慈善家，因為他實在太富有了，所以根本不需要特別打扮，那幾天他多半都穿黑色的運動服。第一天晚上我問威廉：「我們要不要跟他打聲招呼？」另一名更認識新娘的友人阻止了我：「不不不！你要有邀請才能過去打招呼。」按照社會地位來排，我在這裡是最底層。所有賓客中大概只有我和威廉是坐經濟艙來的，許多人都搭乘私人飛機前來，新郎和新娘也不例外，他們各自帶了保鑣、保母和造型師一同飛過來。來之前我其實有些擔心，但是好奇戰勝了恐懼，所以我打包好燕尾服就跟來了。

「今天的行程是什麼？」今晚是這次三天婚禮的第一個公開活動，在房間著裝時我問威廉，我們住的旅館房間可以看到羅馬知名的「西班牙台階」（Spanish Steps）。他亮出一張燙金的卡片給我看，上面寫道：「梵諦岡博物館和西斯汀禮拜堂的私人參觀行程，之後在科隆納宮（Palazzo Colonna）享用晚餐。」一個小時後，我們就到了梵諦岡，在旁人的戒護下走下一條兩旁滿是無價藝術品的走道。婚禮派對上的每個人都穿著高級訂製服，女賓客踩著高跟鞋在不遠處跟著私人導覽員的腳步，導覽員同時嚴格地掌握著我們行程。新娘當天穿著有對金色翅膀的范倫鐵諾洋裝，旁邊的人告訴我這身洋裝價值五十萬澳幣❷，她身邊隨時跟著一名穿著西裝的隨扈。突然間，我們進入了一個廣闊的空間，米開朗基羅最具文藝復興代表性的傑作都在這裡。上一次參觀西斯汀禮拜堂時，我不得不和數千名觀光客擠在一塊；但是那天晚上，婚宴

❷ 譯注：約一千萬台幣。

的主人為兩百名獲邀的婚禮賓客安排了一次私人導覽。

而這只是開場而已。到了這週的最後，我們在一座私人皇宮裡品嘗松露湯和米蘭燉飯，在湖畔的別墅跳舞，在一座大型戶外片場和羅馬武士比劍，片場裡還有活的駱駝和大象增加臨場感，還在私人舞廳裡聽美國饒舌天后蜜西・艾利特（Missy Elliott）高歌，好幾天早上都在狂飲庫克香檳（Krug）的宿醉中醒來，而這些活動不需要任何費用。我跟這些賓客一點也搭不上邊，他們似乎彼此認識，人人充滿了自信。不過，賓客中也有少數幾個看起來是比較「普通」的人。有一晚，我對面坐著一對澳洲夫婦，我們中間隔著一張長達一百公尺的宴會桌，上頭放滿了燭台。「您在哪高就？」我問他。「他專門幫有錢人治療寵物。」他老婆笑著回答，接著啜飲了一口盛在水晶酒杯中的香檳。她似乎跟我一樣，覺得整個婚禮很不可思議。更不可思議的是，這對澳洲獸醫夫妻是新人夫婦特別聘請來跟著他們飛往世界各地，幫他們照顧搭著私人遊艇前來的小狗，新人們養的小狗沿途停在外海，這樣就不用接受入關檢疫隔離。又有一晚，我遇到一對粗獷的南非兄弟檔，原來他們是新娘和朋友的嚮導，每年會帶他們在非洲進行幾次私人打獵之旅。最精彩的則是最後一晚。當天我們坐在巨大的馬戲帳篷下吃晚餐，一旁則有樂隊現場演奏。音樂響起時，我對威廉說：「他們在翻唱火星人布魯諾（Bruno Mars）的歌，我們下去跳舞吧。」他一副沒趣的樣子。等我就近一看才發現：「天啊，是火星人布魯諾本人。」這位超級巨星還特別為這對新人寫了一首情歌。

當時是二〇一五年，正值中國經濟熱潮的高峰，我還沒搬到中國工作。中國快速工業化的結果創造了驚人的財富，其規模全球無人能比，而且當時就已經呈現出成果。但是隨著習近平在接下來的幾年間越來越獨裁，這種公開炫富的情形就越來越少見了。馬雲之流的科技創業家和地產大亨，其致富的速度比當年蘇聯垮台後那幾個巨富還快，而在中國得以致富的還不只是這些人，一些政治菁英和其家族也賺得荷包滿滿。這件事在中國共產黨內是禁忌話題，外國記者若是敢提及，那就只有被驅逐出境的份。二〇一二年，彭博新聞網（Bloomberg News Website）刊登了一則習近平家族擁有數百億資產的報導後，該網站在中國隨即遭到封鎖。[1] 同年稍晚，《紐約時報》也因為報導時任總理溫家寶家族坐擁至少二十七億美金資產而惹上麻煩。[2] 儘管習近平口頭上總是一再重申中國領導人不可以藉由個人權勢攢積財富，但是這兩個新聞機構報導的事眾所皆知。

這件事的敏感之處當然其來有自。中國共產黨的政治體系原本是為了推翻階級制度而生，但現在的中國透過擁抱資本主義消除了極端的貧窮狀態，大幅提升了數百萬人口的生活水平，但是畢竟能像那週在羅馬狂歡的超級富豪並不多。總理李克強在二〇二〇年的年度經濟政策報告中指出，中國有六億人口每月收入只有一千元人民幣，此話一出舉世譁然，但是我一點也不覺得意外。雖然我作為財經記者在中國採訪的對象多半是企業高階主管，甚至偶爾還有像馬雲這樣的富豪，但我更常遇到的卻是為了謀生而拼命工作的普通百姓。

農民工

二〇二〇年五月，在新冠疫情過去後，中國各地的生活都逐漸恢復正常，我跨上單車穿過上海市到城市的另一頭去找劉建明（Liu Jianming）。

五十二歲的他跟中國數百萬被稱為農民工的人們一樣，是過去數十年來從鄉下來到大城市討生活的人。這些人是中國經濟的骨幹，為工廠提供低價勞工，撐起中國成功作為世界生產中心的基礎。沒有他們根本無法迎來中國龐大的基礎建設建造榮景和建築業高峰期，鐵路幹線、橋樑、機場、高架橋這些象徵中國現代經濟成功的產物都必須仰賴他們的勞力貢獻。

劉建明一身黝黑的肌膚，多年在上海工地的勞力工作讓他至今依然身體健壯，他和我約在上海靜安區一處滿布灰塵的複合式公寓六樓見面，他和他的團隊正在為這間兩房的小公寓進行裝修。

他不想因為接受採訪就停工，所以和我約在工地見面，畢竟這是自新冠疫情爆發後好不容易才接到的第一份工作，年初的疫情讓中國許多工廠和店家關閉了兩個月。我一直拜託他接受採訪，最後他同意邊工作邊接受採訪，公寓裡瀰漫的粉塵和其他工人用電鑽的聲音頂多只是訪談中的背景。

「今年會很難熬，工作量比以往少了很多。很多我認識的農民工不得已只能回老家，因為上海根本找不到工作。」他在工地吵鬧的噪音中大聲地對我說。

劉建明十八年前為了找工作從附近江蘇省的鄉間搬來上海。當時正值上海建案大爆發的時期，原本黃浦江對岸的浦東全都是農地，隔著江的這頭則是上海外灘的殖民地時代建築，後來那片農地被改造成曼哈頓一般的迷你城市。當時上海附近大片的工業區正在興建，橫亙整個上海市的高架橋則還在設計中。所以直到二〇二〇年新冠疫情爆發以前，劉建明從來不缺工作。

劉建明相對幸運，他還有積蓄可以支付兩個月的房租。在社會福利制度不建全的狀況下，逼得他只能動用畢生的積蓄救急。還好與他同住的女兒已經大學畢業，上班的薪水得以貼補家用。但他的一些朋友就沒這麼好運了，他們在沒有收入的情況下實在負擔不起上海天價的房租，不得不回鄉下去。劉建明的說法正好符合許多經濟學家的預測，也就是新冠疫情結束後，有數千萬的中國農民工再也沒有重返工作崗位，他們是中國政府公布的官方失業數據裡的黑數。

我遇到劉建明時，他和兩名同事三個人要靠著僅剩的一萬塊人民幣撐過一個月，這筆錢不夠支付他一個月高達四千人民幣的房租費用，還要他女兒幫忙負擔。

中國大約有兩億個農民工。所謂農民工是戶籍仍然登記在鄉下，但是為了工作到城裡上班的人，譬如工廠的工人。中國目前還是使用「戶口」這個毛澤東時代的戶政系統，也就是一九五一年為了管制人口而創建的制度。這個制度讓人很難遷移戶口，許多在大城市裡工作的農民工都有醫療服務、教育、退休金和其他社會福利不易取得的問題，原因就在他們的戶口一直無法從鄉下遷出。

中國進入數位時代以後，許多農民工改從事外送工作，每天在嚴格的時間壓力下外送餐點或快遞線上購買的物品，騎著摩托車穿梭在大城市中討生活。這些人隨處可見，通常頭戴藍色安全帽、身穿藍色外套，在車陣中橫衝直撞跟時間賽跑。「時間就是金錢。」來自安徽省的一名外送員戴先生在他前往茶桔便飲料店取餐時，倉促地接受我採訪說，他在上海工作五年了。他說新冠疫情爆發後導致許多人失業，使得外送行業更加競爭。外送公司的外送員人數倍增，這些人都是按件計酬，粥少僧多意味著競爭更激烈。像戴先生這樣的外送員承受著巨大的工作壓力，這麼賣命地工作，他每趟送件只能拿到三塊人民幣，如果餐點遲到或是遭到客訴，他就會被罰兩百塊人民幣。除了有罰款的問題外，他還要承受遇到交通事故的風險，因為他們為了趕時間常會超速、違反交通規則。另一名外送員陳先生就說：「對我們外送員而言，時間就是一切，為了趕快，就很容易出意外。」他在上海市中心的達美樂披薩店外抽菸時順便接受我的訪問。「有些外送員會邊騎車邊看手機，這樣在送餐途中才能接到新單。要是不這樣怎麼搶到單、賺到錢？外頭不管颱風下雨，有單就是一定要跑。要記好那些大型社區的入口在哪、走哪條路最快，這可是專業。」已婚的陳先生有一個二十一歲的女兒和八歲的兒子，他這樣跑單一個月可以賺八千元人民幣，但要從早上十點工作到晚上十點，全年無休。「抱歉，我得走了，要去確認我的訂單。」他說著就突然中斷採訪，戴上紅色安全帽朝他的單車走去。

大規模移動

農曆新年是見證中國極端貧富差距最好的時機，這是中國最重要的節日。對許多農民工而言，這個長假是返鄉探親的唯一機會。

這股返鄉潮會形成全球最大的年度人口移動，非常壯觀。記得我到中國的第一年，我站在上海虹橋火車站偌大的出發大廳二樓看著下方龐大的人潮，我這輩子從來沒有見過這麼多人同時擠進一個空間裡，就算是體育場館也沒有這麼多人過。這裡是票價高昂的高鐵乘客候車區，所以大廳裡的人多半是中國的中產階級。大多數人都緊盯著自己的手機螢幕，手上提著名牌行李箱和紅色的年節禮盒，裡頭裝著要送家人的高檔上海蟹之類的奢侈品。有些人會乾脆在網路上訂購禮物，讓宅急便先一步送到家鄉。多數人搭的高鐵行程相對較短，兩、三小時就到達目的地。車廂裡有舒適的座椅，椅背有可以折疊的小桌面，全車提供網路，還可以先預訂肯德基或其他速食，在沿途短暫停靠下一站時取餐。

而上海南站又是另一番景象，這裡是搭乘普通火車的車站，乘客就是另一個階級了。

有一年，我在那裡遇到了張強（Zhang Qiang）。這位四十歲的建築工人平時住在上海，那天他準備搭車回到相隔兩千公里外的西南部省份四川。他穿著一件沾滿灰塵的運動外套，在寒冷之中把自己裹得緊緊的，這趟返鄉車程要三十六個小時，但他只買得起站票。

「只有這時節能回鄉，能搭上這班車我就已經很慶幸了。」張強這麼跟我說，似乎沒把要在火車上站上一天一夜的事放在心上。他在出發大廳顯得很自在，蹲坐在隨身攜帶的白塑膠桶上，這個塑膠桶還能充當火車上的椅子。他和一群工地的同事坐在一起，大家吃著泡麵、邊講笑話，明顯對假期感到雀躍不已。

我在車站遇到的另一名工人是三十歲的曾榮海（Zheng Rhonghai），他說自己運氣比較好，搭車返鄉只要兩個小時。他和太太都在上海附近一家工廠上班，兩個人一個月賺的薪水加起來有四千元人民幣。他已經有好幾個月沒見到兩個女兒了，她們一個三歲、一個五歲。他把女兒留在鄉下給爸媽帶，自己和太太到上海討生活。

中國到處都可以聽到類似的故事。父母因為要到城市工作賺錢，所以被迫和孩子分隔兩地。許多家庭僅僅為了負擔每月房租就已經很辛苦，更遑論孩子的教育費用或甚至是醫療費用。

不過這種情形慢慢在改善。二〇二〇年底，中國政府宣稱習近平的「攻堅脫貧戰取得全面勝利」。脫貧戰的貧窮線是以年收入在人民幣四千元為界，根據世界銀行的數據，一九八一年時，中國生活在國際貧窮線以下的人口比例為百分之八十八。[3]中國領導人過去一向喜歡制定難以達成的誇大目標，但這次的脫貧計畫似乎真的成功了，中國花了四十年讓八億人口擺脫了貧困，當然這個里程碑肯定會在二〇二一年中共百年黨慶時被拿出來一再宣揚。現在中國大多數的農村都有馬路、電力、自來水和網路。二〇一九年，我在中國與吉爾吉斯的邊界和一群牧羊人聊天，這些牧羊人大半輩子都在山裡生活，但現在他們在住宅區裡的平房裡，家裡都有電視，牆上則掛著習近平的肖像。他們告訴我，他們對現在相對更為舒適的生活感到很滿意。但作為中產階級的西方人，我不禁在想，他們搬離長年生活的山區改住到景色貧乏的住宅區，精神生活是不是因此變得貧乏了？中國許多低收入戶被被迫搬離家鄉，進入城市勉力適應都會生活。但是整體而言，對於我在中國各處隨機訪問的對象而言，能有一片遮風蔽雨的屋頂總比沒有好。

白手起家

在中國經常能聽到一種故事：從小赤貧的小伙子一路奮鬥，四十多歲時終於躋身安穩的中產階級，實現了過去從未有過的美夢。我朋友高華就是這種人，他是人民解放軍出身，但是現在住在上海的高樓住宅裡。

高華十一歲時差點沒命。

他在一九七七年出生於河北草原地區，當時文化大革命已經來到尾聲，只要天氣還可以，他每週要步行十五公里往返於偏鄉的家中和寄宿學校兩次，他在寄宿學校住五天，每到週末再返家。單程需要四個小時，因為要曲折穿越草原和行經無路可走的陡峭山坳。返校時，母親會為他烤大餅，好讓他在漫長的路途上解饑，順便補充營養，因為學校都只給學生吃稀麥片粥。學生在宿舍睡的是磚砌的通鋪，屋頂滿是破洞。有天返家路上下了大雪，他分不清方向，走著走著就迷路了。一路上因為太冷而凍得他直掉淚，他就這樣漫無目的地往前走，直到看見一個小村子的燈光而被吸引過去。但他因為實在太累，還沒走到村子就倒在雪裡迷迷糊糊睡著了。還好他運氣好，正巧學校的老師就住在附近，而且當時正要到外頭上廁所，不小心絆到了躺在雪地上的他。老師把他帶回家安置，再請村裡的幹部發訊息通知他的家長。高華在這睡了一晚後，隔天一早天氣放晴就啟程回家了。他回想當時：「回到家後我哭個不停。我跟我爸媽說我再也不要去學校了，但我媽說我一定得去上學。之後我爸把我放到馬背上，陪我騎馬一起回學校。能和我爸一起騎馬真的是太美好了，我一輩子都記得那個情景。」

高華和我的澳洲朋友結了婚，所以我在搬到中國以前就已經認識他。他個頭不高，但肌肉發達，為人很謙虛，不愛談論自己的事，所以直到後來我和他經常在上海碰面後才問起他以前的事。

他出生的農村在張家口住宅區附近，那裡跟中國其他城市一樣在過去三十年快速成長，現在已是高樓林立。他的父母都是農民，靠著在溫帶地區草原上的肥沃土壤上耕種作物勉強維持生計，這片草原現在因為迷人的景色加上適合騎馬而成為旅遊勝地。高華的父母是學校同學，十二歲時在雙方不知情下經由雙親的媒妁之言成親。雖然中國官方早在一九五〇年就已經立法禁止父母在孩子成年以前擅自為他們決定婚事，但事實上民間還是一直延續著這個習俗。「他們兩個在學校遇到對方都很尷尬。我媽正眼也不敢看我爸一眼，我爸比較大方，他會蒸好包子帶給我媽吃，但我媽死也不肯拿。那時大家的保暖衣物都不夠，我媽老是覺得冷。」

中學時要長途跋涉於學校和家裡之間很辛苦，但他上小學時的日子也沒比較輕鬆。學校一到五年級總共只有一百個學生，資源很少，連課桌都是用泥磚砌成的。其中有一整年學生們還被要求幫忙蓋學校，每個人都要挑兩到三塊磚，年紀大的就多挑點，一次要走兩公里，從早到晚沒停過。那一年，他班上的一名女同學在烈日下勞累了一天，回到家後就過世了。「學校說她因為回家灌了太多水，水跑進肺部致死。學校老師沒有被究責。我到現在都還記得她，她長得很漂亮，是個好學生。」

高華十五歲時人生發生劇變。有一天他叔叔突然騎著摩托車來學校，不由分說地就送他去當兵。因為他的父母都病了，沒辦法再供他念書，只好把他送走。高華當時比同齡孩子的個頭更小、又很瘦弱，再怎麼看也不像是人民解放軍規定的十八歲法定入伍年齡，但他叔叔在軍中有人脈，所以硬是將他安插了進去。「我非常高興，哭都沒哭，因為終於可以離開家鄉去看看外面的世界。我總是對一切都感到很好奇。」

高華從軍後被派駐在蒙古沙漠的邊陲地帶。一開始他被分派到文書工作，主要是在黑板上寫字。之後他發現自己擅長射擊，轉而成為射擊教官。他透過拳擊和武術訓練慢慢鍛鍊起他的體力，他一天跑步三次，還能完成障礙賽。除此之外，他也在罐頭裡灌水泥作成啞鈴來鍛鍊身體。

他前後駐守邊疆長達七年。那裡沒什麼麻煩事，頂多是喝醉的蒙古牧人誤闖邊境，或是有人走私俄國汽車和香煙。但是一次冬天巡邏時車子拋錨，他和其他士兵只好走路去求助，結果差點要了他的命。途中他掉進山坳受了重傷，其他士兵用外套作成擔架硬把他揹上來。最後他們在夜裡用火柴點燃外套求救好讓搜救隊看到，才得以脫離險境。

高華後來升為下級軍官，不久後他申請退伍，投入中國快速發展的經濟中。接下來幾年間，他開始學習英文並且踏上新的人生道路，開了一家裝潢公司，就這樣一步一步前進，從未回頭。「我熱愛我的工作，每天都用心學設計。我本來就喜歡自我挑戰，開創新的事物讓日子變得不一樣。」

高華現在住在浦西的高樓公寓區，持續經營他的小本生意。他和伴侶在海外結婚，共同養育兩個兒子。現年四十六歲的他著實沒想到自己一生會經歷這麼大的變化。

「跟許多中國人一樣，我在過去四十年間經歷了非常劇烈的人生變化。不僅是經濟上，心理上也是。我小時候的生活非常單純，現在卻很複雜。」

十二、中國的少數族群

二〇一九年七月，新疆

那次前往新疆採訪的行程真的讓我大開眼界，我見識到中國政府竭盡全力編撰故事的本事以及整個國家所能動用的資源。事情發生在中國最西邊省份新疆的一間教室裡，那其實算不上是真正的教室，只是一個供人參觀的假教室。那天我看到的一切全是捏造的，包括學校、課程、學生唱跳的歌舞、學生、老師、負責接待的政府官員以及他們事先背好的種種說法。就像一九九八年金凱瑞（Jim Carrey）主演的《楚門的世界》（*The Truman Show*），假造的田園般美國小鎮和數千名演員搭配演出，這一切都經過精心策劃，只是演給採訪記者看的劇碼。

二〇一九年七月的一個夏天清晨，我見到了二十五歲的學生柯班姜（Qurbanjan）。他是維吾爾族人，是信奉伊斯蘭教的突厥少數民族，他們和中亞的淵源要比東邊的漢人來得深。在中國西邊這個緊鄰蒙古、哈薩克和吉爾吉斯的偏遠省份新疆大約住有一千一百萬個維吾爾族人，這個地區是古代絲路必經的貿易路線，但早從清朝開始就被中國統治，之後歷經國民黨和共產黨多次改朝換代，始終沒有機會獨立。維吾爾族人的文化上和漢民族相距甚遠，但是從一九九〇年代開始，漢人卻大量移入新疆。

柯班姜當時就坐在中國政府稱為「職業技能教育培訓中心」二樓的教室前排。教室明亮寬敞又通風，夏日微風徐徐吹進教室敞開的窗戶裡。他和十多名學生趴在木製小課桌上認真地在教科書上抄筆記，不時停下來用普通話覆誦。

我和其他十多名記者受邀前來參觀這所學校。自從聯合國在二〇一八年八月指出有一百多萬維吾爾人被囚禁以來，再教育營就一再成為媒體的頭條。中國政府認為邀請我們來參觀這種版本的新疆再教育營可以杜國際悠悠之口，但我們始終沒有見到真實的再教育營，只看到中國官方要我們看到的迪士尼歌舞劇版。那一週我們欣賞了數百位維吾爾人一同唱歌跳舞，但他們明顯就只是在扮演別人，笑容下的眼神中都露出一絲恐懼。這比一般的監獄還要慘，因為他們必須違背自己意願扮演他人，假裝在中國政府統治下過著幸福快樂的日子。

我從教室幾十個人裡隨意選中了柯班姜。他個頭很小，頭髮梳得很整齊，穿著黑色POLO衫，看起來不到二十五歲。我由一位中國國務院新聞辦公室的通譯陪同交談，這個辦公室設於一九九一年，專門負責協助各國傳遞中國的資訊。訪談過程中，其他該辦公室的官員也始終徘徊在附近，不敢稍有懈怠。我一靠近柯班姜就可以感覺到他心裡的想法跟其他班裡的維族學生一樣，就是「拜託別選我！」。但他對於記者的提問已經做好準備，而且是滾瓜爛熟、應答如流。

「你來這兒多久了？」我問他。

「一年。」

「你在這裡都學些什麼？」

「普通話、中國法律和法規，還有職業技能。」他這麼回我，他說的普通話指的是中國的官方語言。

「你怎麼會被送到這裡來？」

一聽我這麼問，柯班姜沈默地清了一下嗓子，他盯著天花板一會兒，好像是在回想事先背好的內容。過程中只見他整個人站得筆直，雙臂緊貼褲縫，像在閱兵一樣。

「因為我用手機看了一些激進宗教團體的文章，看完又把它們存起來。那些言論主張我們是維吾爾族，維吾爾族生來就是穆斯林，但我們住在不是信奉伊斯蘭教的國家，所以我們一定要找機會清除這些異教徒，或者把他們趕出去。」

我問他知不知道在手機上儲存這些言論是違法的：「你當時知道自己這樣做是違法的嗎？」

「我當時不知道。」他這麼說，但卻不讓我再問下去，緊接著搶先道：「我還沒說完。」

他的反應讓我想起孩子在演話劇時，背好的台詞在關鍵時刻被人打斷的樣子。

「身為穆斯林，我們的職責就是要殺光異教徒，殺的越多就越有機會上天堂。我讀完這些激進言論後，自覺一個人無法殺死這麼多異教徒，所以我就在騰訊ＱＱ（中國的即時通訊軟體）和微信上散播這些言論，希望能讓更多人參與。」

「我同時也在網路上搜尋自製炸彈的方法。」

實在很難相信眼前站著的這個緊張男孩是想要進行大屠殺的宗教極端份子。他接著告訴我，他買了打火機、電池、爆竹還有「其他東西」來製造炸彈。後來他村裡的公安發現他在製造炸彈，他沒有因此入監服刑，而是「受邀」到這個職訓營來治療自己的激進主義。

他的說法就跟這趟再教育營之旅的其他事一樣很沒有說服力。同行中有名加拿大記者過去曾在中東和真正的恐怖份子相處過一段時間，這時他也跟著提問：「你買了製造土炸彈的原料，卻沒有因此被捕？」他的語氣中透露出難以置信。

柯班姜跟我在這遇到的維族學生一樣，都堅稱自己是自願來到這裡。之後我們去參觀宿舍，看他睡的鐵床。他說他正在接受能協助他找到工作的職業訓練，希望有天可以結婚。課後，他和其他學生一起到四周都是圍牆的操場上打籃球。

疏勒縣職業技能培訓中心離中國最具異國情調的城市喀什只有一小時車程，喀什是中國遙遠西邊的綠洲城市，過去是古絲路上重要的驛站。我們到的前一天已經由專人陪同前往這座古城參觀，算是中國政府安排對外宣傳維吾爾文化的參觀行程。

儘管有著獨特風味，但是「古城」其實經過大幅現代化翻新，大部分地方都已經用現代混凝土重建。我們坐上高爾夫球車參觀各式各樣的商店，有陶罐店、樂器店、銅器店和花帽店。每位記者身邊都有一位配戴麥克風和耳機的年輕女性導遊，他們還帶我們去參觀一個「傳統的」維吾爾家庭，聽那家人演奏當地的樂器，招待我們吃水果和棗子，整張桌子都擺滿了各式農產品。若不是有政府專人跟著，我們不可能看見這些畫面。獨立前往新疆採訪的西方記者待遇完全不同，他們會沿路不斷遭到警察騷擾，還會被密切監控，在各個哨站被人攔住盤查。我們的行程排得滿滿的，但大家唯一想看的只有再教育營或是職訓中心，我很想知道中國人會如何呈現真實的樣貌。我們開車進入職訓中心時，花園裡正開著向日葵，烤蛋糕的香味從廚房打開的窗戶飄了出來。建築四周都是高牆，出入口只有一個，但是沒有瞭望台或是防犯人逃跑的有刺鐵絲網。應該說，這裡地處偏遠又位居沙漠正中央，也算是另一種形式的監獄。官員說這裡共有八名警衛，數量跟一般中國的幼兒園差不多。該中心的校長先為我們進行了簡介，我們才剛踏上通往二樓的樓梯就立刻響起了歌唱聲。採訪過柯班姜和數名同學後，我們又參觀了好幾間類似的教室。其中一間裡面滿是身穿鮮豔傳統服飾的學生，正在表演非常曼妙的地方舞。另一間教室中則是女學生在縫衣機上受訓，準備日後到新疆各地的紡織廠去就業。

這些學生的故事都大同小異，許多人都是拋家棄子「自願」來這個中心受訓。他們都一樣有激進思想，但被村裡的長輩或是公安說服來這裡改過自新、尋求協助。二十八歲、個子嬌小的麥西圖琳（Maisitulin）在中心餐廳吃午餐時跟我說：「我罵過漢人也欺負過他們，甚至還動手打過他們，因為我不想讓穆斯林孩子跟異教徒小孩上同樣的學校。」她家裡有個四歲大的孩子，但她寧可拋下四歲的孩子來這裡上課。

當天下午上遊覽車的時候，我一上車就往最後面的位置走去。其中有些記者興致高昂，尤其是電視播報組的人特別興奮，覺得自己採訪到了很精彩的內容。一名歐洲記者說：「恩，再教育營顯然沒像聯合國報導得那麼不堪。」聽他這麼說，我感到很反胃。我們目睹的一切是非常大製作的宣傳把戲，但有些記者竟然買帳。最不堪的是，維吾爾族人被利用來為共產黨宣傳，否認他們和他們的家人有受到任何大規模的迫害。

在中華人民共和國於一九四九年成立以來，眾多的中國人口被分為五十六族，人數最多的漢族占九成三。雖然穆斯林社區和中國其他族群之間的關係數十年來一直很緊張，不過這種氣氛在文化大革命結束後有所緩和。

但是在大批漢人於一九九〇年代遷往新疆後，這個情況出現了變化。新疆是中國偏遠但風景美麗的沙漠省份，農作物的品質很好，空氣也很清新。一九五五年成立新疆自治區後，開始有外來人口移入，但規模沒有九〇年代這麼大。比較富裕的漢族和維吾爾族之間原本就存在的文化和經濟衝突在近年急速升高，因為前者試圖想把烏魯木齊和喀什等新疆的古老城市改造成跟東岸沿海城市相同的樣貌。

二〇〇九年七月，新疆首府烏魯木齊的一場示威抗議升級為暴動，漢人和維吾爾族之間出現激烈的暴力衝突，造成約兩百人死亡。官方事後逮捕了一千人，關閉了清真寺和通訊聯繫管道。在二〇〇八年西藏首府拉薩出現暴力衝突後，中國政府就開始以強烈高壓手段鎮壓暴動。但二〇一四年四月，新疆再度出現暴動，兩輛汽車在爆炸前朝著購物民眾衝撞。在這之前的一個月，新疆一處火車站也出現炸彈攻擊事件。同年稍早，雲南省會昆明的火車站出現隨機傷人事件，造成三十一人死亡。[1]北京當局將這起攻擊事件歸咎於穆斯林「分裂主義者」的頭上。

這就像是中國面臨九一一恐怖攻擊事件一樣。西方國家在打擊恐怖攻擊主義方面得到了憂喜參半的成功，但是中國可不用考量資源、宗教或種族敏感性的限制。習近平說了重話，宣布為了打擊恐怖主義和分裂主義「不得不進行干預」。結果新疆和西藏都落入相同的下場，成為擁有前所未見的安全管制和監控層級的警察省份，中國政府在這裡成立了訓練中心，幾乎等同於毛澤東時代的勞改營。二〇一八年，聯合國表示握有確實證據證明有一百萬維吾爾人被關在「大型職訓營」，被迫接受思想灌輸。

我被派駐到中國時，維吾爾族遭受到的困境已經有許多相關報導。雖然中國政府的審查和干預手段都提高到前所未見的層級，但還是有記者成功突圍，將這個被嚴密掌控區域內的情形呈現在世人眼前。他們的報導[2]和一些逃離中國的維吾爾族人的親身經歷都證實了聯合國對中國的指控，起初中國政府嚴加否認這些再教育營的存在，之後拗不過終於承認有這些機構後，又說裡面的維族人都是自願前往，到了二〇二〇年更聲稱裡面的人都已獲釋在外就業。然而，澳洲戰略政策研究所（Australian Strategic Policy Institute）的一份研究結果卻與此相左，[3]研究結果包含了該地三百八十處的衛星照片，照片顯示那些機構都是自二〇一七年以來新建或是擴建而成。新疆至今依然是西方民主國家如澳洲政府在與中國交涉時所面臨最大的人權難題，因為中國自二〇一六年以來就不曾讓任何一國的外交官員進入該區進行正式參訪。

從一開始我就沒冀望在這趟中國政府出資的新疆「真相」之旅中能見識到真正的再教育營。對於去或不去進行了道德反思之後，我和報社最後得出了結論，去了總比沒去更能接近真相，至少也可以看看中國政府呈現出來的假象。所以我搭上前往烏魯木齊的班機，但是對於接下來的安排所知不多，因為國務院那邊不願意在我下機前透露更多資訊，這種情形在中國我見得多了，因為中國政府想藉此掌控一切。此行共有二十四名來自全球各地的記者受邀，分別來自沙烏地阿拉伯、俄國、印度、巴基斯坦、孟加拉、埃及、伊朗、烏茲別克和吉爾吉斯。官方安排了兩台大型遊覽車載著我們在城裡到處參觀，把我們當成貴賓一樣招待。第一天我們就注意到，城裡有六線道的馬路，卻沒有半台車在行駛，因為所有馬路都被管制淨空了，到處都看得到禁止進入的警戒線。不知道管制交通的目的是為了我們的安全，還是不想讓我們和一般大眾有所接觸。官方一再跟我們保證這裡已經有三十個月沒發生過恐怖事件，但看來地方當局不打算冒險。

第一站參觀的是「新疆大型恐怖攻擊與暴力犯罪案件展」。這個令人毛骨悚然的博物館位於巨型會議中心裡，裡頭陳列著沒收的槍枝、爆裂物、刀械等。牆上懸掛著支離破碎孩童的照片，螢幕播放著砍頭的影片以及子彈穿過頭顱的慢動作畫面，讓人怵目驚心。驚悚程度沒有上限，要傳達的訊息也相當明確：「極端主義、分裂主義、恐怖主義嚴重影響國安，也成為新疆地區社會安定的立即威脅。」牆上海報說得很明白。中國政府正是以此來合理化自己的行為，讓外界認同他們將一百萬人送去進行大規模勞改的作法。同時，我們的東道主也一再強調另一則訊息，那就是維吾爾族的民族文化仍舊保存良好，並沒有被徹底剷除。下一站，我們來到新疆伊斯蘭教經學院，這裡有著巨大的圓頂大廳和體育場般大的祈禱廳。我們被帶去一間教室，看到有許多男性一起研讀伊斯蘭神學，他們頭上都戴著源自中亞的傳統朵帕花帽（doppa cap）。我們當中有位記者注意到他們頭上的帽子是全新的，而這個情形在整趟參觀行程中屢見不鮮。參觀紡織廠時，成列婦女前方的縫紉機都是亮晶晶的新機，旁邊她們縫好的運動衣都疊得整整齊齊。我在中國其他地方參觀過幾十座的工廠，沒有一間像這裡的工廠完美到如電影場景般不真實。有天在參觀工廠時，我們問有沒有維吾爾工人可以訪問。

「只有一位，但今天她休假。」工廠老闆回答。

「那我們可以到她住處去訪問嗎？」

「可以，她就住附近。」

神奇的是，她竟然就住在離工廠二十公尺遠的地方。我們一行人包括電視台團隊到達該名女工家中時，她卻一點也不意外，不僅臉上已經化好妝，還穿著剛洗好的衣服，很高興地在花園中接受我們的訪問。我們才剛到，她的父母就立刻端上一盤新鮮的水果。接下來幾天內，這種巧合的機率高到讓我們感到恐怖，這一切都是真實的嗎？

第三天時，採訪的記者們被分開，官方把我安排到另一群記者團隊中，這群人分別來自愛爾蘭、加拿大、歐洲、美國、日本、印度和馬來西亞，我們一起搭機前往喀什。這些記者中只有一位是長期派駐中國的通訊記者，所有人都對行程中的鮮豔和壯觀感到難以置信。一天晚上，我們被安排參觀一棟比雪梨歌劇院大兩倍的歌劇院，那裡身穿維吾爾族傳統服飾的表演者吊著鋼絲在天上飛，駱駝則在舞台的雷射燈光之間穿梭，還有馬匹在巨形的踏步機上奔跑。整趟旅程很多地方都教人大開眼界，中國政府可以動用的資源之龐大，連這麼偏遠的極西省份都不惜重資，真是教人嘆為觀止。但是隨著行程一個接一個，表演、參觀工廠、逛市場，甚至還有在村莊裡聽著電音舞曲看服裝表演的行程，氣氛開始變得越來越緊繃。因為大家真正想看的只有再教育營和職訓中心，所以當負責安排行程的國務院新聞辦公室發現有人會忽然消失或是對活動心不在焉，他們就不高興了，隨行的翻譯開始和記者之間有了爭吵，覺得我們問的問題偏離方向。記者之間也開始對彼此有意見，一名長年採訪中國新聞的記者在一晚酒過三旬後忍不說：「這根本就狗屎。」記者團隊中有些人接受了隨行中國官媒記者的採訪，對我們的態度表示不滿，覺得都已經親眼見到了，還有什麼好不相信的。

一天晚上，在我們完成官方行程後，我和另一名記者在晚餐後偷溜出旅館，感覺像回到中學時翹家去參加派對一樣。但才出旅館沒多久，我們很快就發現被人盯上了，兩個身穿牛仔褲和黑上衣的男子尾隨在我們身後。我去新疆前就知道不可能在公共場合隨意訪問任何人，這樣反而會害到受訪者。那天晚上，我們在小巷裡閒逛了兩個小時，偷瞧住家的生活，也感受一下當地人的日常。小販賣著烤羊肉串，還有吵鬧的小朋友踢足球。這趟旅程中唯一真實的就只有這兩小時，那天晚上的情景倒是與政府的說法相符，新疆人民並沒有生活在恐懼中。

控制少數族群

這趟新疆之旅真正讓我們見識到的其實是中國共產黨對權力的戀棧以及對少數族群控制力道之強，這包含了任何被視為威脅社會穩定的族群，從同性戀族群到婦運團體，以及穆斯林、佛教徒、基督徒的少數民族和宗教團體等等。任何運動組織或是個人只要變得太具影響力，中共就不會再容忍，而會視其為威脅中國社會穩定的亂源。

隨著習近平收緊對中國社會各個環節的控制，中國也緊接著在二〇一九年開始整肅伊斯蘭教和基督教。中國中產階級中的基督徒人口近年來有增加的趨勢，估計約有六千萬名基督徒會去參加沒有經過政府批准的「家庭教會」，當年度有數百間教堂被關閉。一名河南省的牧師自二〇一二年起開始宣道，他在二〇一八年告訴《澳洲金融評論報》：「政府掃蕩家庭教會的速度迅雷不及掩耳，前腳剛來就要求隔天要立刻清空內部所有物品，第三天教堂就關門了，非常突然。桌椅、空調、用具全都搬光。」[4] 全國各地被官方認可的教堂則被要求安裝室內監視器，以利政府監控聚會。

習近平的意識型態同時也針對信奉伊斯蘭教的穆斯林少數族群進行令人毛骨悚然的控制，原本這些人在基督教遭到掃蕩時還得以獨善其身。

劉寒（Liu Hang）是我在二〇一八年初前往西藏高原旅遊時，在青海省認識的一位穆斯林婦女，她對我說：「我們很擔心伊斯蘭信仰會在這一代消失，但我們一句話都不敢說。」劉寒是虔誠的穆斯林，與先生和幾個孩子住在格爾木這個偏遠沙漠城市外的小村莊。見面的那個炎熱的夏日午後，她和一群村民在路邊賣著莓果。她告訴我，她的孩子通常會趁學校放假時找當地教長學習可蘭經，但現在官方已經明令禁止這樣做了。官方也關閉了其他省份的清真寺，禁止公開使用阿拉伯經文，中國政府同時下定決心不讓外國記者接觸到這一類民眾。

我來到青海是應一家澳洲公司之邀，他們和當地企業合作，計劃從此地大片的鹽湖平原中提煉生產液態鎂。我們提早了兩天前來，卻沒想到誤踩了官方的紅線，當地政府為此非常緊張。在中國工作的外籍記者都知道，一旦到下榻旅館登記入住，地方當局立刻就會得知你已經到了當地，旅館員工一看到我們護照上的「記者簽證」就彷彿看到警示燈一樣。我們晚上十一點半才剛進到自己房間，立刻就有三位中國外交部的女性官員來敲我同事的門。她們表面上說這麼晚來打擾是為了關心我們的健康，因為格爾木位居海拔兩千八百公尺高度，擔心我們高山症發作，但她們真正的目的是想知道我們為何來此。隔天一早，她們又約我喝茶聊天，問了更多問題，讓我們那天什麼行程也跑不了。後來在我們前往城裡一些觀光景點的途中，後面都跟著兩輛豐田越野車和兩台租用計程車一路跟監，當天為我們開車的司機事後也被盤查。在當地一家穆斯林餐廳吃午餐時，還發生了一件滑稽的鬧劇。我們在用餐途中接到前一晚查訪的女官員打來的電話，她想確認我們的用餐時間，因為她要邀請我們到當地的「西藏村」去參觀。於是後來我們就和當地一對老夫妻在他們家客廳歌頌共產黨的成就，而房子裡到處是習近平的照片和共產黨的文宣。

二〇〇八年西藏發生了死亡抗議事件，之後更出現好幾名藏人點火自焚的示威，自此中國就禁止外籍記者前往西藏採訪，西藏也就逐漸淡出了世人的焦點之外，中國進而將這種大規模監視、動用維安警察以及文化同化的成功運用在新疆和其他少數民族地區。中國許多巨大的佛教寺廟多半是在文化大革命之後整修重建而成，現在是觀光客的熱門景點。然而達賴喇嘛的照片在中國卻是非法的，而達賴喇嘛本人更已經在一九九九年率領西藏流亡政府出走到印度。

即使雲南省不像中國西北部藏族自治區那樣充滿大規模監視和軍隊活動，而且這邊的藏族早在習近平上任以前就住在這裡，但他們還是逃不過政府透過新法進行更嚴格的管控。

我在離開中國的幾個月前到雲南省度假，登山時請了一名藏族的嚮導，他就對我說：「小時候我對藏族文化不感興趣，一心只想要買流行的籃球鞋、跟朋友混在一起。但我到北京以後卻有了不同的想法，我是大學裡唯一一個藏人，大家都很想多了解我的文化。」

「過去七年來，政府對藏族的宗教信仰限制越來越嚴格，但是比起藏族人口較多和發生過暴動的地區，雲南這一帶還算寬鬆，你還是可以在一些私人住家或寺廟中看到達賴喇嘛的照片。」

在那時的幾個月前，我在一次單獨旅行時看到了一張達賴喇嘛的照片，當然我不能透在哪裡。我在偏遠寺廟的大殿和木製樓梯間逛了一個多小時後，同行的人帶我進到一間在這個巨大廟宇建築裡不起眼角落裡的小房間。他低聲告訴我：「通常我們不會讓訪客進來這裡。」牆上掛著厚重的壁毯，一邊焚著香，牆上有至少三幅達賴喇嘛的畫相。即使在習近平治理下的中國，他的身影也依然存在。

十三、反送中示威

二〇一九年六月十二日，香港

第一波催淚瓦斯攻擊在下午三點過後不久發射，這一天是二〇一九年六月十二日。

當數萬名年輕示威者從地鐵車站、電車和小巴士湧出後，香港島金鐘玻璃圍幕大樓前的街道上擠滿了黑衫軍，密密麻麻如同一片黑色大海。這些人多數身穿黑色T恤，做好隨時戰鬥的準備，許多人也隨身攜帶雨傘（這是香港二〇一四年大型示威遊行的象徵）。不像五年前的雨傘運動的抗議者得以占據香港主要商業區長達七十九天之久，這次的示威運動沒有明顯的領導人，群眾都是在手機上看到線上發布的指導說明後自發上街頭。他們示威的唯一目的是要香港政府停止施行將香港犯人引渡到中國的法案，這條備具爭議的引渡條例正在香港立法會審核。示威人群試圖阻擋通往立法會大樓的街道和入口，讓與會議員無法入內辯論該條例。

過去對政治冷漠的香港青年憤怒了。三天前，估計有一百萬人上街遊行要求香港政府撤回該條例，因為該條例讓香港民眾擔心自己的自由將因此受到威脅。面對這麼龐大數量的群眾，香港政府在北京指派的行政長官林鄭月娥的領導下卻無視其訴求，還誓言一定要推動條例修訂。

從早上到下午，示威者的人數一直在增加，並持續朝著開始架設拒馬的政府部門辦公室和立法會大樓前進。示威群眾的行動是有組織的，他們一旁有穿著螢光綠色背心擔任救護的志工陪伴，另外還有一群人接力為站在拒馬前的示威者遞送茶水、食物以及防護裝備。

香港警方同樣有備而來。數千名警力湧入街道，跟鎮暴士兵一樣全副武裝，還配戴防彈玻璃透明盾牌護身。他們手持警棍、胡椒噴霧、催淚瓦斯和裝有橡膠子彈的步槍，準備隨時開打。大部分的人在這之前都以為應該不會出現暴力衝突才對，因為過去香港的示威遊行一向平和，警方自二〇一四年以來就沒有配備過催淚瓦斯，即使有過也只是短時間。示威者可能想得過於天真，以為香港警察總不會對自己人施暴。但是那一天一切都變了。多年來，香港始終擔憂著未來在中共統治下的命運，而引渡條例造成的對立成了引爆恐懼的導火線。衝突一發不可收拾，沒有回頭路了。

當那天下午警方朝群眾發射第一波催淚彈時，群眾雖然震驚，但心裡其實也知道這遲早會發生，因為當天警方已經先用過胡椒噴霧，卻無法有效控制現場。在數月後的一篇報紙採訪中[1]，一名高階警官表示當時的情勢已經失控，他擔心如果不採取更強硬的措施會造成員警傷亡。當時示威群眾已經多次持雨傘衝撞拒馬，有些示威者甚至還丟擲磚塊和各式物品，現場群情激憤，據報有一名閣員的座車因此受困在地下道。當催淚瓦斯的白色煙霧瀰漫街道，隨風飄散到一旁的摩天大樓和購物商場時，群眾爆發了恐慌。示威者四處逃竄，有些人被困在拒馬和警察之間，其他人則逃進辦公大樓以及太古廣場裡。年輕示威者被警察拖行和被胡椒彈直接打中的畫面在社群媒體上瘋傳，之後也被全球各地的電視新聞引用轉播。另外還有許多示威者在一旁擦拭血淋淋的傷口，尖叫聲此起彼落。一向平靜的香港街道成了一片戰場，香港和全世界都大為震驚。

當事態越來越清楚顯這次示威不是普通的抗議以後，我立刻從上海飛往香港採訪。對於曾被我視為第二家鄉的地方變成現在這樣，實在讓人一時之間很難接受。過去在這個高樓大廈密布的商業大都會中很少見到政治紛擾，這裡的犯罪率很低，人們不是埋頭工作就是消費購物。當夜幕降臨，群眾散去，彷彿打了一場勝仗。大家的目的達到了，引渡條例宣布擱置，但香港從此不再安全。當我從中環走回飯店時，一群年輕女孩在天橋上高喊：「別往那邊走，那裡不安全，警察要來了。」

當天深夜，依然提心吊膽的示威人群在空盪盪的大街上，一群一群坐著互相擁抱，身旁放著成堆的防護裝備。二十六歲的音樂系學生陳喬梵（Jovan Chan）告訴我：「這裡是香港，不是中國，現在還不是。」但是林鄭月娥依然充耳不聞。面對香港這場自一九六〇年代以來最嚴重的暴力事件，她沒有嘗試解決造成衝突的原因，反倒指責這場示威是「破壞社會安寧的暴動行為」。林鄭月娥的這番言論加上下午施放催淚瓦斯，讓香港不得不走上危險之路，揭開了為期六個月動盪不安的序幕，市民與曾經被視為亞洲最佳警力的香港警方反目成仇。對當天下午數千名為自己公民權奮鬥的示威青年而言，他們從小認識的香港已經死了。

讓人不寒而慄的控制

自一九九七年不再長住香港後，我每年都會回去一到兩次。這期間香港換了幾任始終未搏得大眾信任的行政特首，之後又經歷了二〇〇三年的SARS疫情和二〇一四年的雨傘運動，但是這座城市始終在經濟和文化上持續繁榮發展。在很多方面來說，它甚至比英國統治下、我還住在那裡時更多元和精彩。當地幾個大型投資銀行因為中國的資本狂飆而大幅獲利，一年一度的巴塞爾藝術展（Art Basel）更讓香港在全球文化地圖上增加了能見度，而其創意和娛樂產業也同樣欣欣向榮。當時中國還願意信守對英國的承諾，讓香港保有原本的政治和經濟制度到二〇四七年不變，香港因此成為區域金融中心，隨著中國經濟成長更成為世界各國搶進中國的重要門戶。

但是對中國而言，有一件始終牽掛的事情有待完成，就是要在香港《基本法》這部地方自治版的小型憲法中加入國家安全法。有了國家安全法，中國就能對任何進行反政府、分裂或叛國的行動處以重罪。二〇〇三年，香港政府嘗試實施反顛覆活動法未果，該法案因此被撤回。之後香港民眾進行抗爭，要求香港特首和立法會直選，但也未能成功。大家逐漸明白，香港在中國統治下絕計不可能實施完全民主，但至少可以維持現狀，北京似乎也無意改變香港現況。

但是在習近平上任後，中國改變了。二〇〇三年透過展現人民意志改變政府決策的前例不再可循。越來越多跡象顯示北京當局打算對香港步步進逼，以遂其意志。二〇一五年十月至十二月間，五位香港書商人間蒸發，之後被發現已被囚於中國。二〇一七年一月，中國億萬富翁蕭建華突然在香港中環四季酒店被人擄走，事後得知他被人下藥，頭上蓋著毯子以輪椅推過香港邊界進入中國。[2]這兩起事件之目無法紀被大肆報導，也成了許多香港民眾心中揮之不去的陰影，尤其對民主派政治人物和支持者而言更是印象深刻：只要中國想，它就可以隨意抓走它想抓的人。

同時大家也逐漸意識到，中共無意放任香港享受英式法律系統的自由制度，雨傘運動中的學生領袖如黃之鋒等人就因其在示威中的角色於二〇一七年被判入獄。二〇一八年初，我和黃之鋒在灣仔一間人聲鼎沸的咖啡廳中見面，當時他很擔心香港獨立的法律制度會受到侵犯。那時他才二十一歲，被關了八十天剛獲釋。

他對我說：「北京當然不會直接打電話給法官，對他們的判斷下指導棋，但香港原本的法治（rule of law）已經逐漸變成法制了（rule by law）。」黃之鋒是個非常認真的孩子，他代表的正是害怕未來喪失自由的這一代香港青年，他全心奉獻為香港公民自由而戰。數年後，他更為此付出慘痛的代價。

「我在香港回歸前一年出生。回歸前講到香港只會想到做生意、李小龍、成龍或是港式點心，但回歸後出生的這一代對香港有強烈的歸屬感。我們是香港人。」

講粵語的香港人和中國大陸人有著明顯文化上的差異，香港人受的教育不一樣。他們就和澳洲人一樣，認為言論自由是理所當然的事，所以在二〇一九年送中事件之前，他們從來不覺得自由表達有什麼問題。香港不肯向北京威權低頭的不合群對中國政府而言只有難堪和不滿，因此他們完全誤判了港民示威的心情。但是香港抗議者也誤判了林鄭月娥和其北京頂頭上司的鐵石心腸，抗議者不再只是要求撤回引渡條例，還提出了更多要求，但是習近平領導下的中國共產黨這次可沒打算要退讓。

暴政猛於虎

中國想修改引渡條例的原因來自一樁謀殺案。二〇一七年二月，十九歲的陳同佳在台灣度假期間將同行懷孕的香港女友潘曉穎勒斃後，以行李箱將她裝運出旅館房間後再棄屍，事後陳同佳獨自飛回兩人在香港的同居處。林鄭月娥以台灣向香港政府提出引渡陳同佳來台受訊為由，提出修改當時的引渡條例，因為在現行條例的限制下，犯嫌無法引渡回台灣或前往中國大陸。但是對於許多香港人而言，這是壓垮他們對中共信任的最後一根稻草。律師曾提出警告，中國素來不重人權、法律體系又全聽共產黨指令，一旦修改了引渡條例，將來只要香港人對中國稍有批評，就可能因此被送往中國接受審判。在提出修改引渡條例之後，當年春天出現了零星的低調示威遊行，但林鄭月娥還是一意孤行。

同年五月，林鄭月娥在香港舉行的中澳企業獎（Australia China Business Awards）晚宴上發表演講，結束後我和《雪梨晨鋒報》的柯絲蒂・尼達姆（Kirsty Needham）邀她接受訪問，但為她所拒：「我想就不用了。」林鄭當時與澳洲關係良好，也計劃在同年稍晚訪澳。雖然當晚在場四百多名澳洲企業高層和政治人物表面上客氣寒喧，但私下都對引渡條款修訂一事感到憂心忡忡。那週稍早有一群為數三十人的外國使節團前去拜會香港政府，目的是表達他們對修訂條例會降低香港法律體系自主性的憂慮，澳洲駐港總領事彭朗寧（Michaela Browning）也是其中一人。他們擔心此舉會危害到香港數十萬澳洲僑民的安全，同時也擔心香港作為穩定金融中心的地位會不保，因為這讓北京當局得以介入原本自由運作的商務體系中。此外，當時香港高等法院指派的十四名外籍法官中有四名是澳洲籍。

到了六月九日星期日這天，估計有一百萬香港人走上街頭，警方聲稱人數沒有主辦單位宣稱的那麼多，只有二十四萬人。在六月十二日發生暴力衝突後，我一些有小孩的香港朋友首次開始思考移民的可能性。在壽險公司擔任執行長的約翰・李（John Lee）和我相識多年，隔天他傳簡訊給我：「政府看見一百萬人走上街頭竟然是冷血鎮壓，我不敢相信警察會這樣對待十幾歲的年輕人。」日後他帶著妻子和兩個小孩移民澳洲，因為香港開始採行愛國教育，他不想讓孩子受到污染。

一週後，我飛回香港採訪六月十六星期日的第二次遊行，這次街道上的氣氛已經從憤怒轉為挑釁了。就在一週前一名示威青年跳樓自殺死亡，香港的街道和人行道上擺滿了悼念的白色花束、白絲帶以及小型的靈堂。在香港本島的中環和金鐘等地的水泥牆上貼滿了各色的便條紙，上頭寫著支持示威運動的文字。這些牆被命名為藍儂牆，是效仿布拉格當年反抗共黨暴政時的作法，藍儂牆日後成為這場運動的象徵。同時也開始出現反警方的街頭塗鴉，用英文寫著「fuck popo」（去他的警察，popo是香港稱警察的俚語）。香港變了。這裡不再是品嘗美食、購物、工作和狂歡的地方，而是準備展開革命的政治之城。當時林鄭月娥為了避免抗爭繼續擴大，同意暫緩修改引渡條例，但是並沒有承諾撤回修訂案。有沒有撤回已經無關緊要，因為香港人民的怒火不再單純指向引渡條例。他們要警方為一週前的暴力行動負責，同時要求林鄭月娥辭職下台。

那個週日下午，當我走出熱門購物區銅鑼灣的地鐵站時，映入眼簾的是是一個意想不到的畫面。街上人民怒吼的聲音劃破雲霄，幾乎每個人都穿著黑衫。然而最引人注目的是來自各族群的人們，有推著嬰兒車或揹著幼子的年輕家庭，還有拄著拐杖或坐輪椅的老人家，也有年輕的上班族和學生，這次示威群眾的組成和上一週完全不同。從銅鑼灣附近維多利亞公園出發的遊行隊伍是警方核准的合法集會，這裡沒有人戴防毒面罩或是護目鏡。我在人群中看到朋友，澳洲家庭帶著孩子來參加他們生平第一次的遊行。這次的遊行人數顯然超過上週那個百萬人的遊行，主辦單位估計參加人數約有兩百萬人，遠遠超過香港人口總數的四分之一，有那麼多的人同時在這炎熱的夏天出來抗議示威。

我在公園入口遇到了查普曼．鍾（Chapman Chung），這位二十九歲的汽車零件公司老闆在人群中特別顯眼，因為他在背上綁了一塊大的T型看板，上頭寫著：「投票、行動、改變」。他和許多示威群眾一樣，以前對政治無感，但引渡條例喚醒了他。他希望提高香港人對即將到來的香港區議會選舉的重視，過去這個香港唯一的直接選舉的投票率一向很低。他說：「我是個很懶的人，而且我本來今天要去泛舟，但想到如果我們失去選舉，那我們就什麼都沒有了。」他最不滿的地方是，即便有這麼多人走上街頭，林鄭月娥領導的香港政府依然無視他們的訴求。「她真的惹毛了很多人，而這讓我清醒了。如果有一百萬個人寧願犧牲一週唯一的休假日，不畏烈日當頭也要走上街頭，但政府卻還是拒絕人民的訴求，那根本就是刻意無視。」雖然群眾憤怒的情緒高漲，但遊行中還是偶爾會出現歡樂的氣氛。原本不認識的人在隊伍中聊起天來，沿途還不忘撿起路邊垃圾，也有人讓位給小朋友。群眾中升起一絲樂觀的感覺，好像中國遲早會聽見他們的訴求，讓香港人民決定自己的未來。

「這對親中陣營而言是一記警鐘，因為人民的怒火已起。」隔天晚上我參加在香港政府總部外的另一場示威遊行時，擁有十九萬成員的香港職工會聯盟主席吳敏兒在雨中這麼告訴我。吳敏兒對著這群年輕示威者揮手。「看看這些年輕人，他們都只有十五到二十五歲，是回歸後出生的一代。過去二十年來，香港政府一直想要對他們洗腦：『愛祖國，愛中國。』但有什麼用，結果卻是這樣。年輕人們都知道有哪裡不對勁，不是光靠錢就可以收買人的。」

人民的怒火的確已經燃起，但問題在於這股怒火會一發不可收拾嗎？而北京又會用什麼手段來撲滅它？在接下來的幾週裡，暴力衝突一度緩和，警方放下了警棍，引渡條例暫緩修訂。當時英國的《經濟學人》（*Economist*）雜誌封面報導以「香港會如何改變中國？」為標題，這場自一九八九年天安門事件以來，中國領土上最大規模的暴動會以不同的方式收場嗎？但即使在這段期間，一些敏銳的觀察家也知道事情還沒結束。要是香港爆發的事件在中國發生，中共當局是絕對不可能容忍的。無論香港人怎麼想，香港都是中國的一部分。

「他們算是贏得策略上的勝利，你可以說是林鄭月娥的以退為進戰術，或者說，某種程度上也是習近平的以退為進。」澳洲洛伊國際政策研究所的主任班・布蘭德（Ben Bland）當時曾這麼告訴我，他著有《香港世代：在中國陰影下尋找自我認同》（*Generation HK: Seeking Identity in China's Shadow*）一書。「他們先等熱度冷卻，等媒體批評和各國政府的壓力也都緩和下來。但是過了幾週、幾個月、幾年之後，我不認為香港政府和北京當局會有所退讓，他們還是會持續讓香港和中國的經濟一體化，並打壓所有政治上的反對聲音。」雖然布蘭德說的這件事一年後才發生，但他終究還是說對了。

憤怒之夏

香港的憤怒之夏仍持續著，隨著學生重返校園後也未見平息，事實上反而蓄勢待發。中國此時依然氣定神閒，似乎有意讓香港政府自行解決爭端，無視於民主派示威人士開始呼籲全球各國聲援他們的行動。中國媒體上幾乎看不見香港示威的相關報導，只有官方媒體以荒謬到可笑的標題指稱百萬人上街頭是在支持香港政府。有天我在上海的一位鄰居來找我時，我正好在用翻牆軟體收看香港的新聞節目，她看了看說：「真丟臉，美國竟然花錢請人去示威。」

在兩百萬人走上街頭後，林鄭月娥發表了「個人」的道歉聲明，但還是拒絕撤回修正草案。七月一日，香港回歸週年紀念時，示威者衝進立法會綜合大樓破壞了主要會議廳，並在大樓外示威區升起英國治理時期的黑洋紫荊旗。看在許多原本支持示威者的香港市民眼裡，這樣的挑釁行為已經過頭了，許多人也擔心這樣的作法正好給了北京採取強硬手段鎮壓的理由。大企業對此當然不滿，但暴動的發展還沒嚴重到足以影響他們，我在香港認識的許多澳洲商界高層對當下情勢則不願置喙。許多人覺得暴動會逐漸平息，但也有人開始擔心起自家孩子的安危。

示威者也越來越有創意，他們想出新的抗議方式，像是突然分散到不同的地方示威，讓警方撲空。同時示威的頻率也變成每週一次，這讓原本以效率和秩序稱道的香港走樣。即便週六夜晚的街頭瀰漫著催淚瓦斯，但基本上整座城市還是一如往常。連續追著黑衫示威者在中環採訪了八小時還被許多催淚瓦斯嗆到後，我跳上前往半山的自動手扶梯，和一群外國友人來到太平山頂參加朋友的家庭派對，他們對於山下示威遊行的反應竟似什麼都沒發生過，讓我覺得相當震驚。

示威者的心聲

我在那年夏天的幾個月裡遇見許多示威者，其中有一位特別不同。她自稱艾蜜莉（Emily），她說公開真名太危險了。此時的示威者草木皆兵，生怕被認出來，所以總是遮著臉隱藏真面目。他們擔心香港政府和中共會取得媒體和監視器畫面，然後再用臉部辨識技術一一指認出他們。我透過朋友的朋友轉介認識了艾蜜莉，起初我們以即時通訊軟體 Telegram 聯絡，示威者都使用這個可以加密訊息的通訊軟體聯繫。每次和示威者通訊後，他們都會要求我立刻刪除訊息，以免中共當局在我返回上海後沒收我的電話。

艾蜜莉看起來就是普通的三十幾歲香港上班族，說話輕聲細語、口齒清晰、身材纖細、一頭長髮挽成馬尾。她跟母親住在一間兩房的小公寓裡，在金融服務公司擔任特助。在她還沒參加週末抗議遊行之前，她通常會去打籃球、上教堂和在老人安養中心擔任志工。

但遊行一夕之間改變了她的生活，她搖身一變成為遊擊隊女戰士。在遊行期間，每逢週六晚上她會從頭到腳一身黑，然後在背包裡裝進防毒面罩、護目鏡、大毛巾、水瓶以及不鏽鋼碗。起初她在遊行組織中被分配到的工作只是幫忙設置路障，但我認識她時，她正在負責更危險的工作。現在的她負責破壞和阻止催淚瓦斯，這已經是街上常見的畫面：當警方的催淚瓦斯罐一落地，就會有一名示威者衝上前去朝那冒白煙的瓦斯罐潑水，再用一個鍋碗容器蓋住。艾蜜莉跟所有示威者一樣，都稱和警方對峙的地點是「戰線」或是「前線」。真的很難想像這竟然會是香港，她們的工作都要冒著被逮捕的風險。

「我只要上街頭就會抱著可能被捕的決心，但就是這樣才讓我更有勇氣繼續做下去，去做更多的事。要是我怕被逮捕、怕被攻擊，根本就上不了前線。」

她跟大部分走上街頭的人一樣，在二〇一四年雨傘運動後才開始知道什麼是反抗的意志。她說，看到警方在立法會大門前毆打示威群眾真的讓她大驚失色。「我嚇壞了，我跑回到現場，但沒人上前幫忙。我真的好難過，眼睜睜看著孩子們在我眼前被警察毆打。從此我的想法就不一樣了。」

她也為參加二〇一九年示威的青少年們感到憂心，因為他們都是看到 Telegram 和 LIHKG（連登網）等匿名論壇的貼文而自發上街頭。「他們跟我說：『艾蜜莉姐姐，我的袋子裡有我的遺書。要是我發生不幸，請幫我交給爸媽。』我不想看到這種事發生，我只能在他們面前故作堅強。」她一邊跟我說，一邊掉下眼淚。

儘管如此，她認為大家也只有這條路可以走。「再過兩、三年，打壓一定會越來越明顯。我們不是不怕，但我們一定要勇敢站出來。如果不站出來，就會有很多人受到傷害。」

數個月後，我又在中環一家商場遇到她，她還在地下室一間又小又昏暗的星巴克咖啡見面，還是最角落的座位，因為這裡生意一向冷清，所以比較隱密。她看起來很疲累，這麼多個月來的示威運動似乎無濟於事。即便如此她還是不肯認輸，她問我能不能幫忙報導她們發起的募款活動，因為她們需要經費購買防毒面罩。二〇二〇年時，我試著再次和她聯絡，但是找不到她。她在 Telegram 上的帳號已經被刪除了，不知道是因為她認為跟記者聯絡太危險，或者更糟的是因為被逮捕了。

十四、圍城

二〇一九年十月，香港

二〇一九年十月一日，中國為了慶祝建國七十週年紀念，在北京進行了一場蘇聯式的大型閱兵儀式。習近平主持了這場為時三小時的壯觀典禮，他坐在主席台上看著坦克車、無人機、核子飛彈和一萬五千人的部隊穿過首都的街道而來，一一經過他的面前。這場展現中國實力的遊行是北京面對華府持續針對網路安全、盜竊智慧財產權和侵犯人權步步施壓的回應，習近平在典禮上高呼「沒有任何勢力」可以阻擋中國的發展。雖然中國十四億人口中有許多人在觀看這場閱兵儀式時為祖國的崛起喝采，但世界其他地方人們的眼光卻集中在南邊的香港街道上。

隨著夏日過去，香港市容蒙上了一層陰鬱的黑霧。從六月以來每週持續的示威活動始終沒有斷過，這座昔日的購物和旅遊天堂成了戰場，香港市民也逐漸習慣催淚瓦斯的氣味從樓梯間或窗戶飄進家裡。現在出門搭火車、去商場購物或是到機場的路上都難保不會遇到示威，一般香港市民平常也不敢隨便穿黑衣上街，怕被警察誤認為示威者而遭到逮捕。中國遊客不再來香港，深怕自己會遭到攻擊，許多原本在香港求學或是上班的中國人也選擇離開。飯店、餐廳和零售業生意冷清。眼看示威者和香港政府之間的對峙沒有盡頭，廣大的香港群眾也開始對被波及的日常感到不快，街道老是過不去，交通路線中斷。家長不再讓孩子單獨走路或搭公車去上學，因為怕他們會遇上街頭暴力。

原本兩百萬人上街頭時的樂觀已經變成垂頭喪氣。林鄭月娥帶領的香港政府沒有要同意示威群眾五項訴求的跡象，而示威群眾的「五項訴求，缺一不可」口號，也清楚表明沒有讓步的空間。這五項訴求分別是：

1. 全面撤回《逃犯條例》修訂草案。
2. 成立獨立調查委員會，徹底追究警隊濫權情況
3. 撤回「暴動」定性
4. 撤銷所有反送中示威者控罪
5. 立即實行「真雙普選」

示威群眾已經不再稀罕林鄭月娥辭職了。大家都認為她在不在那個位置上根本不重要，她

不過是聽從北京當局發號施令的地方官員，不具有實質的權力。

香港家庭對於示威運動的態度也開始出現分歧，老一輩的香港人覺得讓香港重獲安定比較重要，這造成了親子關係的疏離，因為年輕一輩覺得爭取自由更重要。輿論也開始轉為反對示威運動，許多香港人不分老少都認為情勢已經過頭，不管是警方或是示威者都一再出現讓人震驚的行為。街道上不只瀰漫著催淚瓦斯的臭味，還洋溢著仇恨和報復的心理。

不可思議的是，示威開始的前幾個月沒有人因此喪命。這個當時被視為全球頭條的事件每晚都吸引各家電視台記者前去轉播，民眾家中的電視畫面上總不乏傷者血流滿面的影像。群眾朝警方丟擲自製汽油彈、磚塊和其他物品，警方則在鎮暴設施外又加了強力高壓水柱。但奇蹟似的，當人群眾恐慌地在天橋、人行道及陡峭的地鐵站階梯上逃竄時，沒有人被踩踏受傷。

但是這裡充滿了暴力，死傷終究難免。

在這長達六個月的示威期間，最讓人打從心底發毛的事情就是七月底一群無辜乘客在香港火車站遭到攻擊。一群身穿白色上衣的蒙面暴徒被人拍到衝進火車車廂，拿著金屬棍棒對著乘客一陣猛打。他們的攻擊對象不分示威者或是一般百姓，被攻擊的人只能拿起手上的雨傘和包包來自保，事後香港新界元朗車站的地面上沾滿了鮮血。人們普遍認為發動攻擊的人是受雇來恫嚇示威群眾的黑道三合會，離奇的是，警方竟然未能及時趕到現場，警方慢半拍的反應引發了大眾對香港警方和林鄭月娥政府的不信任。一年後，香港警方甚至試圖竄改事實，聲稱元朗襲擊事件是兩個不同組織之間的「衝突」，無視於事發當時現場的畫面已經傳遍社群媒體，誰都可以看出事實並非如此。

這起事件再加上數十位示威青年遭到逮捕，他們因暴動罪面臨十年刑期，讓民眾對香港政府的最後一絲尊重也隨之瓦解。年紀夠大的香港市民深怕香港正在倒退回一九七四年以前的黑暗歲月，當時香港為了肅貪倡廉成立了廉政公署以打擊當時嚴重的貪污舞弊情形。

「我們這是回到廉政公署成立以前的時期，回到那個黑道和警察為所欲為的年代。」泰瑞莎（Theresa）義憤填膺地說，我們相識於旺角勞工階級社區的週末遊行。這位五十八歲的女性不滿香港政府這樣對待示威青年，但黑道肆虐時卻對無辜受襲的群眾坐視不管。我們在示威隊伍中並肩而行，她手持一張藝術家畫作的海報，畫中的小朋友被媒體捕捉到和父母在麥當勞用餐時被催淚瓦斯嗆到。

「香港沒有正義了，連法院都倒向政府那一邊。這就是共產黨的一貫作法。他們會一點一點加強他們的管控，讓人民察覺不到。我來這裡是要支持我的孩子和年輕人。」

「政府想要愚弄香港人，但社會可不同以往了。我年輕的時候沒有網路，資訊非常有限；現在大家都有智慧型手機，可以得到所有的資訊。」

沒錯。香港人民天天都淹沒在示威的消息中，但這些消息卻不全然正確。透過智慧型手機和數位科技，這場二〇一九年的示威運動成為歷史上被記錄得最完整的群眾起義。推特之類的社群網路平台上充斥著衝突現場的即時畫面，大部分都是真的，許多本事很強的年輕記者能夠用很快的速度把拍到的畫面上傳到社群媒體，還能一邊閃避催淚瓦斯。但是問題在於，不管是示威方或是警方都只選擇上傳對自己有利的畫面。十月在彌敦道的一場造勢活動中，我在場面開始變得火爆時，目睹示威者因為懷疑一名路人在他們破壞交通號誌燈時在旁邊拍攝影片，所以將他的手機搶走，並將他壓制在地上，好讓他們檢查他手機裡的畫面。在確定這名路人沒有拍到關鍵畫面、不會害他們入罪後才放他走，事後這名路人和女友驚恐地立刻跑離現場。而這整個過程中我都拿著手機在附近徘徊，其中一名穿著全身黑的示威者還特別告誡我不准拍攝。這是我在採訪香港示威這幾個月以來，第一次因為示威者而非警方感到人身安全受到威脅。

到了同年八月十二日，示威者占領了香港機場，輿論對示威活動的看法丕變。本來這是一個明智的策略轉變，因為香港除了街道外很少有大型公共空間可供靜坐示威。加上交通便利，搭大眾運輸就可以到機場，而且警方顧忌傷及遊客也不好在入境大廳施放催淚瓦斯。一旦機場難以運作，那作為商業城市的香港就癱瘓了。大批黑衫軍擠滿機場偌大的入境大廳，也占據了新聞媒體版面，因為航班一亂，原本對示威議題不感興趣的商務客和其他人都被迫要關注示威議題。起初機場靜坐的示威都很平和，示威者在大廳發送傳單給入境旅客，也為延誤行程向那些長途跋涉抵港、推著行李出機場的旅客致歉。但數天後，靜坐卻走樣了。

一段示威者綑綁兩名中國籍遊客並搜查他們行李的影片在社群媒體上流傳，外界開始對於示威運動出現負面觀感。影片中的一人被懷疑是便衣刑警，雙手被人用束線帶綁住，這人後來昏了過去，但是示威者在救護人員到場後不讓他送醫。在另一起事件中，一名後來被指認出是中國官媒環球時報的記者，示威者發現他的袋子裡有一件印有「我愛香港警察」的字樣。這名記者的遭遇在中國媒體被大肆報導，正中中共的下懷，因為他們正愁沒機會把示威者描繪成流氓惡棍。一名年輕女性的眼睛也在機場被物品丟中，當時一名警察正拔槍對著一群示威者，因為他們搶走他的警棍來攻擊他。[1]示威者第二天對此公開道歉，但大眾覺得示威已經失控了。

九月四日時，林鄭月娥宣布正式撤回引渡條例修訂草案，但為時已晚。示威運動的策略不斷更動以躲避警方追捕，數千名示威群眾會突然湧進購物商場唱起歌來，基督教讚美詩風格的〈願榮光歸香港〉（Glory to Hong Kong）以及音樂劇《悲慘世界》（*Les Misérables*）中的〈你可聽見人民的歌聲〉（Do You Hear the People Sing）成了示威運動中的代表歌曲。有天夜裡，數千民眾聚集排成人龍繞行整個香港市以表達他們對示威運動的支持，而城裡某些地方的人們每到了晚上十點就會從住宅區的公寓互相高喊抗議口號。

但示威者越來越看不到未來，也訴諸越來越多的暴力手段。我還記得十月的一個晚上，我走在彌敦道上嚇壞了，原是觀光客來九龍時很喜歡的購物街現在只剩被毀壞的痕跡。港鐵車站入口失火，商店和自動提款機被破壞，街道上四散著磚塊、碎玻璃和金屬圓桿。當天稍早，警方朝著人群發射混著藍色顏料的高速水砲，水柱噴濺在香港最獨特的建築清真寺的台階上。我親眼看到警方往圍觀群眾發射好幾輪的催淚瓦斯，其中許多人帶著年幼的孩子，他們尖叫著逃進小巷，他們並不像我戴著防毒面罩能夠保護自己。我看見第一線醫療志工正在朝一名年長婦女的眼睛倒水以緩解她的不適時，她因為受不了瓦斯毒氣而嘔吐。四處都是咳嗽聲，大家都掩著口鼻。一些示威者似乎正在大肆破壞，有個女孩突然從我身後衝向前，用手中的槌子把人行道的號誌燈砸個稀巴爛。「他們別無選擇。警方充耳不聞，政府置之不理，這讓群眾很憤怒。他們也不想到處破壞，但警方始終沒有任何回應。」和我一起站在人群中看著周遭的破壞行徑，大學畢業的凱騰（Catan）這樣告訴我。

眼見香港陷入失序狀態，習近平的耐心似乎也到了盡頭。因為中國完美地過濾了有關香港的訊息，中國大眾始終認為香港示威遊行是暴徒作亂，甚至是受到「外國勢力」尤其是美國控制的恐怖份子所為。我前往中國採訪當地人對於動亂的看法，在深圳旅行社販售香港套裝旅遊行程的三十多歲粱先生告訴我：「我不懂他們到底在抗議什麼，真的好嚇人。現在去香港很危險，我只希望示威趕快結束，這樣我才能好好做生意。」香港訴求民主的呼聲不太可能越過邊境進入中國，因為管控太過周嚴了。但是習近平之前就說過，香港回歸中國後有一條絕對不能踩到的「紅線」。現在示威者開始針對中國企業和機構下手，還焚燒五星旗，這在中國共產黨眼裡就像是褻瀆神明的行為，因此許多人都認為香港已經踩到中共底線。對習近平政府而言，這樣的暴亂已經等同於危及國家安全的恐怖主義，他還能容忍在中國土地上出現這種混亂多久？謠言開始流傳中國準備要派人民解放軍入港，但這個說法始終沒有成真。十一月間，原本派駐在香港的人民解放軍確實有步出駐紮的要塞，但只是要清理示威者用來作路障的廢棄物。這個行為就是一種挑釁和對外表示警告的表演。

「沒有人希望看到人民解放軍介入示威活動，北京當局也不想。」陳智思（Bernard Chan）在他可以俯瞰維多利亞港的辦公室接受我採訪時這麼告訴我，他是知名的商人，同時也是林鄭月娥的高階顧問。[2]

「大家都在尋求解決之道。今後的香港不會再和昔日一樣了，我們必須找到一種和人民對話的方法。毫無疑問，這是我一輩子從沒見過的災難。」

高層一直屬意陳智思作為林鄭月娥的接班人，他算是香港政府高層官員中的溫和派，也是比較不那麼堅持自己立場的一位。他了解示威對商業行為造成的損害，香港當年度十月的經濟正式進入衰退，但是他對於政府的舉措依然表達堅定的支持。

「這會對香港造成長遠的傷害嗎？不會的，因為香港永遠是香港：一國兩制。對中國以及全世界想和中國作生意的國家而言，香港具有重要的戰略意義。」

他同時也認為民生社會問題才是造成這場大規模暴動的主要因素，也就是高漲的房地產價格和一屋難求，他表示林鄭月娥會在十月舉行的年度政策發表會上提出香港房價高升、人民無房可住的問題解決方案。

之後林鄭月娥的確舉行了政策發表會，但是卻沒有提出任何解決之道。她更遭到民主派議員連番砲轟，因此被迫退出立法會場，轉而在電視上發布政策。越演越烈的示威運動、美國威脅要取消香港的特殊貿易優惠，以及擔心北京當局會直接介入香港局勢，在在讓林鄭的發表會蒙上陰影。林鄭月娥在演講中堅定表示她支持警方和港府的處理方式。示威過程中，香港政府唯一一次與示威運動方調解的嘗試卻功敗垂成，因為示威者並沒有推派明確的領導人。九月二十五日這天，港府接見了五十位示威者代表，這五十人是從灣仔體育館的兩萬零兩百名應徵者中隨機選出。這次的談判會議充滿敵意，也沒有達成任何共識。十月初，林鄭又引用《緊急法》訂立《禁蒙面法》，因為口罩成為示威者掩蓋個人身分的工具，但是此項舉措被香港高院裁定違憲。儘管林鄭領導的政府將局勢處理得一團糟，中國始終支持著她。表面上看來，北京當局在這一整年大致上是置身事外，一切交由港府自行處置。到了十一月，即便示威運動已經到了頂峰，習近平與林鄭兩人還在上海的活動見了面，甚至微笑合影。

林鄭看似堅強的背後偶爾會不經意流露出脆弱的一面。她多次在媒體記者會上提到香港「受傷慘重」時，眼中似乎噙著淚。一段路透社流出的錄音能明顯看出她在這起事件中承受的壓力，內容是她與一群商人閉門會談時的對話。路透社在報導中引用她的話：「要是我可以選擇，我會深切道歉，並且立刻辭職。」對話中她也坦承，她作為港府行政長官必須對北京當局交待，能做的有限。「不幸的是，作為特首依憲法要對兩個主人負責，也就中央政府和香港人民，在兩者之間能夠斡旋的政治空間非常、非常、非常有限。」[3]

香港的親中派商業界確實支持著林鄭，因為他們想在中國做生意。唯一的例外是香港首富李嘉誠，他曾經出面為示威者向政府請願。

香港數百家澳洲企業包括銀行和澳洲電信（Tesltra）私底下其實都很擔心，也很心急。許多住在香港的澳洲人都是律師和銀行家，他們的工作涉及了跨國併購業務。澳洲政府得到的消息指出，這些駐港人士進行的交易案若有問題，根據引渡條例，他們就是首當其衝的受害者。大家最擔心的是香港的英國法律制度會被廢除，到時候這些在香港工作的專業人士就會被迫照著中國的規定走。北京政府也擺明了，為達政治目的會不擇手段對這些人施壓，譬如國泰航空公司總裁何杲（Rupert Hogg）因被迫裁撤支持示威的機師和地勤人員而提出辭呈。雖然暫時還沒有人撤出香港，但他們也已經擱置未來在港的任何投資計畫。對投資人而言，現在新加坡有魅力。多數人的忍耐也已經到了極限，希望事情快點作個了結。

然而，這場持續升溫二十四週的動亂在十一月大爆發。

香港最黑暗的時刻

過去六個月一直持續升高的恐懼和仇恨最後終於在二〇一九年十一月十一日到達頂點。二十二歲學生周梓樂從停車場三樓跌落昏迷，隨後宣告不治，在這之後的示威衝突節節高升。雖然此之前就有傳言示威者被殺害，但周梓樂的喪生是第一樁獲得證實的示威者身亡事件。

在經歷週末的動盪之後，香港在週一早上更是陷入了混亂，示威者宣布發起全面罷工。他們喊著「burn with us」（都別想好過）的口號，首要目標是要癱瘓晨間通勤交通。道路、鐵路幹線還有隧道全面停擺，一些主幹道上散落著從行人道上拆下來的磚頭、路障和鋼筋。正當警方集中警力去清空其中一條道路時，發生了讓人意想不到的衝突。一名警員近距離朝一名示威者的腹部開槍，整個過程都被人拍下上傳到社群媒體。同一天還有其他讓人震驚的畫面，一段影片中的男性在與示威者爭吵後被淋上汽油，另一支影片則是一名員警騎著機車衝撞示威群眾。有一名長者在示威過程中被磚塊擲中，隔夜宣告不治。

香港的學校全部停課，公共交通設施也都停擺。從六月以來，有超過五千人被捕，數百人受傷。事態已經失控了。全世界都在關注香港，擔心天安門大屠殺會在這裡重演。澳洲外交部長瑪麗斯・佩恩在首府坎培拉呼籲：「警方和示威者雙方都應該自我約束，並且採取具體的作法以降低衝突緊張。」示威者此時自覺已經被逼上絕路，大不了就是賠上自己一條命而已。

最後一役

在反送中運動的最後幾週，戰場移到了香港幾座大學的校園中。這是示威者避開警察的新策略，這裡也能製造城市更大的騷亂讓外界關注他們的訴求。他們首先鎖定位於新界的香港中文大學，示威者堵住了校園所有進出口，將自己關在裡面。他們找來所有可以用得上的東西，包括課桌椅、磚塊來阻擋附近的道路、橋樑還有鐵路。他們在校園四處縱火，學生綁著黑色頭巾在綠意盎然的校園裡走著。當夜色降臨，場景彷彿回到中世紀，學生手持弓箭，並將箭頭綁上汽油火種。他們還裝設了發射器，用來朝警方投擲汽油彈和垃圾。香港教會事工伽利略・陳（*Galileo Cheng*）在推特上寫道：「真正的《饑餓遊戲》（*Hunger Game*）場景在香港中文大學上演了。」但這只是序曲而已。

這已經不再是我認識的那個香港了。當我週六夜晚走在香港街道時，都在留意是否有磚塊和催淚瓦斯襲來。每當和住那邊的朋友與威廉的親戚聚會時，聊天的氣氛總是很緊張。他們為香港的未來感到憂心，也對香港政府越來越起疑。因為我實在太常來香港採訪，所以乾脆寄放了一個放有所有採訪用品的背包在朋友家裡，裡面有防毒面罩、護目鏡、安全帽、螢光背心、迷你急救包、保鮮膜（防止被催淚瓦斯或胡椒噴霧沾到皮膚）、備用的行動電源和記者證。所有東西我都用簽字筆寫上「新聞媒體」等字，好讓自己看起來和示威者有所區別。但到了年底時，警方已經不管你是不是媒體了，一名印尼籍的記者在十月被橡膠子彈擊中眼部後失明。每次從香港採訪完回中國時，我都會刪除手機裡所有有出現示威者面孔的照片，以及所有我和示威活動者交換而以來的訊息。

同年九月，我暫停採訪示威活動，回到上海寓所慶祝自己五十歲生日。許多香港朋友也打算來幫我慶生，卻首次為要踏進中國而擔心。後來有些人還特意帶了拋棄式手機，因為他們怕被當局發現平常用的手機裡有相關照片和訊息而被定罪，即便他們根本就沒有參加示威活動。其他朋友更是完全放棄來幫我慶生。一名澳洲朋友就傳訊息告訴我：「我六月的時候有參加街頭遊行，政府可能已經知道我的長相了。」我回她：「親愛的，妳沒那麼重要啦。」後來她終於鼓起勇氣過來，也真的沒發生什麼事。但上海那年肅殺之氣甚濃，當局管得很緊，所以我們慶生時也小心翼翼不敢過於聲張，唯恐觸怒鄰居向警方檢舉。生日那晚一到十點，我們就把家裡的慶生派對告一段落，帶大家到附近的酒吧續攤。但是大搖大擺在上海租借帶著六十個人，全都穿著七〇年代迪斯可懷舊裝扮，那也是頗引人側目的。

香港的緊張局勢仍在升溫，這裡幾乎成了許多原本駐華外籍通訊記者的第二個家。我也開始懷疑中國政府遲早會不再讓我們這些外籍記者飛到香港採訪新聞，畢竟那些新聞不利於中國。有次我要搭機離開上海時，機場移民局官員檢查我護照的時間異常漫長。「你是記者？」她面無表情地問。被她這一問，我緊張地想這下慘了，終於輪到我了，她肯定不會讓我搭機。沒想到她只是跟我說：「好酷喔。」隨後就幫我蓋了登機許可。

雖然報導反送中遊行幾個月下來逐漸習慣了一些震撼的場面，但是十一月十七日警方在九龍的香港理工大學進行最後一次包圍行動時的畫面卻讓我毫無心理準備。香港習慣稱這所學校是「理大」，這是支持反政府運動群眾最後的據點。數千名學生和示威者已經被圍在這裡頭好幾天，他們之前把連接港九要道的紅磡海底隧道擋了起來，我在週日早上到現場時，警方正朝學生進攻。催淚瓦斯的煙霧在空中飄散，街道上全是磚頭，還有小型火堆四散燃燒。示威者聚集在校園南側，用鮮豔的雨傘陣保護自己，等著警方進行下一波攻擊。衝突現場意外地安靜，但氣氛卻非常緊張。我才一靠近，一塊磚就「咻」地一聲從我耳邊飛過，離我的頭不到幾公分。一群示威者正在追一名身穿白衣的男人，他們可能懷疑他是便衣警察，而我剛好就站在兩者中間。我嚇了一跳，趕緊往旁邊階梯一閃，爬到高處尋找掩護。那天警方的攻擊始終沒有中斷，持續到深夜。除了原有的催淚瓦斯和橡膠子彈外，警方還配備了水砲車發射藍色水柱。原本連接校園和火車站的天橋現在成了堡壘，上頭坐著站崗學生監視著下方的情勢，走道上蓋滿成列的雨傘和坐椅。等到夜色低垂後，景象更是詭異。為了抵擋警方進逼，示威者把拋擲器、弓箭都用上了，一時之間火光四處。學生在校園內囤積了食物、藥物等補給品，更有數量驚人的易燃物。凌晨時，警方最後一次試圖攻入他們鎮守的大樓，但示威者在路障上放火，成功地阻擋了警方的行動。夜色中，許多淚流滿面的父母在校園外尋找自己的孩子。

二十三歲的大學畢業生馬里歐（Mario）後來跟我分享在裡面所受的苦難。那晚他實在又累又害怕，因為水和食物都不夠了，警方還威脅要用真槍實彈。很多示威者也都受傷掛彩，還有謠言指便衣刑警混進校園來。馬里歐想要突破警方的路障出去，但是每次都被催淚瓦斯嗆到撤回原地。到了星期天晚上九點時，他已經絕望到不再嘗試突圍，一同示威的朋友聽說外頭高速公路沒有駐守警力，可以從學校天橋通到那裡，所以大家就朝著那邊逃。但是天橋比高速公路高了好幾公尺，大家只好用繩子垂墜下去，下頭已經有人安排好摩托車來接示威者逃跑。過程非常驚險，但校內已經很多人被警方逮捕了，「所以沒時間猶豫，我拔腿就往天橋逃。」他這麼告訴我。

隔天一早我想再回理大時，已經有好幾批警察全副武裝形成鎮暴部隊，人人手持透明防暴盾牌在現場待命，閒雜人等連理大附近的街道都無法靠近。而理大方圓數公里內的九龍街道上則呈現劫後餘生般的景象，到處是斷垣殘壁、砸爛的交通號誌和路擋。商店門窗也都被砸毀，提款機也沒能倖免，當地的居民哭著環視著周圍的慘況。街道上還有數千名示威者仍在干擾交通，試圖轉移警方的注意力，好讓校園內被包圍的學生能夠脫困。那天午餐時間，中環鎮暴警察在金融區四處搜索，凡是行蹤可疑的人就加以逮捕，一些上班族則對著警方大罵。香港已經沒有希望了，只剩下絕望。

示威運動已是強弩之末，卻還一息尚存，只是規模變小很多，在這之後仍持續了好幾個月。過程中又有數千人遭到逮捕，林鄭月娥事後特赦困在大學中十八歲以下的示威者，這些人後來在學校老師的陪同下得以脫困。有些示威者從水溝逃生，但在整個理大圍城過程中有一千多人被捕。有一群頑強的示威者更在校園內硬撐，直到一週後人數越來越少才被警方攻入。警方事後聲稱在清理現場時發現四千多枚汽油彈。

在理大圍城後的那個週末，民主派議員在香港立法會選舉中贏得壓倒性勝利。這顯示雖然有部分市民認為反送中示威過頭了，但大部分香港市民還是無法站在政府那邊。某天晚上的回家路上，我在搭半山手扶梯時巧遇立法會選舉中民主派的候選人。「四年前我競選的主張是給香港人民直選和民主，那是很高遠、很難達成的目標。這次我的要求很低，只希望香港警察別殺害香港市民。」他一邊說，一邊掉下眼淚。

最終中國沒有派出人民解放軍，也沒有這個必要。北京當局的確在過程中動了很多腦筋，想了很多辦法要讓香港這個問題兒童聽話。爾後新冠疫情肆虐全球，讓世界各國自顧不暇，這給了習近平大好機會找方法逼香港就範。

第四部

新中國

二〇二〇年

十五、海峽對岸

二〇二〇年一月，台北

二〇二〇年以一場選舉揭開了序幕。

雖然早在一月初就有關於武漢爆發肺炎的零星報導，但多數人都沒當一回事。新型冠狀病毒COVID—19當時還沒被命名，在此之前也沒人聽聞冠狀病毒。當時全球媒體的頭條都停留在澳洲野火肆虐的新聞，但在此同時其實有一則重要的新聞事件在與中國只相隔一百十公里寬海峽的小島上發生。

帶著書卷氣的法律系教授蔡英文在四年前改寫了歷史，原因有二。首先，她是台灣史上第一位女性總統，也是這個島國短暫民主歷史上第二位非國民黨籍的總統，國民黨是中國內戰結束後，靠著撤退來台的蔣介石軍隊占領台灣的民族主義政黨，立場較為親中。蔡英文的立場頗具爭議，她一方面小心翼翼不踩中國底線、不宣告台獨，因為這會激怒北京以武力犯台；另一方面，她卻又無視中共的威逼利誘，是世上少數敢於和習近平唱反調的領導人。

她領導的左傾民主進步黨支持台灣主權獨立的政治理念，完全不同於中國認為台灣是脫離中國、日後終將與祖國統一的省份。蔡英文首次贏得總統大選時被中國官媒稱為「感情用事」，還以她未婚的身分攻擊她。二〇一六年底川普贏得美國總統大選後，蔡英文致電川普道賀，此事也引起中國不快，[1]因為川普真的接聽了電話，這讓他成為自從一九七九年以來首位和台灣總統說上話的美國總統。蔡英文一方面支持台灣維持自治，一方面又努力和中國這強大鄰居保持友好，要拿捏兩者的平衡並不容易，在習近平任內更是險象環生。

二〇二〇年初的冬末時分，蔡英文準備競選總統連任。幾個月前她的民調遠遠落後對手國民黨候選人，當時台灣的經濟表現不佳，因為許多人的經濟生計都仰賴中國，許多選民都希望台灣能和中國維持更好的關係。但隨著香港反送中運動大型示威出現，這個態勢出現了反轉。習近平一開始就說過，他相信台灣可以跟香港一樣在「一國兩制」下運作，這把台灣選民嚇壞了。一國兩制在香港已經不管用，因此他們希望蔡英文連任。

聖誕節假期過後，我在一個涼爽的星期三下午飛到台北。這天離選舉日還有三天，整個台北市都陷入選舉狂熱，民進黨和國民黨候選人的大型海報高掛在街道兩旁，遮去大樓大半立面。公園和公共場所也都飄揚著各色旗幟，還有攤位賣著選舉如候選人玩偶的的周邊商品，雙方的支持者在卡車或小巴上繞行街道，揮舞著旗幟、鳴按汽笛。

看到民主在亞洲真正運作的樣子真的讓人精神為之一振，這和中國正好形成了強烈對比，在中國只要揮舞有政治意味的旗幟或是大聲宣讀口號就有入獄的風險。就算不是在選舉期間來到台北，還是會覺得像進入中國的平行宇宙一樣。這邊的人一樣說普通話，也都是漢人，城市風貌同樣中西夾雜，西方現代性與傳統中國的影響並存。除此之外就再無相似之處。台灣人民對陌生人很開放，也比較沒有戒心，在亞洲大概沒有比台灣更友善的國家了。這裡享受著自由言論，人人都可以針對政治議題盡情討論，媒體也是開放公開的。比起中國，這裡受到較多日本和美國的影響，同時也保存了更豐富的傳統文化，這些在中國都已經被文革摧毀殆盡。台灣因為得以逃過毛澤東文化大革命的破壞，至今依然能夠慶祝傳統討海人一年一度的媽祖繞境活動，同時也能夠在孔子壽誕時舉辦盛大隆重的祭孔大典。台北的故宮國家博物館中更是收藏了七十萬件中國歷朝的文物和藝術精品，全是當初國民黨由中國運到台灣來的。

僅有兩百五十萬人口的台北市和上海相比可以說是小巫見大巫，因為高度工業化，所以台北也不算是有傲人風景的城市，但是在植滿蓊鬱茶樹的丘陵環繞下，台北有一種悠閒的迷人之處。這裡不是澳洲人的度假勝地首選，他們台北印象最深刻的反倒是政治人物在議場裡全武行、互丟東西的畫面，但舉凡我所認識來過台北吃美食、騎腳踏車和參觀其廣闊國家公園的澳洲人都對台北讚不絕口，這裡熱鬧非凡的夜市、廟宇以及小吃就是台北道地的觀光名勝。前一年我和幾個朋友到台北度過聖誕假期，晚上探訪了當地的日式威士忌酒吧。坐在我們旁邊的年輕酒客愉快地談論政治話題，這讓在中國住了一陣子的我覺得很震驚，因為在中國這種事只能私下和很親密的朋友才能聊。他們討論到北韓的核武威脅時，一名台灣青年笑道：「我才不在乎金正恩的核武呢，我只擔心中國。」

血腥的過往

自從一九四九年與共產中國分家以後，台灣就走上和中國大陸不同的道路。他們躲過了文化大革命，再加上前殖民帝國日本的強烈文化影響，台灣在二十世紀後半葉快速工業化。興盛的電子產業讓台灣得以在一九八〇年代與新加坡、南韓和香港並列為「亞洲四小龍」。工資高漲，勞工也得以有工會保障，企業更得以往海外發展。台灣的經濟蓬勃發展早中國數十年，為其民主改革打好了基礎，更讓台灣在一九九六年誕生首位直選總統。

在經歷過數百年的苦難後，台灣走上了讓人意想不到的自由民主道路。在這之前，這個位於中國東岸、面積三萬六千平方公里的小島曾經先後被西班牙、荷蘭、日本占領，十七世紀時更有一名海盜在這裡自立為王。台灣綠意盎然又多山，除了稻米和蔗糖以外，更在國防和經貿上位處東南亞和太平洋的重要戰略地位。

日本在一九四五年二戰戰敗後，連帶著也結束了在台灣的殖民時代。蔣介石這位戰時軍事將領成為孫中山創立的國民黨領導人，他在一九四九年因為國共內戰失利而率領國民黨撤退到台灣。國民黨從中國撤退的規模非常之大，共有兩百萬國民黨士官兵、政府官員、外加平民飄洋過海而來。之後國民黨在台灣施行戒嚴，開始了白色恐怖的血腥統治時期。一九四七年二月二十八日發生了反政府暴動，有約兩萬名台灣人死於國民黨士兵之手，這起事件日後被稱為「二二八事件」。

「他們原本富足的社會被一群中國人入侵，這些人粗魯、無知又貪婪，是國民黨士兵中的底層。新任台灣總督在高層命令下毫不遲疑地榨取台灣的民脂民膏，心狠手辣。」前美國外交官葛超智（George Kerr）在他的著作《被出賣的台灣》（*Formosa Betrayed*）一書中，以事件目擊者的身分描述了國民黨的血腥屠殺，並指責美國當時對慘案置之不理。

現在的台灣已經走出那段血腥的過去了。雖然台灣的經濟在過去十年間出現停滯，但還是相當繁榮，對西方人也相當和善，只是經濟上過份依賴中國。在中國時，我認識數十位在上海工作超過十年的台灣人，有些人在這裡當老師，有些是白領上班族，有些則是在做生意。他們私底下都告訴我，住中國越久，越加深他們對於共產黨統治的恐懼，也越支持台灣獨立。有些人則認命地覺得中國實在太大、太強了，台灣絕對抵抗不了，所以和北京合作總比反對它好。

蔡英文逆轉形勢

當時台灣人對國民黨的高支持度正是出自這個原因，我在二〇一九年五月初次造訪台灣時感受到的正是這樣的想法。當時蔡英文的支持度逐漸下滑，二〇一六年民進黨勝選時的歡欣鼓舞氛圍已經退去。薪資不見調漲，許多年輕人開始覺得，能和北京當局合作進而改善生活水平的台灣領導人比較重要。「或許台灣二、三十年前還有辦法抗拒中國，但現在我們這個鄰居越來越強大，要抵抗他已經是不可能的事情了。」四十歲的優步計程車司機克里斯・曹（Chris Cao）載我時這麼跟我說，搭車時剛好遇到小型地震，他的車也跟著搖搖晃晃，這種等級的地震在台北算是家常便飯。曹先生以前曾在墨爾本學英文，到現在都還很懷念座落在來貢街上的那些披薩店。「我內心深處非常希望台灣獨立，但這是不可能的。」

地震後不久，我前去拜見當時台灣的外交部政務次長徐斯儉。相比中國，安排跟台灣政府閣員的採訪簡單到簡直荒謬的程度。中國官員很少接見外國媒體，就算接見了，他們對於記者的態度也總是疑神疑鬼，提問都要事先經過審核，回答問題也要按照上級批示過的字條來念。徐斯儉原本是學者，畢業自紐約的哥倫比亞大學，我一進外交部，他的隨從就像招待老朋友一樣，一路陪我走到他的辦公室。這象徵了蔡英文上任後對美國和其他各國建立關係的重視程度，有中國在一旁虎視眈眈，台灣需要盡可能多一點的盟友。我進行這趟拜會行程的同時，華府正好為了台灣問題與中國之間的關係日益緊張。數日前，川普才剛派了兩艘美國海軍艦艇穿過台灣海峽，再一個月前，還有一支美國高階官員代表團參訪台灣，慶祝美國在台協會成立四十週年以及《台美關係法》成案四十週年。就跟同一時期的澳洲一樣，中國對於台灣政治的干預一直是台灣很頭痛的問題。國民黨的支持基礎逐漸增加的原因在於，一方面有民粹候選人參選，一方面又有來自中國的支持，這讓國民黨在二〇一八年底的地方選舉贏得了壓倒性的勝利。[2]

「近來我們看到中國對台灣的影響越來越強烈，尤其是在選前，中國毫不掩飾地展現其對台灣社會所擁有的影響力。」徐斯儉在外交部的辦公室中，邊喝茶邊告訴我。「這不僅是國安問題，更是對於所有民主國家的共同威脅。這是意識型態的競爭，是兩種價值觀的角力，容我這麼說，是兩種文明立場的競逐。」

徐斯儉同時也提醒各國和各國企業，不要輕易在北京當局的壓力下進行任何關於台灣事務的自我審查。前一年，澳洲航空刪除了其行銷素材中所有將台灣稱為獨立國家的標示，其他全球性航空公司因為害怕遭到北京當局禁飛中國航線，紛紛有樣學樣。「沒錯，我們很失望。怎麼可能不失望？」他這麼對我說。

北京當局在國際間脅迫各國，要眾人抹除稱台灣不屬於中國的說法，藉此強化其阻止台灣成為獨立國家的手段。儘管台灣國民可以持台灣護照周遊全世界，但是台灣卻只有十五個正式的邦交國。

二〇一九年八月，中國禁止陸客自由行，只允許團客來台，藉此對蔡英文政府施壓。這個禁令讓我很多的中國朋友不高興，因為他們常會趁週末去台北玩，吃吃小龍包、刈包、粽子和台式炸雞等。

在我拜會徐斯儉當時，香港反送中活動還沒有出現催淚瓦斯，對於引渡條例的不滿還在初期。等到隔月這遠在七百公里外的大型示威發生後，對台灣政治局勢造成了強烈的震盪。在中國的眼中，台灣就和香港還有前葡萄牙殖民地澳門一樣，都是中國的一部分，終究要回歸祖國的懷抱。鄧小平提出的「一國兩制」模式承諾香港得以享有五十年不變的政治和經濟自主權，中國一直視此為台灣未來將要採行的模式。在這樣的氛圍之下，香港的反送中示威成了蔡英文和民進黨一根救命的浮木，因為這場動亂點出了一國兩制模式的失敗。北京插手香港政治並對香港政府施壓，要他們對示威者採取強硬態的作法，這讓台灣社會許多人看到了警訊。中國處心積慮要讓蔡英文在選民心目中失勢，這麼一來卻是白費了一番苦心。蔡英文始終不對北京當局讓步，卻又從未正式追求台獨。

習近平從來不需要擔心選舉勝負，但在二〇一九年一月二日的台灣大選中，讓民調低迷的民進黨得以反敗為勝的關鍵卻正是習近平自己。在二〇一九年第一場關於台灣的大型演講中[3]，他說「一國兩制」是台灣與中國統一的基礎。「中國終將統一」，在人民大會堂所舉行的這場《告台灣同胞書》發表四十週年紀念會上，習近平這麼致詞。他話講得很白，統一台灣勢在必行，並且不會容忍任何試圖推動台獨的行為。「我們不承諾放棄使用武力，保留採取一切必要措施的選項。」他這麼說。「台獨是歷史逆流，是絕路。」習近平這番警告既是講給蔡英文和其支持者聽，也是講給一直在提供台灣軍事協助的川普政權聽。

但隨著香港的示威暴動在這一年接下來每況愈下，習近平這番話聽在台灣兩千四百萬人民的耳裡格外諷刺。我在二〇二〇年一月間再訪台灣時，氣氛已經和八個月前初訪時不一樣，兩相對照宛如天壤之別。

我在兩個不同晚上造訪總統大選兩邊不同陣營的造勢大會。我擠進揮舞競選旗幟的群眾中，聽見身旁路人的聊天話題總是三句不離香港。不分年齡層或是政治傾向，每個我訪問的人都很樂於和外國記者交談。第一站我來到在野黨國民黨總統候選人韓國瑜的造勢大會，民粹主義的韓國瑜在前一年以壓倒性的票數贏得高雄市長選舉，他因為很多誇張的政治動作像是爬榕樹，再加上能吸引大批支持者前來造勢大會，常被人比作是台灣的川普。我訪問了很多退伍軍人和其眷屬，他們對於蔡英文砍了退休金的政策都感到很不滿。一群六十多歲、穿著像是剛打完高爾夫球的女性告訴我，她們大老遠從美國邁阿密的僑居地飛回台灣就是為了要投這一票，她們覺得蔡英文毀掉了台灣的經濟，讓她們的家鄉走上和中國兩敗俱傷的危險路。

民進黨的造勢大會則是隔晚在總統府周邊的街道上舉行，這裡的氣氛就沒那麼怒氣沖沖了，反而像是運動嘉年華、花車大遊行加上示威遊行的綜合體。頂著時尚髮型的當地電視台名人、推著嬰兒車的媽媽、推著助行器的老人以及揮舞著彩虹旗的男同志和女同志不約而同在造勢行列中同行。

「我擔心二十年後香港孩子們被胡椒噴霧鎮壓的事也會發生在我女兒這一代，也很擔心我們所享有的自由和民主就這樣消失不見。」約三十五歲的媽媽范鳳（Fung Fang）在群眾歡呼聲中大聲對我這麼說。她懷裡抱著的小女嬰開心的微笑著，對身旁的噪音不為所動。

二〇二〇年的台灣總統大選爭議不少。蔡英文政府指控中國收買台灣新聞媒體，刊登親中消息。社群媒體更充斥著各種假消息，想盡辦法要抹黑蔡英文。台灣政府成立事實查核機構希望能夠杜絕這類假訊息，但這也不是台灣第一次面對各方勢力在政治上的角力。

「台灣在一九五〇到一九八〇年代處於戒嚴時期，當時的國民黨政府就常常動用輿論打資訊戰，特別是在美國，這個作法和現在一黨專政的中共非常類似。因此台灣現在所面臨的政治勢力問題不僅與其民主誠信價值有關，也與試圖走出過去威權政治的陰影有關。」塔斯馬尼亞大學中國研究資深講師馬克．哈里森（Mark Harrison）這麼告訴我。

大選前兩天，我去見了這場選戰中一位背景比較不一樣的候選人。他是林昶佐，曾是知名重金屬樂團閃靈的前主唱。雖然還留著馬尾和刺青，但他好幾年前就告別搖滾巨星的生活方式，創立了自己的政黨。二〇一四年，一群學生為了抗議兩岸服貿協議發起太陽花學運，攻占台灣立法院。這讓他受到啟發，成為台灣獨立的積極擁護者，他也同樣憂心這次大選中假訊息和外力介入的情形。

「台灣面對中國極權主義已經超過二十年了，現在澳洲、美國和許多歐洲國家才剛察覺這原來是個大問題。而且會採取滲透手段的還不只中共而已，俄羅斯和其他極權國家也都會。他們使用新式科技來傷害我們的民主制度，我們必須要保護自己的制度，但是卻又要在不傷害言論自由的情況下進行。國際間的媒體過去也來問過我，想知道台灣怎麼對抗中國的滲透，但現在輪到大家面臨相同的問題了。」

「我們需要更多盟友，不光只是美國，我們需要澳洲、日本還有很多歐洲國家作我們的盟友。」

林昶佐認為蔡英文會在這次大選後期翻轉選情主要有四個原因。首先是習近平談話中提及台灣要接受「一國兩制」模式，這嚇壞了台灣人。其次，香港的動亂讓許多人擔心，一旦北京接管台灣，台灣也會遭遇同樣的命運。第三，蔡英文競選對手韓國瑜的民調下滑，而且國民黨內派系分歧。第四，台灣選民原本對蔡英文在第一任時改革的不滿，如同婚合法化以及削減退休金，此時已經慢慢能夠理解。

在他的競選辦公室接受採訪時，林昶佐的聲音因為幾個禮拜下來的選舉跑攤已經非常沙啞，他的助理不時在我們旁邊跑來跑去。他承認自己真的很疲倦，也懷念從前跟閃靈巡迴演出時的日子。「臉書上常看到朋友拍的照片，像是到處旅遊、朋友聚餐和喝醉的樣子，我當然想念那樣的日子。但是我也常提醒自己，要想想這一路來種種努力所達成的成果。同婚合法化花了三年才達成，這種事不可能一蹴可幾，一定要經年累月地努力。」

三天後，林昶佐二度以泛綠無黨籍身分當選區域立委。

大選之夜

大選當夜的台北氣氛比前一天的造勢活動更加高漲。我硬擠進人山人海尖叫的支持者人群中，他們在蔡英文競選總部外拉滿封鎖線的街道上揮舞著粉紅色和淡綠色的旗幟。傍晚時分，從數位計票螢幕上更新的結果來看，蔡英文將會以壓倒性票數大勝。這天的投票率創下歷史新高。總得票數出爐後，蔡英文的競選團隊歡欣鼓舞，互相擁抱。而南台灣港都高雄這頭，垂頭喪氣的韓國瑜則開了場死氣沉沉的記者會承認敗選，並且自責不夠努力。蔡英文最後贏得總投票數的百分之五十七．一三，共八百一十七萬張選票。稍晚她上台致謝時，台下熱鬧的像是搖滾演唱會一樣。她的勝選感言間接給了北京一記悶棍，她每講一句話，台下就歡聲雷動。我忍不住想，這會不會成為扭轉習近平日後對統一台灣觀點的轉捩點，這裡畢竟不是香港。在場這群人不可能臣服於中國的意志。

「這次的選舉結果，是台灣人民的聲音，是民主的聲音，全世界都聽到了。我相信對岸也聽到了。我呼籲對岸，正視這次台灣人民的選擇。兩岸雙方都有責任，致力於確保台海和平穩定的現狀。」蔡英文這麼說道。當然，中國的反應一如預期，隔天中國官媒《中國日報》社論要蔡英文「修正道路」，說她不過是華府手中的一顆棋子。

但蔡英文勝選的歡欣沒能維持太久。儘管當晚習近平統一台灣的夢想似乎比以往更遙不可及，但接下來這一年間的情勢卻越來越清楚顯示這位意志堅定的中國領導人並沒有打算鬆手。隨著新冠疫情肆虐全球，削弱了隔年美國在政治和經濟上的表現，看準台灣勢將變得更加孤單脆弱，讓習近平更加肆無忌憚起來。六個月後，他在香港實施國家安全法，讓世人看到中國在必要時也可以透過和平手段達成其目標。北京當局不再需要再學蘇聯那一套鐵騎開到家門口硬逼人就範的粗魯手法。習近平袖裡有更多乾坤妙計，可以使得更不動聲色。

「要是中國確定美國今後將陷入無可挽回的頹勢，那中國在台灣議題上大可好整以暇，溫水煮青蛙，不費吹灰之力。」澳洲洛伊國際政策研究所馬利德在二〇二〇年六月接受我訪問時這麼說道。其中一種可能是，習近平會為統一台灣進程設下明確的時間表，或者趁他還大權在握時認真進行政治對談。

其他專家則認為，萬一美國無心或是無力干涉台海事務時，不排除中國會採取有限度軍事行動的可能。

「一旦北京在許多方面更強硬地表現，可以預期台灣也會受到越多的關注，但北京能採取的行動就會受到更多限制。」塔斯馬尼亞大學的哈里森博士（Dr. Harrison）這麼認為。「中國在近期內沒有入侵台灣的可能性。如果它有此打算，那我們一定會發現，因為中國軍事動員的規模是不可能藏住的。雖說如此，他們還是有可能在台海採取有限度的軍事行動，而且不只是做做樣子而已。」

二〇二〇整年間，中國對台灣的武力恫嚇更加無所忌憚。同年十月間，台灣國防部長表示，台灣空軍自二〇二〇年一月以來已經被迫攔截中共戰機高達四千一百三十二次，比起前一年整年高出百分之一百二十九。美國於九月時派了國務院高階官員訪台，此舉也觸怒了中國。二〇二一年年初，拜登宣誓就任美國總統，當時他對台灣立場尚不明朗，雖然他在就職典禮上似乎透露了對台的態度，因為台灣駐美代表蕭美琴也列席典禮的觀禮嘉賓。到了一月底，拜登承諾會支持台灣，此舉引來中共官員的警告，若台灣宣布獨立，「戰爭難免」。

眼看習近平在外交政策上沒有要退讓的跡象，全球的焦點全都放在台灣，因為始終存在著軍事衝突的可能性。比較可能的情況是，習近平會遵照中國古代戰略家孫子的名言：「不戰而屈人之兵，善之善者也。」

蔡英文勝選後的那個星期六我搭機返回香港，卻沒料到這趟飛行會是我之後很長一段時間內的最後一次國際飛行。

當時一種未知的新型呼吸道疾病正在中國中部城市武漢快速蔓延開來，一個遠比台灣、香港和習近平更大的消息正在悄悄地醞釀中。新型冠狀病毒正準備影響所有人類的生活作息，改變全世界。

十六、疫情大爆發

二〇二〇年一月至二月，上海

就跟地球上大部分人一樣後知後覺，我並沒有意識到一個好幾代人才會遇到一次的全球性疫病就在我家門前發生。雖然全世界一直到一月時才知道一種致死的全新病毒正在中國中部地區蔓延，但冠狀病毒剛出現時並不是沒有人察覺。早在二〇一九年十二月下旬，中國社群媒體上就已經出現了第一個警告。

當時三十四歲的醫師李文亮發現有七名病患出現類似肺炎的症狀入院，隨後這些人被送進武漢市中心醫院隔離。李文亮本身是位眼科醫師，他注意到這些病患的症狀和ＳＡＲＳ很像，ＳＡＲＳ病毒在近二十年前奪走了中國數百條人命。李文亮當時不知道的是，這其實是一種會引起急性呼吸道疾病新型的冠狀病毒。

十二月三十日，李文亮在社群媒體的聊天室貼了一條訊息，這個聊天室的成員都是他讀醫學院時就認識的醫師。他在訊息中指出此病症和ＳＡＲＳ類似，並警告其他醫師要穿上防護衣以避免感染。他的訊息才發布沒多久就被叫進武漢市公安局訓了一頓，公安局逼迫這名年輕的醫師簽署一份聲明，指控他「發布不實言論」對社會秩序造成威脅，當時他太太還懷著他們第二個孩子。

一月二日，當地公安在其所屬社群媒體頁面上貼出通知，表示有八人因有「散布謠言」嫌疑而遭到收押，當時外界並不知道包括李文亮在內的這八個人其實都是醫事專業人員。在中國散布關於疫情爆發或其他有危社會穩定的謠言，最高可處七年有期徒刑。[1]但是這件事不只發生在李文亮一人身上，武漢市中心醫院的另一位醫師艾芬在十二月時也因為試圖提醒其他同事留心一種類似ＳＡＲＳ的病毒而遭到訓誡。之後她的多名同事在接下來幾個月內相繼過世，她因此憤而向一家中國雜誌[2]透露，其所屬醫院的員工被下封口令，要求不得張貼有關病毒的訊息和照片。

然而武漢的衛生主管機關雖然在一月的第一週曾上報數起病例，卻從頭到尾沒有提及ＳＡＲＳ。除了少數例外，中國官媒也沒有刊登過相關報導。世界衛生組織在十二月三十一日首度得知這些類似肺炎的病情，並於一月五日表示獲悉有四十四起病例，其中十一名病患屬於重症。[3]儘管中國當局始終對疫情輕描淡寫，社群媒體上的貼文卻顯得越來越不安，他們將武漢爆發的疫情與ＳＡＲＳ相比，當年ＳＡＲＳ在全球奪走了七百八十條人命。

起初對於武漢海鮮市場有數十人感染不知名病毒性肺炎的報導，我都只是粗略地瞄過一眼，因為中國爆發新型禽流感或豬流感的情形很常見，而且這些疫情也很少嚴重到驚動全球關注。當時台灣大選、美中貿易戰、一名中國友人在聖誕節突然失蹤以及我們老舊住處一連串的維修問題都讓我心煩意亂，無心顧及其他事情。我們住處地下室的水管破了，害隔壁住家淹水，一群工人成天拿著工具來回幫我們維修管路，家裡的水管足足被封了兩個星期。農曆新年也快到了，中國到處都喜氣洋洋，瀰漫著濃厚的年節氛圍。武漢的疫情被當成是地方性的問題，大家都沒放在心上，一心準備要迎接鼠年的到來。上海街道上放眼過去滿是金色和紅色，一片喜氣。店家也堆滿傳統的燈籠、紅包袋和一籃又一籃的橘子、柚子和金橘。威廉要回香港過年，所以整個農曆年我就留在上海工作，還有照顧眼睛發炎的小狗休一。這也是我第一次在農曆春節時待在家裡沒往外跑，整個中國都停頓了下來。多數我認識住中國的外國人此時都飛往海外，而本地中國人朋友也都長途跋涉回老家探親過年去了。

即使武漢的感染人數到了一月第二週已經飆高，我也不覺得這件事有重要到必須在我和雪梨報社總部的週報新聞會議上提出來。當時最大的新聞是千呼萬喚始出來的美中貿易談判終於拍板，而且川普和北京派去的貿易代表劉鶴已經簽好合約，但是因為雙方的科技冷戰正打得火熱，所以市場還是如驚弓之鳥難以安心。中國的年度國內生產毛額數字依然沒有起色，顯示其經濟成長已經來到三十年來最低的速率。當週我和伊麗莎白・蓋恩斯（Elizabeth Gaines）共同主持了一個早餐會報，她是澳洲礦業巨人佛特斯庫金屬集團的總裁。蓋恩斯相當看好中國對於澳洲鐵礦持續的需求，所以特別在上海增開了新的辦公室。與此同時，有一群銀行家、經濟學家和瑞銀集團（UBS）的執行長從澳洲和世界各地飛來上海參加一年一度的中國會議，餐會上的講者也是持樂觀的態度，這是他們在這類公開演講時一貫的態度，因為他們必須格外小心以免觸怒中共。前一年，一位瑞銀集團的經濟學家只是因為在討論食物價格通膨和豬肉價格時，不小講到豬這個字就觸怒了中共，「豬」在中國是罵人的字。在那場會議上，紐約聯邦儲備銀行（Federal Reserve Bank of New York）的威廉·杜德利（William Dudley）錯估了情勢，預言川普當年不可能會再進一步與中國為敵，因為這有損美國經濟。當時沒有人知道未來情勢會怎麼發展。那一週浦東香格里拉大酒店（Pudong Shangri-La）的宴會廳座無虛席，這成了我們數個月以來在中國參加的最後一次公開聚會。

二〇二〇年，大家先後被當頭棒喝才知道疫情總有一天會影響到自己。讓我看清當下的那一刻是在一個神清氣爽的冬日早上，地點在擁擠的上海火車站外。一月二十一日這一天的早上十一點，也就是武漢宣布封城讓一千一百萬市民處於水深火熱之中的兩天前。武漢感染人數飆高的事終於讓澳洲有了警覺，因為同時間有一名近期曾到中國的澳洲男性出現感冒症狀，被隔離在昆士蘭醫院，雪梨機場有鑑於此開始對從武漢直飛澳洲的旅客進行篩檢。《澳洲金融評論報》的新聞部希望找一張照片放在關於疫情的報導中，而我正好知道要去哪找這張照片。

每年我都會固定去一趟上海南站，因為多數來上海工作的農民工會在春節來這裡搭火車返鄉過年，這個地表上最大的人群遷徙總能寫出很引人入勝的新聞。對許多農民工而言，這是一年裡他們唯一能夠見到親戚、甚至是兒女的機會。此時的上海好像回到了從前的年代，男女老少緩緩地朝火車站大樓湧去，全都穿著厚重的冬衣、扛著蒙了灰塵的老舊手提箱、兩肩上挑著竹籃、手上還提著大袋的水果和禮物。氣氛往往充滿了喜氣，因為辛苦了一年終於可以放鬆一下。但是二〇二〇年的上海南站景象卻截然不同。「每個人都戴了口罩。」經常陪我一起採訪新聞的愛爾蘭獨立攝影師葛蓮（Gráinne）說，她開始拍攝擁擠人群排隊進入車站的畫面。有許多人神情緊張，有關單位也都繃緊神經。與往年不同的是，公安這一次不讓我們進車站，就算我們買了票也不讓我們進去，看到我們和排隊人群交談還會趕我們走。後來我們偷偷擠在人群後面，但還是被幾個人民解放軍發現我們在採訪，最後只能快步離開現場。

「我擔心情況比他們說的還糟。」中年的蔡太太在採訪中告訴我，她背靠著牆坐在自己的行李箱上。她帶著小兒子以及八十歲的婆婆，三個人從河南省搭了十五個小時的火車到這裡，晚一點還要再轉搭另一班火車。許多乘客都戴著藍色的醫療口罩，一樣也擔心中國政府沒有說實話。大家不信任政府的原因其來有自，因為過去當局就有掩蓋傳染病危機的紀錄。二〇〇三年四月，一名北京的醫生就因為質疑政府認為ＳＡＲＳ疫情已受到控制的說法遭到噤聲。中國在十七年前爆發世界上最近一次大型傳染病危機的陰影，再次浮現在當年倖存者的腦海中。雖然跟一大群人一同擠在車廂好幾個鐘頭有健康風險在，但大家還是沒辦法不返鄉。「我已經一年沒看到我先生了，也只能趁這時候回去見他。」六十七歲的餐廳員工黃敏芙（Huang Minfu）告訴我，她一邊吃著泡麵，一邊等著前往江西省老家的火車。如果大家對於ＳＡＲＳ重演的恐懼是正確的，那讓這麼大群人同時擠在車站正顯示這個國家恐怕就要爆發一場大型的傳染病危機。中國官媒預測未來兩週內將有超過三十億人次在中國東西南北各地旅行，包括這一個月會有四億四千萬人次搭乘火車，遠比前一年多了三千兩百萬人次，因為中國的高速鐵路網今年延伸到更多的地區。ＳＡＲＳ在二〇〇三年於亞洲各地散播時，中國國內長途旅行的人數不過是二〇二〇年的零頭。《金融時報》（*Financial Times*）從中國官媒發表的飛航數據估算出，從十二月三十日到一月二十二日這段期間約有四十六萬五千人從武漢飛往中國各城市以及世界各地。高速鐵路和低廉的機票讓更多人得以在中國境內和世界各國旅行，其數量遠超過人類史上的任何時間，而這情形在農曆新年時更加明顯。對於一個具傳染力的病毒而言，這實在是最好的傳播時機。

隱瞞疫情

武漢的真實情況遠比中國官方當時透露的要更嚴重。雖然中國政府在十二月三十一日時曾向世界衛生組織通報有一種來源不明的新型「肺炎重症」，但是一直到約三週後的一月二十日才提及該症會人傳人。當時傳出的病例僅有十多起，官方最初都沒有提起該病有人傳人的風險，因此農曆假期仍照往年舉行，誰也不想大過年的被這種事觸楣頭。在中國宣布不准過農曆年、無法闔家團圓，就跟西方國家取消聖誕假期一樣（但多數國家在一年後還是碰到了）。武漢市政府預定的萬人宴也還是照常舉行。隨著病患人數不斷增加，武漢市內醫院的醫療量能已經到了臨界點，許多人只好離開武漢到他處尋求醫療協助，有些人則放棄醫療，在家等死。

「當時大家都忙著過年。沒人聽說新冠病毒的事，只聽說武漢有某種病毒，但政府卻說這不具傳染性。」汪疆（Wang Jian）在電話訪談中告訴我，他在一間醫療器材公司擔任業務代表。汪疆住在高樓的小公寓裡，家中有八十高齡的老爸、妻子和二十歲大的兒子，當時他們一家四口還沉浸在即將過年的年節氣氛裡。但是隨後他父親發燒不適，他們原本以為只是重感冒，所以就留他在家，上班的上班、採買年菜的買年菜。不料他父親的高燒始終不退，接著開始呼吸困難。一月十六日，汪疆帶著父親到武漢市第七醫院就醫，因為這裡離他家最近。當他牽著無力的父親進到急診室時嚇了一大跳，因為裡頭一片混亂。急診室裡滿滿的病患等著入院，醫護人員應接不暇，早就沒有空病床了。沒人有空跟汪疆多做說明，所以他只好帶著父親轉往第二家醫院，但同樣被拒於門外。他只好帶著老父親回家，然後上床休息。但是他父親的病情持續惡化，他和妹妹兩人在晚上拼命打電話想為父親預約醫院，好不容易讓他們找到同意他們父親隔天一早八點可以就醫的武漢大學中南醫院。「我爸這時已經虛弱到整路都要我們揹著。醫院裡的情形簡直像地獄，滿滿的都是病患，醫護人員全都忙壞了。很多人都吵了起來。」汪疆說。他們在急診室待了九個小時，情況非常混亂。因為椅子不夠，汪疆租了台輪椅給他父親坐著。九小時後的下午五點，一名護士終於來接他父親進去。三天後，官方下令家屬不得入院探望病患，汪疆從此再也沒見到父親一眼。一週後，護士來電告訴他父親已經病逝。

「我們從沒想過我父親的病會惡化第這麼快。他一定嚇壞了，身邊都是穿著防護衣的人，附近病床的病人一一死去，卻沒有人來安慰他一句。」

汪疆和親人都悲慟欲絕，不明白究竟是什麼原因讓兩週前還很硬朗的父親就這麼撒手人寰。一直到兩個月後的三月，醫院才允許他把父親的骨灰罈接回家。汪疆和家人沒有感染到病毒算是不幸中的大幸。「我們中國人都很聽政府的話，政府和媒體怎麼說，我們就怎麼信，所以我們當然也不懂要採取防護措施。我們壓根不知道疫情會擴散地這麼快速。」一直到他父親入院的那天，官方都沒有證實武漢市正面臨傳染病危機，官方媒體上完全沒有提及當時感染率已經快速增加的事。

汪疆和其他許多人的遭遇證實了當時武漢的情形遠比官方衛生單位透露的還要糟糕。不計其數的病患死在家裡，他們根本沒有記錄在官方統計的數字之中。而且醫療資源全都投入短時間湧入的新冠病患，根本無暇顧及像是癌症或是其他重症的病患。「癌症病患全都被扔在病房裡無人聞問，只能自求多福。不只醫護人員短缺，藥物和食物也嚴重缺乏。」胡梅（Hu Mei）

這麼告訴我，她是位四十多歲的資訊科技產業工程師，她母親在疫情初期因為骨癌在武漢市過世。當我採訪在北京工作的她時，她仍持續做著惡夢，一再夢見她錯過了在武漢封城前最後一班飛往武漢的飛機。她一直覺得自己當時若能趕上那班飛機，她母親現在一定還活著，因為她可以在那段期間好好照顧她。

首度封城

雖然在武漢上演的駭人故事一直到後來才為外界所知，但恐慌早已在中國蔓延。即使中國政府加強控管言論，也無法阻絕社群媒體上謠言滿天飛，許多貼文都指中國就要再次遭遇SARS等級的公衛危機。到了一月二十日，政府終於證實了所有人最不想相信的夢魘：病毒會人傳人。中國在SARS期間的民族英雄鐘南山負責向大眾宣布這項壞消息，因為他是呼吸道方面的專家，八十多高齡的他依然健朗無比。鐘南山是中國家喻戶曉的人物，深得民心，他被指派為國家衛生健康委員會的專家組長，負責領導政府對疫情的應變措施。兩天後，確診人數在短短二十四小時內快速增加兩倍，超過四百人。中國各地都有通報病例，只有最偏遠的省份除外，而海外各國包括日本、泰國、南韓也開始出現病例，這更讓人憂心。在上海街頭出現了和政府輕描淡寫完全相反的情形，人們在藥房外大排長龍，全都搶著要買口罩、洗手乳、消毒殺菌劑，還有數百萬人湧入各地火車站和機場，爭先恐後想擠進狹窄的機艙、車廂中逃往遠地。上海作為中國最大型的城市離武漢只有八百公里遠，只要搭巴士、鐵路、飛機和公路就可以往返。我在一月第三週的一天上街時，突然注意到近五成的人都戴著醫療用口罩，但一天前戴口罩的人卻是屈指可數。我跟著數百人在人民廣場附近的藥房外排隊買口罩，當時口罩採配給制，一個人只能買一盒十個。「這時候口罩是最珍貴的資源。今年別想過農曆年了，病毒打亂了我的計畫。但是健康最重要。」現年六十三歲已經退休的鄒勇（Zhou Yong）在排隊時跟我這麼說。

當時中國一般人的心理完全跟新冠疫情進入澳洲時的情形不同。中國人民對於這類疫病爆發的事已經習已為常，對於疫情的態度就是寧可作最壞打算，再謹慎、小心都不為過。他們盡可能地購買大量口罩、囤積糧食，沒事就不外出，甚至在政府還沒宣布禁令就先這麼做了。沒人抱怨春節泡湯或是不能上健身房、去海邊，也沒人抗議要戴口罩或是被指出防疫不確實還滿腹勞騷。大家都把待在家、保持健康當第一要務。「中國人是不是有細菌恐懼症？這也太大驚小怪了吧。」我的一名外籍朋友就這麼說，當時他還覺得中國人對新冠病毒的恐懼是自己嚇自己。要真的是自己嚇自己，那他們還真的嚇對了。我到現在還是認為，與世界其他地方相比，要不是中國人民這麼嚴陣以待，新冠病毒不可能在中國被成功壓制下來，只限於武漢市和同省鄰近城市爆發。這不是單靠一黨專制實施嚴峻的封城就能夠辦到，靠的是中國全體人民的自動自發。

一月二十二日凌晨兩點，武漢官方宣布了一件驚動全世界的事。武漢市從早上十點開始封閉全城出入口，阻斷所有公共交通路線。該城一千一百萬人口多數都還在睡夢中，從那一刻開始到封城只有八小時可以離城。後來很多其他國家城市也採用封城作為應變，但當時這麼大規模的隔離措施卻是前所未見，很難想像這種事會在墨爾本、倫敦或是紐約等地出現。同時這也讓人看到共產黨能不動聲色對這麼多人加以控制，以及其巨幅調動資源的能力，這麼有效率的制度在發生災難時非常有用。我會在半夜得知這個消息是因為長久以來我有個不健康的職業病，就是會在夜裡時不時醒來查看手機查即時新聞。武漢市政府一宣布封城，社群媒體上立刻炸開了。中國正在做一件出乎所有人意料的事。

隔天一早，武漢的機場和火車站外排滿了急著想逃出城的人，所有出城的主要公路幹道都回堵了好幾公里。但即使擠進了出城的交通工具也不代表就能出城，因為當局設立了哨站逐一測量出城旅客的體溫。社群媒體上也開始出現武漢各大醫院混亂的畫面，可是沒人分得清真假。當時社群媒體上最紅的影片是有好幾個人路倒在街上，後來證實這些都是假的。

「我醒來時看到新聞說購物商場和超市只開到中午，所以我太太和我連牙都沒刷就趕緊到商場去買了十天份的各式補給，那還是因為我們只扛得動這麼多。」李文伯（Li Wenbo）當天早上在武漢透過電話跟我這麼說，他是位四十歲的教師。受影響的不只武漢和湖北鄰近城市，距離農曆新年剩沒幾天，全國各地方政府宣布關閉餐館、市場以及佛寺，因為這些地方在春節前往往人滿為患。即便如此，官方媒體還是持續對疫情的嚴重性避重就輕，當天中國閱讀率最高的《人民日報》頭版對新冠病毒隻字未提，頭條是關於農曆新年假期以及習近平巡視西南省份的新聞，新冠病毒一直到第四頁才被提及。

外籍人士紛紛避走國外

除夕那晚變得死氣沉沉。除夕是中國傳統重要的家庭聚會，一年中最後一頓晚餐總是特別豐盛，親人們團圓聚在一起吃元寶、年糕、吉祥果和長壽麵線。因為我隻身在上海，所以一些中國朋友邀請我到他們家裡一起吃飯。走在淒黑一片、空無一人的武康路上有一種詭異的感覺，這條路上滿是落葉，兩邊林立的高牆後都是具有歷史性的建築物。餐廳都關了，每個人都待在家裡準備迎接一年最喜氣的晚上。隔天下午，攝影師葛蓮和她先生邀我到她住處烤肉喝酒。報社的事比平常更多，但上海市裡大部分人都在放春假，所以氣氛很悠閒，這天來的人多是攜家帶眷的外籍人士。雖然武漢封城的事已經成為頭條，但沒人提及離開中國的事。不過二十四小時後，恐懼降臨上海市，情勢大變。

「瘋狂搜尋出境班機中，我覺得應該趁還有機會趕快閃。」葛蓮隔天下午在微信上傳了這則訊息給我，她上個月才剛生第二胎。情勢瞬息萬變。當天官方公布的死亡數字是五十六人，其中有一人在上海。上海市政府宣布上海市即將進入一級警戒，所有公開活動、公共區域包括公園都要關閉。聊天群組裡開始出現警告訊息，要大家在某些特定時刻不要外出。「上海朋友圈的朋友們：請不要在今天下午四點到四點半時外出，上海會以空中噴灑藥劑方式對全市進行清消！」有人傳了這則訊息給我，結果根本就是假消息。「看來情勢正快速惡化，我們明天就搭機回去。」葛蓮之後傳來訊息。她真的隔天就走了，而且跟其他數百人一樣，從此再也沒有回來過。我的另一個朋友詹姆斯也傳來讓人冷汗直流的消息，他和他的伴侶也決定要回去，因為他們很擔心剛出生女兒的安危。詹姆斯是老中國通，連天安門事件發生時他都留在北京，他可不是容易受到驚嚇的人。要是連他都要走，那表示事情真的很嚴重。他們訂了隔天紐西蘭航空的班機飛往奧克蘭，但是卻預約不到嬰兒掛籃，因為突然間許多年輕人都帶著新生兒要離開中國。奇怪的是，大家之所以急著走並不是因為怕感染病毒，而是害怕中國政府可能採取的強力管制措施。這時已經謠傳上海將要封城，而且還調派了人民解放軍進城來徹底執行人民不得外出的命令。此外，因為醫療體系的資源全都用在對抗呼吸道疾病上，家長們特別擔心如果自家孩子染上別的疾病，可能會被診所拒絕就醫。要是孩子不巧發燒，搞不好還要被送進隔離病房，那就更糟了。

之後情勢變化得更快了。中國開始對公民下出國禁令，全國大小城市也都自行封閉聯外交通，各自成為堡壘。隨著感染人數飆破六千人，湖北省鄰近武漢的城市也一併遭到封城隔離，斷絕了超過三千萬人的對外交通。政府表示，武漢正在興建兩座臨時搭建的方艙醫院以照顧大量的病患。現在連醫護人員也開始生病了。衛生健康官員首度指出，可能會有無症狀感染者混跡人群中的情形，而潛伏期短則五天、長則十四天。但是世界衛生組織面對各界壓力卻遲遲不肯宣布這是一樁全球性的突發公共衛生事件，甚至還沒有為這個病毒命名。一月底，澳洲出現了第一起病例。當時澳洲每週有三個由武漢直飛澳洲的航班，每班旅客人數都超過四百人。二〇二〇年初，赴澳的短期旅客中有一成五來自中國，比起二〇〇三年SARS疫情爆發時的〇．四成多上許多。原本在聖誕假期過後預定要開學和開工的學校和企業，這時也只能奉令關閉。所幸《澳洲金融評論報》的辦公室就在我的住處樓上，所以我還是能照常上班，只是面對面採訪就不容易進行了。但是，如果全球最大消息就在你家門口上演時，哪還需要採訪誰。

鬼城

到了月底，我住的社區宛如一座鬼城。我發訊息給澳洲朋友都說那畫面簡直就像二〇〇二年的英國災難科幻僵屍片《28天毀滅倒數》（*28 Days Later*），片中主角從昏迷中甦醒後，只見倫敦街道滿眼廢墟。此時的上海天空一片灰濛濛又很寒冷，雨整天下個不停，法租借街道兩旁關閉的商家和法國梧桐扭曲變形的枯枝像極了恐怖故事的背景。我認識的多數外籍朋友都已經離開，中國朋友們也足不出戶。雖然我孤身一人又非常擔心病毒遠比消息傳說的更致命，但我就站在歷年來最大新聞的第一線位置，相形之下，澳洲當地的記者只能拿進咖啡廳前要量體溫的瑣碎日常來當頭條。另一方面，感覺在這裡的工作比起在香港躲催淚瓦斯來得安全一些。

有天我在外頭遛狗時，對街一名老婦人對我猛揮手。除了幾名表情無奈的警衛和出來遛狗的人外，濕滑的路上只有她一人。老婦人緊張地走上前來，對著我大聲講了幾句中文，我花了好一陣子才明白她在不高興什麼。「你為什麼沒戴口罩？」她說，然後快速從手提包裡拿出一個給我。我趕忙把拿出自己口袋裡備著的口罩戴上。她教訓我說：「你一定要戴口罩，不然會生病啊。」講完轉身就走。這又是一個中國人民在政府沒有規定的狀況下自發應對危機的例子，此時中國官方還沒有要求強制配戴口罩。我清楚感覺到，恢復往日正常生活的那天還遙遙無期。

那天早上我一進到咖啡店，一名戴著口罩的年輕人就拿了一把像是槍的東西指著我的頭，原來那是一把塑膠數位額溫槍。顧客進店前都要先量體溫，體溫正常才能入店。店家同時也要求，顧客要從門口塑膠瓶擠出有怪味道的凝膠消毒雙手。我當時愣了一下，還擔心會不會在染上新冠肺炎之前就先被乾洗手毒死了。到了二〇二〇年底時，進門量體溫和消毒雙手已經成了世界多數地區的日常，但在疫情初期階段，我覺得自己好像活在小說《一九八四》充滿管控的夢魘中。

一月三十日，我住的社區開始連白天都大門深鎖，以前從沒這樣過。只有社區住戶可以進出，騎摩托車外送居民所需餐點和包裹的快遞員一律禁止進入。和上海其他區域一樣，往常充滿玩耍孩童和閒聊老人家的弄堂空無一人。同樣的情形也出現在公寓社區和住宅大樓裡，家家戶戶都成了避難碉堡，大家對陌生人避之唯恐不及，深怕被傳染。全中國上下各鄉村都用路障把村子阻隔起來，斷絕跟外界的往來。武漢人更是遭到嚴重的歧視。只要在中國境內，不管去哪裡都要出示可以識別來自哪個省份的身分證。很多新聞報導稱，居住在中國其他地區的武漢人都遭到騷擾，甚至被趕出公寓大樓。「我怕到哪兒都不敢去。」幾個月後，一名出生在武漢的朋友邊喝酒邊告訴我。「這張身分證就好像行動監獄一樣。」但同時間我也感受到好幾位中國鄰居的善意和好心，包括在我居住巷子裡上班的朋友李媛（Lee Yuan）。她擔心我一個人沒人照應，不時帶著自製糕點上門探望我，還告訴我哪牌的洗手液最有用。

隔離

這種與世隔絕的感受隨著中國切斷與全球的連結後變得更為強烈。香港當年曾遭到SARS嚴重的襲擊，一聽到新冠疫情的消息立刻陷入恐慌性搶購潮，連超市架上的衛生紙都被人搬光，本地人更巴不得官方關閉與中國大陸的邊界。澳洲和西方其他國家對中國移民的敵意也飆升，跟二〇〇一年恐怖份子襲擊紐約後，穆斯林遭到刻意針對的情形一樣。二月一號星期六，我在連續工作兩週後想放自己一天假，但實在沒什麼地方好去，所以就和一位澳洲朋友約在空無一人的咖啡廳見面，聊聊採訪軼事順便有人作伴，因為威廉人還在香港。那天早上稍晚，澳洲航空打了一通電話給我。澳航發布新聞稿，宣布直到三月底停飛所有從中國出發的班機。雖然我對這則消息不感意外，但還是因此心情低落，因為我原本訂了二月底的班機要回雪梨度假。不過相比接下來幾天原訂要飛往澳洲的數萬名旅客而言，我的狀況實在不算嚴重。在當週週六，澳洲總理莫里森宣布從中國返澳的澳洲公民和永久居民必須隔離十四天，未持澳洲護照或居留證的訪澳旅客不得入境。

澳洲進行邊境管制是跟進美國、新加坡、日本、俄羅斯和義大利的作法，此舉讓北京當局非常不高興。北京當局仗著世界衛生組織建議各國不要邊境管制的不合理決定，派出外交部對各國大肆撻伐。其發言人說：「這不是善意的舉措。」但中國不久後也開始進行邊境管制了。隨著全世界都暫時對中國關上入境大門，中國境內的死亡人數飆破三百，感染人數則達到一萬四千人。同時間中國境外其他國家也出現一百多例的確診，病毒已經擴散到境外了。

我開始覺得自己像個痲瘋病人，連澳洲政府都棄我而去。就像二〇二〇年以前的許多人一樣，我覺得機票在手，想飛去哪就飛去哪裡是很理所當然的事，然而中國的病毒疫情不再是我想搭飛機逃走就可以逃離那麼簡單。我冒著雨走回家去寫另外一則新聞稿。那個週六下午，我做了一件朋友之前一再叮嚀我千萬別做的事。我看了二〇一一年的電影《全境擴散》（*Contagion*），電影講的是一種透過空氣傳播的致死病毒，因為擴散而造成數百萬人染疫死亡。片中的女主角葛妮絲・派特蘿（Gwyneth Paltrow）在澳門賭場被人傳染後死狀淒慘，醫護人員穿著隔離衣集體掩埋染疫死者，城市人去樓空宛如死城，這些情節和現實生活相似地令人毛骨悚然。好萊塢災難片的情節就在我家客廳外的真實世界裡上演著。

十七、危機處理

二〇二〇年二月，上海

二月初的一天早上，我搭的班機在浦東機場跑道上滑行。當天中國官方公布的新冠肺炎死亡人數已經超過六百人，確診人數超過三萬一千人，許多確診者都困在湖北省。同時義大利也傳出確診案例，疫情病毒已經擴散到亞洲以外地區了。

各國的邊境仍然開放，但是搭機過程已經不若以往。稍早我先在航站入口處拍了幾張機場服務人員的照片，他們全副武裝，從頭到腳被防護衣包裹得密不透風，戴著黃色手套、護目鏡、口罩，手持額溫槍趁乘客推行李推車時幫他們測額溫。航廈前所未見地空曠，我很快就完成了報到手續，但感覺就是不太對勁。「你可以自己選擇想坐的位置。」我一上飛機，國泰航空的空服員微笑地對我說，機上一個乘客都沒有。我再次摸了摸臉上的M3口罩以確定有戴好，踏進機場後我已經確認了不下十次，然後又按照露西的吩咐，把座椅扶手和餐桌托盤用濕紙巾擦過一遍。當時我總覺得這些行為有點矯枉過正，但現在回想起來，我根本連飛機都不該搭。要到香港只能趁現在了，因為行政長官林鄭月娥剛宣布從中國赴港的旅客全都要隔離兩週。但是這項新規四十八小時後才會生效，我因此能趁這著空檔進去。威廉還留在香港，因為他的家人不肯讓他返回中國，所以我已經一個月沒見到他了。同時，我也想寫一篇關於香港怎麼應變這波疫情的報導。與中國不同之處在於，香港已經出現了恐慌性購物潮，架上的衛生紙全被一掃而光。有鑑於香港居民過去曾有和SARS交手的經驗，加上香港又是世上人口密度最高的城市，所以香港居民猶如驚弓之鳥。但是當飛機在三小時後降落香港，我驚訝地發現這個城市和鬼城上海相比竟是如此「正常」。街道依然車水馬龍，渾然不見前年暴動時的混亂場面。原本四處可見的防毒面罩，全換成了醫療口罩。我搭著半山手扶梯去見我的朋友凱瑟琳，她要我盡量從上海幫她多帶些衛生紙來，起初我還以為她在跟我開玩笑，但顯然不是。我扛著幫她買的衛生紙走在堅道上時，路過的慢跑者和幫僱主溜狗的菲律賓外傭全都羨慕地盯著那十二包衛生紙看，那些強烈眼光讓我不禁懷疑是不是該請個全副武裝的保鏢護送我。

首次隔離

數天後我回到上海，要擔心的就不是衛生紙被搶這種小事了。到了住家大樓前，警衛陳先生等在社區前門，眼神充滿懷疑地盯著我的手提行李。「你去過湖北嗎？」他厲聲問我，完全不見平日的和顏悅色。這個問題從我進出兩個機場後已經被問了不下十次。「沒有，沒有，我是去香港。」我回答的同時，他一邊拿著額溫槍測量我的額溫。雖然我的體溫正常，但是陳先生說他必須打通電話確認才能讓我進去。我才離開短短幾天，防疫規定又變了。中國現在動員社區居民委員會❶的社區志工協助有關單位管理自己的社區，以控制疫情，就像澳洲公寓大廈組成的管理委員會那樣。疫情期間的中國隨處可看見退休老人拿著小板凳坐在社區入口，由他們監督誰可以進出社區。這就像文化大革命時代的產物，當時這些鄰里間的告密者會向共產黨打鄰居的小報告。我之前就嘗過這種民間志工的苦頭，那時是二〇一九年七月，上海開始實施嚴格的垃圾分類制度。當時居委會的志工會在一旁監督丟垃圾的人有沒有將自家垃圾正確分類到路中央的分類回收桶中，這些分類回收桶一天只會在固定的兩個時段打開。這些志工成天坐在回收桶前，花上好幾個小時在那裡織毛衣或是玩手機遊戲，只為了監視有沒有人亂分類。要是你不小心把塑膠類丟進紙類或瓶罐類，那你就倒大楣了，那種感覺讓人好像回到上小學的時候。不過這種做法雖然惹人厭，卻很有效。不到幾個星期，我們這條巷子的所有人都乖乖地按規定分類了。

新冠疫情爆發時，社區居民委員會再次出動，只是人數規模更加龐大，數十萬名志工在中

❶ 譯注：是中國以街道分區的居民自治組織，簡稱居委會。

國各地對疫情的控制發揮了重要的作用。這些人雖然是應政府要求做事，但他們有很大的自主權，如果他們不喜歡你，那可就麻煩了。剛獲得的新權力讓他們可以恣意將不喜歡的人趕出我們大樓，這讓我覺得很不舒服。偏偏我們社區裡的居委會會長❷是全社區最不受歡迎的汪太太（Mrs Wong），她愛管閒事是個包打聽，卻又比誰都嚴格，可能是因為我們這區的老年人比較多，屬於高危險感染族群。當我出現在社區大門時，她就透過電話吩咐陳先生說，凡是離開過上海的人不管去哪裡都要居家隔離十四天，不能有訪客、沒得商量。問題是我從沒見過這些新規定的紙本，也就是說這些規定因不同社區而不一樣。雖然這些限制現在是全世界的常態，但在當時會覺得未免太過嚴苛。那時我沒聽說有誰真的在進行居家隔離，我其他剛從海外回到中國的朋友全都輕輕鬆鬆回到家裡。聽了陳先生的話，我也只好垂頭喪氣地拖著行李回家。之後陳先生又追上來低聲說：「不然你先去採買好了。」他邊說邊四處張望，生怕被人聽見。「總得吃飯吧。」

我生平頭一遭的居家隔離簡直就是個笑話。那天下午我出門帶了一堆日用品和酒回家。之後的兩個星期期間，只要警衛肯通融，我就能外出遛狗；露西每天還是可以進來打掃。他們也讓我出家門在社區內跟鄰居聊天，只要不走到外面街上就可以。到了隔離第十二天，他們發了

❷ 譯注：中國稱單元長或樓長。

一張紫色貼紙給我，表示我一天可以離開公寓到外頭購物一次。此時這些規矩也適用於其他的居民，只是每天可以做的事情都不一樣。沒有人正確地執行這些規定，有人覺得這些根本是過分熱心的中國社會控制。但回顧起來，中國疫情得以控制還真多虧了這些人。

習近平偶像崇拜的幻滅

在兩週的隔離時間內，我寫了許多關於新冠疫情的文章和專題報導，顯然生活在未來很長一段時間內都不會恢復正常。官方公告的死亡數字已經超過二〇〇三年ＳＡＲＳ的七百八十人，而且完全沒有跡象顯示疫情已經達到高峰。相較於現在的疫情，ＳＡＲＳ這個最近一次出現的公衛危機簡直就是小兒科。網路上出現了武漢流出的影片，確診者的家門被焊死，還有想就醫的人卻被醫療人員趕出來。數百萬武漢市民被迫關在自己的小公寓裡不得外出，他們不僅害怕又沮喪，而地方當局開始挨家挨戶幫市民進行感染檢測。澳洲和其他國家則急著訂定撤僑計畫，好讓困在疫情爆發重災區的本國公民得以撤離。到了二月中，雖然湖北以外地區的感染數字有趨緩的跡象，但湖北省的數字卻突然躍升為原本的十倍達到一萬四千八百四十人，因為當地衛生單位把原本沒有納入官方數據的疑似病例也都包括在內。這也印證了許多人原本的想法：官方公布的數字果然不可信。這時中國各地的工廠全都停工了，辦公大樓人去樓空、學校也停課。數千座大型城市、鄉鎮和村落現在也都大門深鎖，數百萬未登記戶口在工作城市的農民工在農曆年後再也回不去工作地。到了二月十一日，直到死亡人數破千後，病毒才終於有了正式名稱。世界衛生組織將其定名為COVID—19，取自「冠狀」（corona）、「病毒」（virus）和「疾病」（disease）三字，再加上出現的年份二〇一九而成。雖然不是很好記，但很快就成了地球上幾乎每個人都沒齒難忘的名字。隨著眾人最初的恐慌逐漸消散，中國也開始接受這個公衛危機短期不會結束的事實，注意力逐漸轉移到新冠疫情對中國經濟與政治上的改變，以及對神聖不可動搖的領導人習近平的衝擊。

習近平在二月的第一週神祕地消失在眾人的目光裡，過往他的身影無處不在，每家報紙和新聞的頭條總能見到他，好像一天沒見他出現就會引發他過世或是被廢絀的傳言。依循中國舊例，主席是不沾鍋，甚少出現在重大災難時的前線，所以一月底時視察武漢的人是總理李克強。當中國終於承認這是公衛危機後，官方媒體上充斥著歌頌習近平在這場對抗天災的「人民戰役」中處置得宜。雖然自疫情以來，武漢當地官員因為應變不夠快速飽受各方責難，但現在也開始有人質疑，是否因為習近平領導下的權力集中進而導致無法阻止疫情擴散到全球。在中國一黨專政的體制下，向上報告問題存在對地方官員沒有好處，北京中央也早已推說對此不知情。但北京真的不知情嗎？二月中旬，一份名為《求是》的共產黨刊物發表了一份習近平在月初談話的講稿[1]，講稿顯示他早在一月七日就已經意識到事態的嚴重性，所以早在年初就在由他所主持的「中央政治局常委會會議」中下令要「全力做好防控工作」，該委員會是中共黨中央最高決策機構。這比他在一月二十日首度公開談及疫情還要早兩週，而武漢的衛生單位在那段時間裡仍對感染人數與病毒人傳人的風險輕描淡寫，疫情便是因此波及武漢鄰近城市並殃及全球。中共公布習近平這份演講的動機不得而知，很可能是想強化人民對其領導的信心，粉碎種種關於他消聲匿跡的傳聞。但是顯然事與願違，這反而證實了眾人始終被政府被蒙在鼓裡的懷疑。如果習近平一開始就清楚事情的嚴重性，為什麼武漢衛生單位還敢虛報感染數字，對人傳人的可能隻字不提？這是我到中國以來，首次看到中共與大眾的口徑不一，其說法無法採信於民。

一位醫師之死

然而，習近平領導威信的最大威脅來自一名普通老百姓之死。在二月七日星期四那個天寒地凍的凌晨，網路上開始出現李文亮這位十二月時曾出言提醒大眾留意病毒的年輕武漢醫師已經死於該病毒的貼文。中國一份報紙在凌晨三點報導了他的死訊[2]，報導引述了武漢中心醫院的聲明。但是幾個小時後，各方訊息卻開始互相牴觸，有另一則消息說李文亮被裝上葉克膜讓血液繼續循環，但是心臟已經停止跳動。官方始終閃爍其詞，拒絕證實已然成為抗疫英雄的李文亮的死訊。對數百萬名關在家中、充滿恐懼和失望的中國人而言，李文亮的逝世真的是太不公平了。

諷刺的是，李文亮和其他七位曾因「散播謠言」被警方訊問的醫師已經被中國政府平反。中國最高人民法院在一月底發了一份聲明盛讚李文亮等八人是英雄，該聲明同時也指責武漢公安單位的作法，指出當時他們若能把這個所謂的「謠言」聽進去，或許就能夠扭轉這場災難。於是李文亮這位原本默默無名的醫師化身為民族英雄，而且扭轉局勢反噬了中國當權高層。李文亮的死讓在妻子腹中還有四個月才出生的孩子連父親的一面都看不到，這個消息點燃了全民數週高漲的怒火。這波怒火最後更在中國社群媒體上形成強烈的批評聲浪，而且數量遠超過二〇一八年習近平廢除國家主席任期制時的抱怨。當天一名自一九八九年就派駐北京的西方外交官對我說：「打從天安門事件以來，我從沒見過這種事。」

隔天一早，我和翻譯瀏覽著類似中國推特的微博上的憤怒訊息。「給我們言論自由」、「英雄之死」是那天早上不斷被引用的標籤。我打了許多通電話給熟知中國政治的專家。這會是改變的契機嗎？這會是中國民主的「車諾比時刻」❸，就像一九八六年蘇聯試圖掩蓋車諾比核災進而導致蘇維埃政權垮台一樣嗎？這在習近平統治下的中國似乎不太可能發生，中國的政治抗議活動才剛燃起火苗就會立刻被踩熄，因為無處不在的高科技監視系統可說是世上前所未見的嚴密，再加上封城更讓人們無法重演一九八九年天安門事件的靜坐示威做法。《澳洲金融

❸ 譯注：是蘇聯總理戈巴契夫在蘇聯解體後曾說這場事故可能是導致蘇聯解體的真正原因，此說法後經常為國際引用。

評論報》致電給數十位我們平常就有聯絡的武漢在地人。他們對李文亮之死感到震驚，也對中國政府處理疫情的方式感到憤怒，但是這還不足以引發抗議行動，畢竟他們的糧食都還充足、有電、有網路，不像一九八〇年代蘇聯的情況糟到必須發動革命。

新冠病毒不是中國領導人首次因為應對危機遇到民怨。執政當局於二〇〇八年四川大地震時的處理方式就備受批評，地震導致數千名學童因為建造不良而倒塌的校舍而喪命。同年的毒奶事件導致三十萬嬰幼兒不適，以及二〇一一年溫州高鐵追撞事故，也都一再招致民怨沸騰。這次的不同之處在於，過去批評中共高層的人主要是自由派的高知識份子和異議人士，但在人人都有智慧型手機且社群媒體蓬勃發展的現在，普通老百姓都比以往更勇於表達意見了。

北京一向敢言的法學教授許章潤在李文亮過世後發表了一篇網路文章，文中寫道[3]：「人禍大於天災，在將政體的德性窳敗暴露無遺之際，抖露了前所未有的體制性虛弱。是的，國民的憤怒已如火山噴發，而憤怒的人民將不再恐懼。」隨後他便遭官方軟禁在家中。

事情發展至此，中共成功地將責任推卸給武漢地方官員，讓他們擔上控制疫情不力的罪名。當時的武漢市長周先旺在接受央視新聞採訪時主動請辭[4]，這個採訪引來許多罵聲，同時間中共也撤換了兩位湖北省最高階的官員，改由習近平的親信即上海市長應勇出任。但隨著李文亮的過世，眾人批評的焦點又回到北京當局身上。

習近平內外交迫

華府的美國戰略暨國際研究中心（Center for Strategic and International Studies）的中國研究主任白明（Jude Blanchette）當週曾告訴我：「習近平的地位進一步動搖了。之前他所受到的動盪都來自外部，只有菁英階級和外國觀察家才能察覺，然而這一次卻觸及到國家的義務即人民的生計安危，這在過去從未發生過。這不是他第一次面臨內部危機，但這次的危機卻持續了一整年。」

事實上，習近平早在疫情爆發之前就遭受到一連串內憂外患。此前一年，香港的動盪不安、台灣親中政黨國民黨在總統大選的挫敗以及川普對中國貿易還有科技上的強硬立場，種種都讓北京當局的日子不好過。但是有鑑於習近平對媒體的絕對控制以及滴水不露的「網路長城」，中國民眾對於這些事情一無所悉，全然看不到外國網路上對於中國的批評言論，因此習近平最大的挑戰其實來自經濟表現。在二〇〇三年ＳＡＲＳ疫情期間，中國的國內生產毛額還能以二位數的速度成長，這讓其政權在出現全民公衛危機時還挺得住。但是二〇二〇年的整體狀況並不樂觀，當年中國首季的國內生產毛額掉了百分之六・八，這並不令人意外，畢竟年初疫情爆發時全國都停工了。在新冠疫情爆發之前，中國經濟可是以百分之六的速度成長，現在遭遇的狀況在當時完全無法想像。在疫情尚未蔓延全球時，這被視為是中國自己的問題。此時也看不出來中國這個全球最大生產國何時能夠恢復昔日光景，讓數百萬隨時面臨失業的低收入勞工階級有穩定的工作。而中國的小型企業在數週停業沒有收入的情況下也已搖搖欲墜，生死存亡迫在眉睫。

「政府說會提供紓困，但我撐不住了，」我的鄰居李遠（Lee Yuan）有天早上這麼對我說，他是一家小型活動企劃公司的老闆，「我現在連辦公室的租金都付不出來。」

在疫情爆發的最初幾週，我在李文亮病逝前幾天目睹了一個在上海證交所前面發生的超現實場景。當天是上海證交所春節後的首個交易日，結果作為中國股市交易指標的上海證交所綜合股價指數開盤應聲跌停。全球都擔心這個全球最大生產中心會因疫情停止運作，石油和鐵礦價格也跟著大跌，因為雪梨、倫敦、紐約等地的投資人全都在恐慌心態下拋售股票。若是中國的經濟真的出了問題，那全世界都會受到波及。即使如此，交易市場卻還是嚴重低估了中國封城對其經濟的長遠傷害，更不用說疫情擴散全球後對世界各地的經濟損害。

那天在我踏出計程車進入中國境內最大型證交所富麗堂皇大樓的那一刻，所有對於金融市場在某種程度上不受疫情影響的想法全都灰飛煙滅了。這裡的警衛身穿全套生化防護衣，全都部署在大廈入口周邊。從大樓正面外的玻璃圍幕可以清楚看到裡頭鋪著大理石的大廳，有一群同樣穿著防護衣和面罩的人正站在大型數位股市指數看板的下方。看板上一片紅通通，股市可以說是血流成河。意外的是，警衛居然允許我們走進還掛著金色春聯的旋轉門，我們在大廳拍了幾張照後才被人趕走。這一天是中國自二〇一五年的「黑色星期一」股災以來，股市表現最慘烈的一天，那天的股災讓全球紛紛猜測中國的經濟榮景已經告終。

雖然股市跌停的情形沒維持多久，但疫情仍然是中國經濟成長三十年以來首次的真正挑戰。中國已經不能再像二〇〇九年全球金融危機時那樣，靠著大型振興方案以及大筆的基礎建設經費來支撐經濟成長。早在疫情之前，中共領導高層就想改變過去追求經濟成長的作法，改採更謹慎的方式來處理堆積如山的債務。隨著病毒擴散全球後又衍生出另一個頭痛的問題，即便中國各地工廠都開始恢復生產，如果全球各大經濟體也停止運作，那麼還有誰能夠購買中國出口的商品？我在二月底結束居家隔離後搭車前往上海市郊的工業區，想親眼一窺疫情對經濟的傷害。這次出遠門有些冒險，若是是讓愛管閒事的居委會主委汪太太知道我出城了，肯定又會要我居家隔離十四天。不過這只是一日行程，所以我想等回來再見招拆招吧，反正只有計程車司機知道我去了哪裡。出城的八線道高速公路上空盪盪的，沿途經過的購物商場全都大門深鎖，收費站也無人看管。司機半開玩笑地跟我抱怨妻子對他下班回家後的嚴格規定，「要先洗手，然後把穿過的衣服留在她規定的地方，接著換上家居服，然後再洗一次手！簡直要我的命。」

位於上海城西廣闊工業區的青浦工廠一片靜悄悄。許多工廠的工人就住在鄰近鄉鎮，但現在這些鄉鎮全都用路障、熟鐵或綁在一起的腳踏車當成封住入口的臨時路擋。我們和戴著臂章的中年婦人聊天，她們多數是社區志工，負責守住村子入口。這份工作她們可是一點也不馬虎，不認識的人一個也不會放行。在灰濛濛的冬日裡，這個景像真的很淒涼。垃圾成堆灑在沒人整理的稻田裡，流浪狗在通往工廠大門的泥巴路上到處聞，工廠已經關閉五週了。這一幕和中國官媒宣稱中國已踏上經濟復甦之路的說法大相逕庭。習近平在當週稍早的一場會議中對在場十七萬中共核心幹部表示，中國人民要回去工作。但是在各省頒布旅遊禁令的情況下根本辦不到，因為工人不是被困在自己的家鄉，就是回到工廠後還要再隔離十四天，這筆費用要由公司承擔。當局嚴格的檢疫規定明令如果沒有為員工準備充足的口罩、消毒液和防護裝備的話，企業就不能重新開工。

「我們完全不知道何時才能正式重新開工，因為還要等上級核發許可證跟批准。」盧先生在他的工廠門口這麼對我說，他經營一間有二十二名員工的小型鐵工廠。「我們連員工現在哪都不知道。要先等政府官員檢查完，他們才會核准開工。」另一間專營福林球閥的公司也有一樣的情形，我到那裡時，員工正在工廠前院整理倒下的樹幹，他們尚未獲准進到廠區恢復作業。但是上海本地新聞卻宣稱上海有超過七成的公司和工廠恢復營運，這前後兩相比對實在是自打嘴巴。

親自參訪中國工廠證實了我的懷疑，中國經濟要全面復甦並不如政府聲稱的那麼容易。如果疫情導致大規模的失業和生活水平急遽下降，對於國家穩定就會產生威脅。這也是數十年來，中國共產黨首次沒有兌現和其人民之間以接受一黨專政換取富足生活的不成文契約。

十八、顛倒黑白

二〇二〇年三月，上海

中國新冠疫情的爆發可以分為兩個階段。第一個階段，當時全國都被疫情拖累，因此人民將怒火全指向黨中央高層。到了第二階段時，情況逐漸好轉，此時人們重返工作崗位，轉而開始讚揚政府疫情處理得當，各國正因為病毒左支右絀。到頭來，中國共產黨不僅沒有如預期覆亡，反而在慶祝建黨百年紀念的前一年力挽狂瀾，扳回一城。到了二〇二〇年底時，中共對於人民承諾的契約不僅得以維持不變。而且相較於美國和歐洲被一波又一波的疫情搞得灰頭土臉，全球疫情的嚴重反而證明了中國的經濟實力，因為中國工廠不僅火力全開恢復昔日榮景，消費實力也再次復甦。中國之所以能絕境重生有兩個主要的原因。首先，中國政府採行非常嚴峻的管制措施奏效，像是進行全面性篩檢以及追蹤確診足跡。中國人非常聽話，而且厲行戴口罩、勤洗手和沒事不外出的措施。其次，習近行重新掌控了輿論，短短幾週就將內政危機逆轉成勝利。人民的怒火讓民族主義死灰復燃，進一步強化了他個人的權力。中國讓官媒的報紙編輯、新聞主播以及「戰狼」外交官重新包裝了將新冠疫情的新聞，原本對武漢當局在疫情爆發最初幾週處理失當的批評，瞬間被其他讚揚所取代，譬如一夜之間就蓋好的方艙醫院、中國人民為了度過難關做出的犧牲，以及一黨專政下得以及時應變等等。相比之下，疫情卻嚴重打擊了川普領導下的美國。任何與官方相反的言論在中國全都無影無蹤，習近平強大的大內宣機器加上中國網路長城有效隔絕任何外界訊息進入國內，讓他得以完美轉移對他的批評，成功將十多億中國人民重新洗腦出一個問號：新型冠狀病毒疾病真的源自中國嗎？

地獄裡的假期

那年三月我跑了一趟國外。身為記者，我早該料到各國在疫情之下都打算深鎖國門了。當時隨著歐美各國的感染人數驟升，數萬名旅外中國人都急著要回到中國，其中許多人都是學生。但是對於手邊有錢可以選擇要去哪的外籍人士而言，回到中國反而像是場賭注。許多我認識的外籍人士選擇在南太平洋跳島旅行，或是待在新加坡當地的旅館裡遠距工作，等到恰當的時機再回中國。這個做法後來對許多人反而適得其反，因為情勢到了三月中的時候開始轉好，原本想逃離的眾人此時都想回中國去。隨著中國的疫情受到控制，反而中國境外才是危險的地方了，而且中國開始對世界其他各國進行邊境管制。這讓習近平的政治命運獲得翻轉的曙光，重啟了一個新的篇章，讓他開始與美、澳等許多國家發生外交衝突。中國正在不計一切代價從新冠疫情中重獲新生，而同一個疫情仍讓美國焦頭爛額，偏偏美國又是全世界唯一能夠與中國抗衡的國家。

這些事在我搭上飛往吉隆坡的班機時還不清楚，我打算從連續七天工作好幾週和漫長的冬天短暫逃離，稍微休息一下。我在馬來西亞首都工作的朋友都說那裡的氣氛很輕鬆，目前沒有進行邊境管制的跡象。馬來西亞是當時少數沒有對來自中國的入境者進行管制的國家，隨著疫情趨緩，從馬來西亞這類被標示為「綠色」即旅遊安全的國家返回中國後就不需要隔離。只是我沒有料到疫情瞬息萬變，我才抵達馬來西亞二十四小時，馬來西亞政府就宣布該國即將進行邊境管制。馬來西亞公民不得出國，旅館也不得接待旅客，所以很多航班立刻被搶訂一空。同時間也有謠言說中國即將關閉國境，不論有無居留權的外國人一律禁止入境。「趕快回來！」一名在上海澳洲領事館的朋友傳了簡訊給我。當晚我熬夜到凌晨三點，瘋狂想訂返回中國的班機。眼看機會越來越渺茫，如新加坡、香港或東京通常可以過境的機場現在都不開放轉機了。情急之下，我用高到嚇人的票價連續訂了三個不同航班，然後衝到機場去。到機場時，離境大廳的航班時刻表上全紅通通寫著「班機取消」。幸運的是，先前我搭乘那班在曼谷轉機的泰國航空班機在那天早上還是照飛。一團混亂中，我還鬧了一個笑話。我在下飛機時拿錯了別人的行李，偏偏我一直到過了安檢才發現，已經來不及回去拿回自己的行李了。我把拿錯的行李交到航空公司櫃台，並囑咐他們把我的寄到上海給我，結果那個行李花了九個月的時間才回到上海。

飛機在四小時後抵達上海浦東機場。我算是平安返家，但苦難才剛要開始。下機後，我們坐在停機坪上兩個多小時，等候衛生官員一個一個唱名才能下機。好不容易走進明亮的航廈時，我因為冬衣都放在弄丟的行李箱裡，身上只剩下因應馬來西亞熱天的清涼衣物。機場的景況彷彿世界末日，我們拖著腳步從一排排擺滿文件表格和空水平的廢棄辦公前走過，然後一群像是外星人的人朝我們走來。數十名男女穿著白色的塑膠外衣，臉部完全隱藏在口罩之後，他們揮舞著數位體溫計，然後隔著防護衣對我們吼著完全聽不清楚的指令。他們先是要我掃描二維碼以下載我的旅行數位紀錄，再將之填入一份調查旅遊史的表格內。在接下來的三個小時裡，我一遍又一遍被問著同樣的問題。其他旅客被趕到機場遠處，一臉茫然與惶恐。令人不安的是，我們接著和來自日本、南韓、義大利等疫情嚴重國家的旅客排在一起，現場一團混亂。雖然大部分人都有戴口罩，但在這麼亂的環境之下仍是讓人很擔心會受到感染。之後我們又被趕到待機區等候，卻沒有人解釋究竟發生了什麼事。一名老婦人一直拜託工作人員讓她去上廁所，另一名老婦人則拜託他們讓她喝水。「我們已經六個小時沒喝水了。」她大聲喊著，眼淚順著臉龐流了下來。當海關人員在我的手機背面貼上黃色貼紙時，我的心一沉，因為這意味著我接下來要在家或旅館隔離十四天。隨後和我確認資訊的警察也說他們不懂為什麼我要隔離十四天，畢竟我是自非疫情熱區入境。但再多辯解也無助於事，因為我手機上那款追蹤我旅行足跡的應用程式已經判定我要進行隔離。跟中國的官僚體制打交道一再讓我想起英國電視喜劇《大英國小人物》（*Little Britain*）中的那名銀行職員，他的口頭禪就是「電腦說不行」。事後我才知道，原來在我從馬來西亞飛回中國的那段期間，中國已經將馬國的疫情級別升級了。

落地十二個小時後的凌晨兩點，我和其他二十位疲累不堪、飽受折磨的旅客一起搭上巴士，被載到上海外圍的一家醫療機構。我們要先在這裡接受新冠病毒篩檢，然後才能回家或是去防疫旅館，接著大家又在停在路邊的巴士上苦等了九十分鐘。這一車的旅客中包含有小孩的家庭、老人、幾名外籍人士，還有六名從英國逃回國的中國學生。有意思的是，車上抱怨最多的不是外國人，反而是中國學生，大家從前一天早餐後就沒有進食過。一個在卡地夫大學（Cardiff University）念博士班的研究生看起來很聰明，英文名字是克里斯（Chris），為了回國還特地飛到南非轉機。他身穿專業醫療人士用的防護衣，戴著貨真價實的防毒面罩。「我可不想冒染病風險。」他後來這麼跟我說，但他頻繁抽菸時還是會把口罩摘下來。克里斯用手機幫大家訂了餐點和瓶裝水，讓外送員騎摩托車送來。好不容易終於有人把我們帶進冰冷的社區醫學中心，它陰森的像是狄更斯（Dickens）小說中的醫院。新冠病毒的檢測並不會痛，就只是一隻棉籤在口腔刮了一下。一名護士陪同我上樓進入一個鋪著亞麻油地氈的小房間，房間裡有塑膠簾子、洗手台和三張塑膠椅，沒有床也沒有暖氣。她告訴我測試結果要等八小時才會出來，我當晚就在這裡過夜，而且要和另外兩個男人共用這個房間。廁所在樓下，也就是要走過之前旅客和病患都走過的區域，而其中可能有些人已經被感染了。護士們偶爾會訓斥在醫院走廊抽菸的人，要他們回到自己的房裡。這是一個糟糕的夜晚，在寒冷夜裡的椅子上入睡一點也不舒服，同時還擔心著同房的人是否已經被感染了。我的檢驗結果一直到隔天下午三點才來，雖然檢驗結果為陰性，但苦難還沒結束。

那天早上我都在和威廉講電話，他已經從香港返回上海，現在正和露西忙著從層層官僚體制中想辦法讓我可以居家而不用是在旅館隔離。居委會主委汪太太跟往常一樣難溝通，總算勉強同意讓我待在社區裡，但條件是威廉在這段期間搬出去住，要不就是和我一起隔離。威廉很不高興。「早叫你好好待在上海了。」他在電話裡對我大吼，但還是很擔心我的安危。「你快弄一弄離開那裡。」但要離開沒這麼簡單。醫院年輕的護理長堅持我們這一批檢疫者之中有四個人沒拿到居民委員會的返家許可，所以要把我們移送到政府的隔離站待兩個星期，這把我們嚇壞了。我之前就聽說那裡的房間沒有窗戶，跟監獄沒有兩樣。我趕緊先打電話給汪太太，後來又打給澳洲領事館，但是領事館的員工都非常忙碌，根本沒空理我，而且那裡也沒人可以作主。最後，克里斯和我們這群人裡的其他學生開始暴動。這讓我嘖嘖稱奇，因為我在中國從沒見過年輕學生有這樣的行為。尤其是克里斯，他似乎很有人脈，接著他打了一通電話給某個具有影響力的人士。「他們非讓我們出去不可，這地方很危險。」他對我說。我們之中的另一個女孩也很生氣，她覺得一定是負責這裡的官員想要貪污，所以千方百計要把應該回家的我們送到自費的防疫旅館去。還好克里斯打的那通電話發揮了作用，不久我們就被放了出來，來接我們的巴士一靠邊停好，我們就朝它飛奔而去。即使已經到了這地步，那名護理長還是認為我們私自逃跑，所以打電話報了警。

當巴士終於在我住的那條街靠邊停時，我真的是謝天謝地。社區還熱列歡迎我，因為露西、汪太太、警衛陳先生加上一群好奇的鄰居看到一名穿防護衣的人陪我走回家，都聚上來想一探究竟。接著我又填了一大堆的表格，再量體溫。好不容易，我終於回到自己的家，把門往身後一甩砰地關上。威廉雖然很氣我沒事去了一趟地獄度假之旅，但還是決定要陪我一起隔離。但接下來幾天，為了懲罰我害他要陪著一起隔離，所以他把趕我到地下室的客房和辦公室，以免被我感染。我洗過澡後，倒了杯又濃又烈的琴湯尼，接受比爾．博圖斯的專訪，談我這一路受到的苦難，這個訪問隔天一早在澳洲廣播公司的ＡＭ節目上播出。

第二次隔離

和一個月前相比，三月在中國居家隔離的規定嚴格了許多。公安隔天一早就來查訪，還帶了一群穿了防護衣的護士同行。威廉和我簽了好幾份法律文件，表示我們了解居家隔離不得外出的規定。一名態度很差的公安站在庭院大聲朝門裡的我們大吼：「要是敢走出來，就等著坐牢吧。」喊完還在前門裝了電子警報器。居家隔離一天只能開四次門，讓外送來送餐點，順便把垃圾放在門外。他們似乎沒注意到這棟公寓其實還有另外兩個出入口，不過我也不敢冒險走出去。每天要量兩次體溫，然後把數字用簡訊傳給護士。隔離的第八天，中國關閉了國境，六週前中國還嚴加批評過其他國家的此番做法。所有外國人，包括原本領有中國發放的工作簽證和居留證的外籍人士都不得入境，大多數的國際航班也都禁飛中國，我幾乎是趕在關閉國境前的最後一刻回來的。我在一年前認識了澳洲商人米克．克羅（Mick Crowe），他打電話告訴我他們一家過去一週長途跋涉的悲慘遭遇，他們歷經千辛萬苦換了六次航線，被取消三班客機、兩班輪船，還待了兩座封城的城市，好不容易才從菲律賓宿霧回到華北大連。微信朋友圈上不斷出現嚇人的訊息，有些家庭因為國際航班大亂而無法全家團聚，同時間還有數千名中國人急著要入境中國。接下來的兩個星期我只能在臥房、辦公室和沙發之間走來走去，整個世界已經陷入空前的混亂。新冠肺炎不再是中國國內的新聞，而是全球性的焦點事件了。

我的報導採取了不同的觀點，因為澳洲在感染人數超過一千六百人後開始進行鎖國，同時間還有許多遊輪載著數百名生病的旅客想要入境澳洲。「至少你不是在遊輪上。」有一天晚上我在電話中和母親抱怨隔離有多不方便時，她這麼打趣安慰我道。我的電話和視訊會議軟體響個不停，因為許多澳洲媒體的平台和友人紛紛向我尋求度過封城的建議，大家都想知道過去兩個月我們在中國是怎麼撐過來的。一些澳洲朋友似乎還沒搞清處狀況，仍在抱怨不能度假或是去健身房運動。而有些朋友比較務實，他們開始擔心起工作和未來可能的經濟衰退危機。這是全球性的疫情，全世界都逃不掉。東京奧運宣布取消的同一天，英國首相波里斯·強森（Boris Johnson）也傳出感染新冠肺炎，但因為當週持續播報著其他關於疫情的嚴重新聞，所以這兩件事都沒被當頭條報導。

中國的情況也開始出現新的變化。在官方媒體和政府大內宣的煽動和誤導下，中國民眾開始對外國人產生恐慌和仇視，新冠病毒被視為是來自外國的威脅。三月十八日這天，中國自疫情開始以來首次沒有本土新增病例出現，於是中國的流行病學家宣稱第一波疫情已經結束。根據官方數據，約有四千名武漢居民死於新冠病毒，但一般認為真實的死亡人數不只如此。這個數字在當時雖然讓人心驚膽顫，但相較於日後歐美各城市動輒數萬的死亡人數卻是小巫見大巫。中國面臨的新挑戰是入境感染者日益增加的問題，對策是採用居家和旅館隔離，此舉之後也被澳洲和各國所採用。為了保護首都，中國也完全禁止國際航班飛往北京。

儘管這些境外移入的感染者多數都是中國公民，尤其是海外歸國的留學生，而不是依規定不得入境的外國人，但是我在中國卻經歷一種此前從未遭遇過的仇外心態。而這個心態正中政府下懷，因為他們一直想將新冠病度形塑成外國的問題。當時在中國社群媒體上出現了一段廣為流傳的影片，畫面中的澳洲婦人違反居家隔離的規定硬外出慢跑，還對阻止她的警衛大聲咆哮。「白人現在不是很討人喜歡，大家在社群媒體上都說他們被寵壞了，想要逃避隔離。」有天下午一位朋友這麼跟我說。我的一位瑞典好友也證實了這種仇外的心態，他說他有次一走進上海地鐵，整個車廂的人全跑光了。我真的很不希望這種事情發生，不過比起澳洲本土對疫情不滿而仇視中國人的態度來說，這還不算什麼。

中國指鹿為馬

隔離十四天後，我瞇著眼走到明亮的戶外，街上已經再次充滿活力。成群結隊的退休婦女們跳著廣場舞，餐廳也開了，蔥油餅和小籠包飄香，小朋友在公園玩耍。雖然大家依然戴著口罩也保持一定的距離，但日子顯然正在恢復正常。這時是三月下旬，距離中國全面進入管制已經過了兩個月。我騎著腳踏車到西岸去賞櫻花，看著許多家庭在公園裡野餐，西岸公園旁沿著河岸開著許多畫廊。漫長的冬天過去了。我不知道眼前的景像是否能給世界其他地區帶來一點希望，相信新冠疫情可以被克服，還是會認為這其實只是假象。中國公布的感染數據是真的嗎？未來還會出現第二波的疫情嗎？

除此之外，有些事情跟以前也不同了。中國人民現在不再對高層心懷怨懟，至少表面上看不出來。共產黨對疫情下的重手的確收到實效，大家絕口不提封城時期造成的問題：家暴、精神疾病以及因為小企業倒閉造成數百萬人的財務困境。中國共產黨為大眾一點一滴地灌輸自我感覺良好的報導，再加上社群網路上的同溫層互相呼應，大家一面倒地盛讚封城是中國為全世界所做的自我犧牲，此舉順便強調世界各國現正疫情大爆發。在習近平滴水不漏的網路長城之內，完全不會有人提起中共在武漢爆發疫情初期所犯的種種錯誤，或是世界各國對於中國的憤怒。在這裡，歷史被徹底改寫。

解除隔離的那一週，威廉和我與二十位朋友到一間上海菜餐廳共進晚餐，感覺彷彿回到新冠疫情前的日子。酒一瓶接一瓶的開，房裡歡笑聲不斷，幾個月不見的朋友們互相擁抱問候。但是在聊起新冠疫情的話題後，氣氛開始變得很沉重。我本來只是跟我身邊的朋友小聲在討論武漢海鮮市場最早出現的群聚感染，坐在我右邊的男人聽了我們的對話感到相當不快，而我和他才剛認識不久。「你說病毒來自武漢是什麼意思？」他突然生氣地說，把我嚇了一跳。這個四十幾歲的男人是全球知名畫廊的經營者，之前曾在美國工作過十年的時間。「恩，我只是說最早幾個案例出現在武漢。」我澄清，但他不作罷，繼續拿中國外交部官員趙立堅在推特上的那套說詞斥責我[1]，說「可能」是美國軍隊把病毒帶進武漢的。我忍著滿腔怒火反問他：「你真的相信這個說法嗎？」接著我們開始爭辯中國外交官員究竟是說了實話，還是只是在進行往常慣用的外交宣傳手段，但我很快就意識到這根本毫無意義，所以走到外頭讓自己冷靜一下。

中國善於掩蓋負面新聞的能力眾所皆知，但這次的手段更為高明。中國駐澳洲坎培拉大使館在當月稍早曾經寄了一封電子郵件給我，內容是提供給各國記者報導疫情用的制式文件。[2]信中提及中國外交部[3]指出有些國際媒體「極為不負責任地」稱病毒為「中國病毒」。川普更火上加油地稱之為「武漢病毒」，甚至冒犯地稱之「功夫流感」。美國的共和黨議員湯姆・柯頓（Tom Cotton）意有所指地稱新冠病毒是武漢實驗室合成而來，此一說尚無根據。可想而知，中國為了保護自己的軟實力絕對不會坐視這類言論不管，但同時中國又試圖將疫情嫁禍他人，裝作這件事從未發生過。不到幾週的時間，新冠病毒的起源在中國成了比天安門事件、新疆、西藏更為禁忌的政治議題。更糟糕的是，中國外交官似乎對全球疫情慘烈幸災樂禍，還頻頻嘲笑西方民主國家處理疫情的方式。中國駐法外交官盧沙野就在三月二十八日於推特上發文道：「包括中國在內的亞洲國家在對抗新冠疫情上都特別成功，那是因為他們有一種西方民主國家缺乏的集體意識與良好國民意識。」[4]

新冠病毒可能並非源於武漢的說法基本上是正確的，因為到二〇二一年初為止，科學家無法證實其出處，也無法追查到「零號病患」。當世衛調查小組前往武漢調查新冠起源的同時，美國持續指責中國在疫情爆發初期掩蓋真相，而北京當局則散播病毒源自他國的陰謀論。儘管這兩個超級大國的假訊息砲火不斷，但世衛組織科學家的共識則是，新冠病毒可能是透過中間動物宿主傳播到人類身上。雖然他們不排除中國提出病毒可能透過進口冷凍食品進入中國的說法，但他們認為這個可能性極低。「病毒來自中國境外的證據非常薄弱，但只要中國政客想要支持這個論點，你能拿他們怎麼辦？」澳洲流行病專家多明尼克・杜懷爾（Dominic Dwyer）是當初赴武漢調查的世衛小組成員之一，他在二〇二一年二月離開中國後這麼告訴我。[5]其他科學家也認為最可能的解釋是，病毒源自蝙蝠，然後一再跨越不同物種，最後才傳染給人類。這個推論是有道理的，因為科學家認為SARS也是源自蝙蝠，然後透過在市場上販賣的某種可食用動物傳遞到人類身上。但是因為這個問題過於政治化，所以不可能出現共識。「我們已經一再重申，雖然最初的病例出現在中國，但這並不表示病毒源自中國。」中國外交部長趙立堅在二〇二〇年十一月二十七日的北京每日記者會上如此聲明。

儘管如此，中國把早期未能遏止疫情爆發的事實改頭換面說成是中國是全球防疫典範，這種顛倒是非的程度即便拿中國共產黨自己的標準來看都令人不敢恭維。但是幾乎所有中國人都相信了這個新說法，這證明中國大內宣的能力有多強大。中國這樣枉顧事實的作法著實惹惱了澳洲人民，也因此當總理莫里森在四月登高一呼要求調查新冠病毒的來源時，立刻獲得了廣大澳洲人民的支持，雖然此舉也讓中澳關係觸礁，導致澳洲和中國這個最大貿易夥伴關係降到新低點。

對於中國的當地記者和外籍記者而言，敏感的新冠病毒起源議題被視為禁忌之一，只要談及就會遭當局的威嚇騷擾和干預。在疫情爆發初期，有些中國本地的新聞媒體如業界深受好評的財新傳媒，特別深入武漢針對疫情進行採訪並公開批評官方，報導得相當出色。除此之外，還有所謂的「公民記者」、年輕的的獨立記者也透過社群媒體記錄和報導疫情事件。然而中共的審查制後來找到了他們，有些人就此人間蒸發。曾任律師的三十七歲公民記者張展在五月遭到拘捕，之後她進行了絕食抗議。二〇二〇年底，她被判四年徒刑。

到了四月，習近平試圖以捐獻醫療用品給世界各地，在國際間進行宣傳以爭取國際支持。儘管他未能阻止各國對中國日益高漲的敵意，但他已改變了在中國內部的輿論方向，因為所有負面消息都被阻檔，就連醫生和醫護人員也被要求噤聲。「部分外國媒體會來我們醫院採訪，但別忘了，所有醫護人員未經上級同意不得接受訪問。」上述內容來自一位醫院員工給我所屬報社的紙條，他在武漢一間大型醫院工作。另一位原本要接受我訪問的資深醫師也在最後一刻臨時取消邀約，即便我承諾不將採訪內容公開，還是無法說服他接受採訪。有些病患或已經過世患者的家屬也懇請我在刊登採訪時不要提及他們的真實姓名，並請我務必刪除談話的錄音。這讓我想到彼得．葛夫（Peter Goff）前年跟我同赴新疆時告訴我的一個故事，他是《愛爾蘭時報》（*Irish Times*）十分優秀的中國特派記者，也曾在自己所屬報社的報紙上披露過這個故事。他拿成都大地震後中共讓大眾噤聲的方法和這次新冠疫情相比。他在二〇〇八年曾報導過成都大地震，當時因為校舍施工品質欠佳而導致數千名學童被倒塌的校舍壓死，這引起了學童家長的憤怒，他們拒絕政府賠償，準備要到北京遊行抗議。葛夫採訪了一位失去八歲女兒的女士，報導中提及她最後在壓力下吞下滿腹怨恨的原因：「一位地方黨部官員坐在她家廚房，拿出一張A４紙。他在空白紙正中間寫下她的名字，然後在她名字外面畫了一個圈圈，接著在圓圈上畫上時鐘的十二個刻度，上頭分別寫下十二個名字，這些人是她在悲劇中倖存下來的親朋好友。然後他告訴她，黨部官員可以怎麼樣摧毀她這些親朋好友的生活。」

「當局會扣住原本要發給她叔叔重建倒塌房屋的補助款，另一名在當公務員的叔叔會被故意找碴解僱，她好友的女兒會被大學拒絕入學，另一位姑媽的退休金申請會被駁回。」[6]

中國政府就是用這種迂迴的方式讓人民心生恐懼，不敢對外國媒體多說一句話，直到我在中國最後那幾個月間，中國民眾連一些絕對不會對當局不利的主題也都不敢對外國媒體多言，這成了我工作的最大障礙。四月下旬有天下午，我在上海向明中學的大門口想要找幾位家長採訪學校復課的事，向明中學所在的這條街是上海中產階級居住的區域。我想問的問題其實不會傷及中國政府，畢竟學校復課是個好消息。我只是想知道當局為了保護學童不受感染採取了什麼措施？家長是否覺得當局的措施已經足夠？是否覺得讓孩子返校上課是安全的？有些受訪家長很配合，一名年輕媽媽還帶著孩子一同入鏡，對政府德政的讚美之辭滔滔不絕。當時是放學時間，小朋友們排成縱隊走出校門，保持安全社交距離，一個一個量體溫和手部消毒。校警終究還是來趕我們離開，但還好我們已經完成採訪。我還和多名受訪家長交換了微信帳號，以備後續有問題可以請教。當晚我返家之後，簡訊不斷湧入。讓我拍照的年輕媽媽拜託我不要在報導中刊出她的照片和言論，因為校方聯絡她，並警告她這樣做會讓她兒子倒大楣。這真的敲了我一記悶棍。學校怎麼會知道我採訪過她？唯一的解釋就是中國多數學校外面都安裝了具有臉部辨識功能的監視攝影機，有人從拍到的影像一一找出我採訪過的人，然後再去警告他們。

依照新聞倫理，我也只能將這則辛苦做好的報導束之高閣[7]以保護受訪者，因為他們以為接受外國記者採訪、歌頌祖國德政不會出事才答應受訪的。

中國全國架設了兩億台這類型的監視攝影機。我住的那條巷子就有一台，所以政府可以錄到所有來我家的人的影像。有個週末我在上海市郊的莫干山租了一間度假別墅，當時就注意到屋裡的泳池邊裝滿了監視攝影機。那天晚上別墅的負責人特別在我們打麻將時提醒我們屋裡裝有攝影機，而且是直接連線到當地警局：「別賭錢，拜託，他們看得到。」攝影機在中國是司空見慣的存在，中國人民一點也不覺得過度監視有什麼問題，這還可以防範犯罪，的確這裡一些雞鳴狗盜之類的小罪可以說是我住過地方最少的。有一次，我以為我把皮夾掉在中午用餐的餃子館裡，所以我回到店裡去找。店員把帶我到後頭的一個房間，調出從我用餐到用手機結帳的監視錄影畫面來看，我才知道原來我皮夾是掉在別的地方。

從二〇一八年開始，這些攝影機逐步加入了人臉辨識科技，於是這個監控國度可以透過監視器做更多的事。不管你做了什麼犯法的事，小到違規穿越馬路、大到政治異議份子都難逃法眼。媒體報導提到，警察甚至還在眼鏡上裝了攝影機，讓他們在人群中也可以即時掃瞄出嫌犯。

雖然這已經不算是新聞，但生活在中國真的時時刻刻都逃不了老大哥的監控。二〇二〇年，靠著大數據和大規模監控的幫助，讓習近平成功遂行顛倒黑白的控制手段，從而脅迫人民對他付出無條件的支持。

十九、錯過新冠病毒的人

二〇二〇年六月，上海

「我回來了。」當我看到這則簡訊出現在我手機上的時候，我差點從腳踏車上跌下來。初夏的薄暮時分，我正從「酪梨女士」果汁攤騎腳踏車回家，這家果汁攤很受上海外籍人士歡迎，老闆是一位勤奮的上海女士。在中國待了兩年後，我養成了一有機會就看手機的壞習慣，收到簡訊的時候我正在一個車潮擁擠的十字路口等紅綠燈，腳踏車上掛滿了購物袋。交通號誌轉為綠燈時，我後頭的一輛車按了喇叭催我快走，但我一點也不在乎，因為這則簡訊我等了足足有六個月。

簡訊是我的好朋友阿班（Ben）傳來的。阿班是個很有生意頭腦的創業青年，他知道上海哪裡的火鍋最好吃、哪裡有外人不知的私房酒吧，但他在六個月前的聖誕節當天人間蒸發，就此音信全無。在中國，如果某個人突然消失，表示他肯定被當局盯上了。政治異議份子、直言不諱的商人、記者，甚至影視明星人間蒸發的事時有所聞，但是普通百姓也未能倖免這種事，他們往往只是因為微不足道的罪名而被關押在監獄或是拘留所數個月或是數年。

阿班在聖誕節當天被公安帶走，當時他並不知道自己犯了哪條罪。原來他開設了一個供人上傳內容的網站，公安許久前就在調查他架設網站所涉及的授權問題。我過去寫過不少澳洲企業因中國官僚體制不透明而吃虧的報導，因為中國的法規制度都是因人設事且始終在變，其變幻莫測更到了前一天通過核准、隔天卻違法了的程度。「事實就是中國的法律制度很複雜，裡頭牽涉到的不只是全國性的法條、地方性的法規，還要再加上法庭判例詮釋、各府院的公告，更重要的是當地的習俗。」澳洲貿易投資委員會在一則給想到中國試水溫的澳洲企業的建議中便提及了在當地會遭遇這些風險。[1]我到中國的第一年寫了數十篇報導，想要找到中國商業法條和授權法規捉摸不定的原因，因為有太多澳洲嬰兒奶粉和維他命的進口商一再踩到地雷，其遭受的後果有時不只是被官方取締而已，還有許多不能為外人道的慘痛經驗。我們初抵上海時，外籍人士之間的熱門話題是上海一間時尚麵包店法國麵包師傅洛朗・福爾丹（Laurent Fortin）入獄的事，他的罪名是使用過期麵粉。

那天公安打電話找阿班時，他人還躺在床上，公安在他住處外頭要他開門讓他們上去，門一打開，他們就把阿班帶走了。阿班沒能打上半通電話，也不能請律師，直接被帶到上海市郊的拘留所接受「處置」。我採訪過在中國待過監獄的人，他們都說整個坐牢過程中就這一個階段最難熬。阿班被帶到一間又一間房中不斷接受盤問，並且接受有無使用毒品和藥物的體檢，之後被要求脫光身上衣物，包含手機和眼鏡的個人物品全部被拿走。囚犯只有一套公發的橘色運動服、拖鞋、馬克杯和一隻牙刷。「他們把我們當畜生一樣對待。」阿班說，起初沒有人告訴他被拘留的原因，他也不清楚自己究竟被囚禁了多久，完全沒有經過判決程序，也不能和外界聯繫。後來阿班被允許和家人聯絡，家人幫他請了律師。但是即便進入司法程序，阿班的判決結果還是由警方決定。中國的法律制度是有罪推定，而其司法體系定罪率更高達九成九。阿班的未來一時之間陷入了未知。

入獄後，阿班的牢房裡共住了四十個囚犯。房內只有一個蹲式馬桶，完全沒有隱私可言。房內沒有椅子或床，也沒有任何傢俱，以防被拿來當作攻擊的武器。房內也沒有暖氣，當時是上海的冬天，氣溫有時會降到零下五度。每天吃的就是稀飯，偶爾會有幾片肉可以補充蛋白質。囚犯晚上全部擠在一個木板通鋪上睡覺，每個人都有一床墊子和棉被。因為什麼事都不能做，所以阿班白天只能找其他獄友聊天。大家進來的原因都不一樣，有一位獄友在淘寶網上買了一隻活鸚鵡，所以被判拘役三十天，其他人則是因為賭博或是吸毒之類的原因。阿班結識的一名獄友說，他因為交通事故入獄，他的車子半路故障因此和另一台相撞，造成另一輛車上的一名乘客死亡。幾週後，獄方允許阿班看書，但只有幾本書可以選。起初獄中每天有幾個固定時段可以觀看電視新聞，那時武漢發生新冠感染的事已經登上中共官媒。自二月中旬開始，獄中的電視就沒開過，因為當局擔心囚犯知道外頭疫情嚴重的話會發生暴動。

「日子變得好難熬，好像怎麼過也過不完。我不斷回想自己的一生，開始覺得這應該是老天傳達給我的訊息。我現在三十五歲了，應該要振作起來，不能再那麼莽撞行事，要更有責任感。」阿班這麼跟我說，他本來不是如此多愁善感的人。

白手起家

兩年前我透過一個朋友介紹認識了阿班，當時我在上海沒認識多少人。他把我當自己人照顧，常會騎電動摩托車載我去打羽毛球或是吃四川麻辣鴨頭。他跟我其他的中國朋友不一樣，那些朋友多半海歸返國，從事行銷或是媒體工作，但阿班帶我從不同的視角了解中國這個有著多重文化層面的國家。他的家鄉在重慶，是中國中部一個氣候炎熱又多山的城市，重慶人相較於東部人的緊繃多了一份悠閒。阿班的英語帶有一種美國中西部的口音，他腦子動得很快，很活潑又愛搞笑。他沒留過學，家境也不富裕，二十多歲才開始自學英語，後來存了一筆錢後開了自己的公司。阿班是中國新一代的創業家，是中國蓬勃經濟下的產物，當時只要是肯付出的人都有機會創業當老闆。萬萬沒想到，現在中國的法律制度卻把矛頭對準這群中國花了數十年才栽培起來的年輕創業家。

阿班平時經常會傳些搞笑的文章或表情貼圖給我，所以當他從聖誕節起沒再傳訊息來之後，我和威廉開始有些擔心。之後打電話給他都無人接聽，他也沒有回撥，我們更加憂心，轉眼間他就這樣音信全無好幾個星期過去，最後我們才從共同的朋友那裡得知阿班被羈押了。當時我既震驚又生氣，因為阿班根本不談政治也不碰毒品。看到自己很熟的朋友就這樣被公安從家裡帶走、關押，然後就此和外界斷絕聯繫，也不准律師接見，作為一個外國人真的是嚇壞了。我身為記者卻無法報導這件事，因為這樣會讓他的處境更加糟糕。他就這樣消失了好幾個月，我們很擔心他的身心健康。到了二月時，當局表示新冠病毒已經在中國各地監獄傳播開來，感染人數達數百人。

出獄後的生活

在六月的黃昏看到簡訊後，我立刻打了通電話給阿班，滿腦子都是這陣子想問他的問題。「先讓我洗個澡剪個頭髮之後再跟你碰面。」阿班說。我們在兩小時後見面，我很意外他外沒什麼改變，雖然臉色慘白、瘦了十五公斤，但還是很愛開玩笑。「這個減重課程很有效，對吧？」他咧嘴一笑，一邊用手比劃自己矮壯的身材。看見他這樣，我終於鬆了一口氣。初夏的濕熱裡，我們坐在餐廳外頭，他幾分鐘內就吃掉了一份漢堡和薯條。他滿腦子想的都是食物，吃完後他才開口說話。而那段對話幾乎就是超現實。

「你說邊境管制是什麼意思？」阿班說，他擦掉手上的蕃茄醬後喝了一大口啤酒。「病毒不是只有在中國擴散嗎？」

阿班對於疫情全球化以及導致大家生活全然改變的事渾然不知。他入獄的最初幾週還能看晚間新聞，所以他武漢有疫情的事大概了解。隨著疫情惡化之後，獄方就不讓他們看新聞了，所以他對各國關閉國境、居家隔離、新冠疫情蔓延全球以及全世界因病毒天翻地覆等事毫不知情。看著眼前繁忙的上海街頭，數個月前這裡曾經像是死城一樣的景象早已消失地無影無蹤，三言兩語很難說明。於是接下來我花了整整一個小時，把這一年來發生的那些難以想像的怪事全說給阿班聽。

後來我們才知道，疫情造成中國的司法系統癱瘓，因此阿班的案子被擱置了好一段時間。如果沒有疫情，他原本只要幾週就能出獄，中國有數幾千名嫌疑犯都因為相同的原因在看守所多待了好幾個月，他一直到我們見面的這天早上才知道自己要獲釋了。阿班被帶去見一名法官，法官對他處以高額罰金，然後將他當庭釋放。他高興到昏頭，終於可以從那個被喻為終極隔離之處重返人間。

看到自己的好友被這樣不公平的對待，更加深了我對習近平領導下中國司法制度不公的憤怒，而且這種事在中國可以說是司空見慣的日常。同月，全國人大頒發了最新的國家安全法，允許香港警察可以針對批評政府、原本擁有言論自由的港民進行羈押，其人數多達數千人，當中有些還是青少年。沒錯，中國過去一貫將異議份子收押的事廣為人知，但是阿班的事卻完全不是這麼一回事。一個勤奮工作的普通公民竟然平白無故就被丟進監獄裡，然後獄政系統不只根據囚犯的關鍵表現指數予以計分，還要看獄卒的心情以此決囚犯在裡面的日子好不好過。

時運不濟

阿班不是那年我人間蒸發的唯一一個朋友。他出獄的同時，我另一個相識多年的朋友俊霖也突然消失，他只被關押了十天，但他的情形跟阿班完全一樣。他在夜店遇到警察臨檢，然後莫名其妙就被帶走了。公安在沒收他手機前允許他傳一封簡訊，而他被抓的原因純粹是他在錯誤的時間去了錯誤的地方。二〇一九年，上海當局開始全面掃蕩犯罪，針對所謂的「黑惡勢力」進行清查。數百名外籍人士和觀光客都在這波行動中被拘留，因為警方突襲了酒吧和夜店，並強制要求店內客人進行尿液和頭髮採樣測試。警方的行動不只針對毒品販售者，同時也包含吸食包括大麻之類的非法成份的使用者。所以對數個月內曾經在加拿大這些大麻合法國家使用過此類產品的人來說可是麻煩大了，因為他們的體內可能殘留著這些成份，等於是在國外誤踩了中國法律的底線。根據《環球時報》報導，截至二〇一九年底，上海的「藥物成癮者」為三萬六千五百二十九人，相較於前一年減少了四千七百四十三人，等於是一年減少了近一成一五。

二〇一九年六四天安門紀念日這一天，公安突然查訪上海一家澳洲僑民愛去的餐廳，要求在場用餐者出示護照和簽證，並且命令他們到廁所採集尿液，公安不准他們關門，全程在旁監看。一名當時遇到臨檢的客人說：「這真的太嚇人了。」快四十歲的俊霖是一名活動經理，他在夜店那晚遇到了類似的警察臨檢。因為他的尿檢呈現陽性，所以跟其他十多名舞客一同被帶到警局。他們這群人中的外國人在羈押二十四小時後就被驅除出境，本國人則被送到看守所。俊霖口中敘述的狀況跟阿班的描述非常相似。

「同間牢房裡住了二十個人。我們每天早上被叫起來之後都要大聲喊出共產黨口號、看宣傳影片，還有唱『讚美祖國』之類的歌曲。外頭有個小院子，大家可以有一小段時間去那邊舒展筋骨。他們沒收了我的眼鏡，獄中也沒有紙筆，有什麼事想寫下來也沒辦法。有一天，有個人被關到瘋了開始亂叫，結果獄卒罰所有人挨著馬桶圍成一圈罰站一個鐘頭。雖然獄中沒有體罰，但這也是一種變相的虐待。裡頭的日子真的很漫長，恍若度日如年。出來之後我覺得自己更強壯也更堅強了，好像天塌下來都不怕。我在裡面認識了好多人，因為沒事做只能找人聊天。大多數的人都對我很好，還有人把角落的好床位和墊子都給了我。裡面什麼樣的都人都有，有酒駕的、犯了些小罪的，還有一個因為拍色情片而被抓的台灣人。我和色情片明星被關在一起耶！」

俊霖對對自己被關的經歷意外地樂觀看待，但是對於一黨專政的看法卻從此改觀，以前我從沒有聽他批評過：「現在我看清了他們肆無忌憚地胡作非為，不分清紅皀白就可以把你關起來。」

黑惡勢力

二〇一八年，習近平發起全國性的掃黑除惡專項活動。隔年，上海到處都可以看到紅黑色海報，這些海報有一種說不出的陰森，上頭的黑臉、陰影還有文化大革命時代風格的標語，承諾要全面「除惡」和「掃黑」。官方的目標是針對涉及賭博、賣淫以及勒索等組織犯罪幫派，官方媒體的報導稱此次行動總共掃蕩了全中國六千個幫派。但事實是，被當局視為製造社會動亂的份子或是對政府批評不遺餘力的人也都是掃蕩的目標。根據新華社報導，第一年的掃蕩行動中就有一萬人被捕，有人認為這根本就是習近平控制中國十四億人口、維持社會穩定的另一種方式。中國雖然禁止示威抗議，但人民如果有話想說，可以共同向地方官員請願。二〇一八年六月，中國東部有一千多位退休士兵在政府辦公室前示威，要求改善退伍軍人福利[2]，其中部分的人被以擾亂社會秩序罪名逮捕入獄。二〇一九年，又有投資人因為P2P網路借貸平台集體倒閉，接連走上街頭示威。一名律師告訴我，地方檢察官手上處理的案件數量是有配額限制的。在習近平的領導下，維持穩定和控制的內容每一年都在更新，近來他就轉而在企業和娛樂產業裡針對宗教和政治異議份子下手。二〇一八年下半年，中國片酬最高的女明星范冰冰被指控逃漏稅後忽然消聲匿跡，她在被判處一億澳幣的罰款後，現身在社群媒體上發表公開道歉聲明。[3]在中國，連最知名的明星也難逃被消失的命運，中國當局拿她殺雞儆猴當作逃漏稅的後果，而這種情形在電影界屢見不鮮。當新冠疫情在二〇二〇年爆發後，習近平更把他對人民的掌控能力發揮到淋漓盡致。

澳洲和其他外國人在中國不小心觸法的原因往往不是和政治有關，但都帶有政治性。二〇二〇年，隨著中澳關係生變，來自澳洲維多利亞省的電視明星卡姆・吉萊斯比（Karm Gilespie）竟然在中國被判處死刑。他在二〇一三年被控試圖攜帶七十五公斤冰毒出境而入獄，當時共有六十二名澳洲人以不同罪名被囚於中國各地監獄中。

二〇一八年底，我約了謝群（Xie Qun）喝咖啡，她先生卡爾・梅瑟（Carl Mather）原是澳洲政府公務員，二〇一二年在中國坐了六個月的牢。謝群的英文名字叫做珍妮（Jenny），她在這段期間剛好返鄉探親，所以同意接受我的採訪，談談那段和中國刑事司法體系交手的經驗。採訪當天她打扮講究，神情輕鬆，已經看不出當年先生莫名牢獄之災帶來的陰影，那時兩人的女兒才六歲大。二〇一三年五月梅瑟獲釋後，接受《澳洲人報》訪問時說道：「那裡真是個鬼地方，十五個人擠一間牢房。」梅瑟最初被指控在兩年前攻擊妻子的前合夥人，因此被判處一年刑期。當我問謝群，中國的司法體制這七年來是否有所改善時，她告訴我：「當然不管在世界任何一個地方做生意都有風險，但是沒有，中國的法律制度始終沒有任何改善。」這段採訪進行時，中美貿易戰正在升溫，而她也準確地預言了未來在中國工作的澳洲人面臨的風險會越來越多。

「因為未來的國際情勢只會更惡化，我建議最好別碰政治。像我經營這種小型企業是不會遇到多大的麻煩，但大型企業的麻煩可就大了。」

梅瑟獲釋幾週之後，我和阿班見面，他吃飯的樣子好像文化大革命的饑荒重返中國一樣。每次我們一起吃飯時他總會說：「這是我二〇二〇年的第一餐火鍋、第一餐牛排、第一餐海南雞飯。」他有些地方和以前不同了，似乎更為豁達，不再汲汲營營地忙於完成許多事情。他就跟中國許多不小心踩到法律紅線的人一樣，已經感受到在隨時會招罪入獄的社會制度下，小老百姓一點保障也沒有。「人在社會上生活，要先了解遊戲規則才知道怎麼玩……但是現在我已經不知道規則在哪了。」

二十、警察國家

二〇二〇年七月，香港

到頭來，中國政府無需調動人民解放軍就解決了反送中示威的動亂。它搬出中國法律制度，就這樣不費一兵一卒地在全球疫情掩護下平和地制伏了香港。即便美國、澳洲和其他西方國家反對中國的作法，並且威脅要對香港官員進行制裁，但中國還是一意孤行。二〇二〇年七月的一個早晨，香港人民一覺醒來發現他們所住的香港從此不再一樣。

這個香港不再能暢所欲言了。圖書館中被列為顛覆國家的書籍全部被移除，一名青少年只因為揮舞香港獨立旗幟就被逮捕，曾經發言批評北京當局的政治人物和社運人士被逮補或是失去職位，甚至避走海外。香港最多人看的報紙編輯部被官方臨檢，一向直言不諱的創辦人被上銬帶走。各級學校開始實施愛國教育，政府授予警方更大的權力，允許他們在沒有搜索令的情況下可以任意進行搜索。公務人員必須宣誓效忠中國政府，香港原本擁有的民主政治制度、法治、自由言論和出版自由全都蕩然無存。除了初期零星的示威活動，再也看不到一年前萬人空巷、黑衫軍示威的情形。為了防止新冠病毒爆發，港府頒定了嚴格社交距離規定，既讓人不能群聚，也讓人民不能再走上街頭，只要違反就會被警方立刻逮捕。國際社會現在也自顧不暇，光是忙著自己國內的疫情就已經一個頭兩個大。一夕之間，香港風雲變色。一度充滿活力的國際大都會，那個亞洲區域金融中心現在已成為了警察國家。

習近平平定香港大型動亂、讓中國不再於國際顏面掃地的方法非常有效。中國在當年五月於北京召開的全國人民大會上，無預警地頒布了國家安全法。早在五月二十二日第十三屆全國人大開會之前，針對香港所制定的國家安全法草案就已經被排入議程中。[1] 此法通過即表示今後舉凡被認為「分裂、顛覆、恐怖主義和與外國勢力勾串」之行動，均將遭受最重無期徒刑之刑罰，法條中同時也包括「中央可在港設機構履行國安職責」。國安法的通過讓香港人難以置信，因為他們原本以為經過去年的動盪再也沒有更誇張的事了。法案頒布消息一出，香港股市應聲下跌，美國、英國和澳洲也紛紛發聲譴責中共，認為這違反了鄧小平和柴契爾夫人簽定的中英聯合聲明，該協議原本保證香港維持自治到二〇四七年。回想起來，此舉可謂習近平的高招。中國不用動用人民解放軍一兵一卒，也不用派遣坦克車進城，反而依循法律途徑，趁著全世界都自顧不暇的疫情期間先發制人。第十三屆人大副委員長王晨在法案通過當天說：「必須採取有力措施，防範制止和懲治此類行為。」他所稱的此類行為，即前一年香港所發生的反送中大型示威活動。

當天因為防疫措施，記者不能進入全國人大舉行的北京人民大會堂採訪，所以我就在假日飯店大廳看電視，日後也就是在這家飯店住宿時得知不得不逃離中國的消息。其他在北京的外籍通訊記者也很想到香港報導這則新聞，但是當時中國各省都關閉邊界，只有領有永久居留證並且願意接受隔離十四天的人才能進入香港。國安法通過的消息傳出之後，經常在香港接受我採訪的各國外交官員和律師全都嚇傻了。「這真的太讓人震驚了，沒有人料想到這一天會這麼快就到來。」其中一人在電話裡這麼告訴我。「我們所熟知的香港就到這天為止了。」香港政府在隔天一早就出動鎮暴警察守在金融區，以防這則消息引起香港民眾趁著午餐時間發起示威抗議，但許多人卻覺得不會發生這種事。幾個月來，我一直想採訪企業界人士，請他們公開談談香港從此不能進行抗議活動會產生負面影響的想法。一位在香港工作的知名澳洲企業高層對我說：「一般來說，商界普遍不認為終止示威和破壞是壞事，畢竟香港的經濟已經被搞成這樣了，企業界都希望這動亂趕緊結束。有人說擔心中共的國家安全機構會在香港設點，我們聽到都笑了，這不是遲早的事嗎？這不過就是他們決定明著來而已。」

當時企業界不知道的是，中國會多麼不計一切代價只為剷除香港所有的不同言論。原先大家以為新的國家安全法只會針對那些最死硬派的示威者和批評者，只要中國確定香港不會再出現暴動，就會讓香港恢復過去作為進入中國通商門戶的地位。雖然部分美國和其他外資撤離了香港，但是垂涎中國這塊金融大餅的銀行業卻紛紛回流。「現在我們並沒有看到香港有大筆資金外流的情形，畢竟這裡還是充滿了前景。」任職於控股巨頭的交銀國際（BOCOM International）研究部負責人兼首席策略師洪灝這麼告訴我。「隨著中美關係每況愈下，一些在美國上市的中國公司都紛紛回到香港掛牌。現在香港因為降低掛牌上市門檻，加上可以改變股東結構，中國公司返港掛牌變得很容易。」他補充道。[2]隨著美國國會正力促要對搶在納斯達克上市的中國公司嚴加審核，中國科技巨頭如京東和網易都考慮在香港以更高的股價上市。同年十一月，總部位於深圳的手機廣告公司輝煌明天科技控股公司首日掛牌價就收高了百分之三十二。如果北京當局沒有出手干預，馬雲的螞蟻集團原本打算在香港和深圳同時掛牌，成為史上最大的掛牌上市公司。中國資本雖然不斷流入香港，但是過去國際公司交易安全度高的美名卻蒙上了一層陰影。

回到上海這頭，這一則消息卻讓許多人額首稱慶。一天晚上，威廉和我參加了一場慈善賓果晚會，我被介紹給一位在中國長住的香港女士認識。當她知道威廉同樣來自香港後，邀請我們隔天晚上去參加另外一場派對。「我們要慶祝國安法通過。這可真是個大好消息，不是嗎？總算可以停止示威活動了。」我很好奇她的想法，所以和她多聊了一會兒。我問她對於家鄉再無言論自由有什麼想法。她回答說：「哦，言論自由太奢侈，我們已經負擔不起了。」香港很多企業界人士也跟她持同樣的看法，有人主張示威遊行適得其反，反倒給了中國藉口採取強硬手段來消滅異己。「或許當初就該以更細膩的手段來抗議，今天會變成這樣都怪他們。」華為澳洲分公司的前主席約翰・洛德（John Lord）在我當週為《澳洲金融評論報》寫的一篇文章下面留下這樣的回應。[3]中國會採取這樣的手段是必然會發生的事，無論如何，香港總有一天得要按照共產黨的規則走，只是沒有人料想到這一天會來得這麼快。

二〇二〇年下旬，香港時而部分封城、時而解封，林鄭月娥的執政團隊要分心處理國安法施行，所以並不能如中國那樣嚴厲控管疫情。香港每週都有新的政治發展攻占新聞頭條。

到了八月，數百名穿著制服的警察突襲了香港《蘋果日報》的總部，該報一向對中國批評不遺餘力。向來直言敢言的創辦人黎智英當時七十一歲，被警方以勾結外國勢力之罪名在家中被捕，他的兩個兒子和四名蘋果日報高層同時也被警方帶走。幾個小時後，他在親手創辦的蘋果日報總部被人上銬帶出的影片出現在各大社群媒體和香港新聞台上。一向為黎智英倚重的貼身助理馬克・賽門（Mark Simon）隨後在美國透過電話告訴我：「有人說，這一幕讓他們想起羅賓漢走向絞刑台的畫面。」賽門被中國指控是美國中情局的間諜，留在香港顯然會有危險。「中共這麼做不是為了恫嚇香港其他媒體，畢竟多數的媒體早已被他們掌握。派出兩百名警察搜索蘋果日報是要殺雞儆猴，讓人民知道共產黨權力有多大，這才是中共一向在乎的事。」

接下來的一個月，有消息指出香港終審法院的澳洲籍法官施覺民（James Spigelman）提前請辭，離他任期屆滿早了兩年。[4]香港終審法院共有十四名外籍法官，其中有四位是澳洲人。

施覺民幾個月來一直對國安法深感憂慮，同時香港政府官員的言論也讓他質疑香港司法是否能獨立於政府之上。他的請辭對許多在香港經營的跨國公司而言不啻一記警鐘，因為他們並不想受到中國法律的限制。

中共除了在香港本島逮捕異議份子外，還在海上戲劇性地攔截了十二位試圖偷渡到台灣的民主派人士。香港過去曾是難民和尋求政治庇護者的避風港，現在卻成了想要逃離的地方。

在政治上，連香港原本還有選舉的假象也在崩毀中。十一月，香港立法會根據剛通過的國安法取消了四名民主派議員的資格，此舉讓其他十五位泛民主派的議員集體請辭。香港政壇的在野派實際上已經不再存在，剩下來的議員全都是親中的建制派。而最後的致命一擊發生在二〇二一年一月，五十多位民主派積極人士和政治人物被逮捕並拘禁，雖然這些人隨後都交保獲釋，但他們旅行所需的證件全部被沒收，而且每一位都面臨數年刑期。

「此等大舉掃蕩顯示北京當局完全不怕露出張牙舞爪的流氓真面目。沒把香港所有的反對聲音消滅，絕不善罷甘休。他們和這些反對聲音誓不兩立，國際社會現在應該要看清真相了。」流亡英國的民運人士羅冠聰為《澳洲金融評論報》寫下這段話，之前與他一起為香港爭取民主的民運人士黃之鋒和周庭當時仍身陷囹圄。

世界各國對此全都發出不平之鳴，威脅將制裁中國、終結香港的最惠國待遇以及罪犯引渡條例，但都無濟於事。澳洲政府承諾要協助一萬兩千多位相港民眾申請永久居留，其中許多是本來就在澳洲工作或念書的香港人。這讓人想起當年澳洲總理霍克在一九八九年天安門事件後的德政，當時他發給兩萬七千名中國流亡學生澳洲簽證，歷史似乎重演了。多數我認識的香港人都沒打算離開，但他們也感慨並哀悼自己心愛的香港已然壽終正寢。一些持有外國護照的香港人也開始尋找別的出路，他們不希望下一代在林鄭月娥強調會進行的愛國教育下長大。對他們來說，林鄭月娥和她的執政團隊似乎是從另一個星球來的外星人，因為她所想所做的完全跟香港人民背道而馳。許多人覺得，香港還沒到二〇四七年就提前變得和中國其他城市沒有兩樣，這一切都是她的錯。

英人治港後期的最後一位布政司陳方安生有次和我一起吃午餐時對我說：「這個災難完全是人為的。」[5]她日後為了個人和家人安全退出了香港政壇。「要是林鄭在六月時就同意撤回引渡條款，後續這些事都不會發生。不會有長期的暴動，也不會加深人民對於特別行政區政府和北京政府的不信任和不滿。過去擔任公職期間，我從未擔心過個人的人身安全，但今年已不同以往了，任誰都不願意發生這種狀況。」

在這之後她就沒再接受過幾次採訪。在一場家庭悲劇之後，陳方安生退出了政壇。即便不是如此，她之後也會承受來自親人的莫大壓力，希望她保持沈默，以免晚年在牢獄中度過。

其實早在國安法通過之前，香港街頭就已經恢復寧靜。起初是因為疫情讓示威者和憤怒的市民無法走上街頭，香港民眾也早就知道為了避免傳染性疾病必須待在家裡。二〇〇三年，香港占了全球因ＳＡＲＳ而喪命人數的五分之二，其中受害最深的就是一處住有一萬九千人的集合住宅。該處住戶先是居家隔離，隨後又被移到郊區的度假營地。因為當年這起超級感染者事件，香港居民非常遵守公共衛生防疫規定，同時也對中國政府的說詞抱持高度懷疑。在新冠疫情爆發前的香港，人們平常就會戴口罩上街，尤其在冬天更是如此。新冠疫情在二〇二〇年爆發時，香港很早就被攻破防線，除了傳染的威脅之外，同時也讓香港在政治上走上不同的路。限制聚會人數給了香港政府完美藉口以肅清街頭的示威人群，同時中國政府也得以趁全球各國忙著處理新冠疫情的時候，徹底將所有異議份子剷除殆盡。習近平對自己國際地位的自信從他處理香港的方式就可以看出來，如果他對香港的處置如此明目張膽，那麼他又會怎麼對待台灣和全世界？

二十一、貿易戰爭

二〇二〇年五月到八月，上海、廈門：北京

在經歷過第一波新冠疫情、封城、兩次隔離、朋友失蹤之後，二〇二〇年的中國情勢逐漸開始好轉。雖然中共對記者報導的管控越來越嚴厲，但隨著解除封城，至少可以在中國各地走走，而我身為記者自然也對中國政治和經濟上的變化感到好奇。從表面上看來，雖然這個世界第二大經濟體仍面臨挑戰，但狀態似乎已經回穩。官方媒體不斷大肆讚揚中國人民為疫情的犧牲與政府控制疫情所做的努力。

當年春季，官方持續以土法煉鋼的方式在中國各地撲滅疫情。哈爾濱這個擁有一千萬人口的北方城市素以冰雕節聞名，在出現六十三名感染病例後就宣布封城。六月時，北京一處漁貨批發市場爆發的一波疫情起初令人擔心，但疫情在透過大量篩檢和追蹤接觸者後得以受到控制。另外，在新發地市場的砧板上也被驗出了新冠病毒。對於各國的觀察家而言，很難想像人口如此龐大的國家的感染率如此之低，相對歐美等國的疫情卻如燎原般不可收拾。

當我試圖向讀者說明，沒到過中國難以體會中國防疫措施的規模，很多人都說我是在為中國共產黨說話。對比我經常因為批評北京而被辱罵，被說是北京同路人倒是頭一遭。作為在中國的外籍通訊記者或評論作家，在這個話題上很難為自己辯解。從疫情爆發之初，我就親眼目睹上海所有人聽聞病毒具感染性後，一夜之間躲回自己家裡消失無蹤。只要踏出家門，沒有人不隨時戴上口罩。不管你喜不喜歡，一黨專政遇到這種公衛危機需要動員龐大資源時，無需先解決內政的口水戰和政黨扞格，此事令人印象十分深刻。雖然中國在武漢疫情爆發初期隱瞞真相，但隨著時日過去，它也沒有必要再去美化感染者數字，畢竟中國沒必要冒著疫情再次爆發、反而重挫其復甦經濟努力的風險。

到了五月，中國解除了各省之間的旅遊禁令，不過仍建議學生和國營企業員工不要離開家鄉。那個月我搭快車到附近安徽省一個老村莊去過週末，朋友和我到達當地火車站時，坐在木桌旁的公安接過我們的護照，然後很認真地抄寫我們的旅遊史，一一檢查我們有沒有戴好口罩、為我們量體溫，並要求我們在手機上下載追蹤行跡的應用程式，然而這十分擾人，因為每一個省份使用的應用程式不同，而且運作十分卡頓。

中國的經濟復甦領先於西方民主國家前面，後者還有一連串層出不窮的疫情要處理。然而北京當局趁這些國家遭遇疫情時將之大肆批評了一番，但這些國家的苦難也讓中國這個世界最大輸出國跟著沒好日子過。雖然中國各地工廠重新復工，但全球經濟大蕭條卻造成各國對中國產品的需求銳減，因此整個冬天都因為疫情被困在家鄉沒有收入的農民工也遭受池魚之殃。政府的企業振興方案都流向大型國營企業，私人小企業難以維持生計。政府向小型企業承諾會減稅，並且日後補償他們在停工期間支付的工資和租金，然而這些承諾卻不一定會兌現。當年三月，中國政府公布的失業率是百分之五．九，也就是兩千六百萬人。雖然相對於二月時的百分之六．二失業率已經有所改善，但是越來越多人質疑官方數據的準確性，因為這個數字沒有包含失業中的數百萬農民工。中國一家證券公司則稱，中國當時真正的失業率應該高達百分之二十．五，但該公司隨後撤回這份報告。[1] 中國社會科學院經濟學家張斌告訴中國頗富眾望的財新雜誌，估計有三千到四千萬農民工失業。[2]

「我們不應該這麼樂觀，公司要倒閉或關門需要經過很多手續和流程，疫情的影響還沒有完全反映出來。」時任甘肅省省長的唐仁健在當月一次會議上，如此直言不諱地說出這番驚人之語。「幫助中小型企業度過難關不是一般之急，而是十萬火急。」

五月，中國領導人在疫情爆發首度公開露面。那是一年一度的全國人民大會，全國各地三千多位地方代表齊聚北京，這是中共建黨以來第一次人大沒有按往例在三月召開。全國人大的召開是中國政府對外傳達的一項重大訊息，表示中國的疫情已經獲得控制。人民代表在會堂上排排坐，除了習近平和高階領導以外，每個人都戴著口罩。[3] 外籍記者不得進入大會堂，只能在旅館房間裡看電視轉播，新冠篩檢呈現陰性的記者也可選擇到媒體中心觀看會議過程。這是一個讓我到首都北京看看的機會，北京和上海一樣已經完全恢復疫情前的活力，連交通堵塞和空氣污染的情形也都恢復了。「中華兒女風雨同舟、守望相助，築起了抗擊疫情的巍峨長城。」總理李克強在大會工作報告中這麼說。然而，李克強也打破中共多年慣例，沒有在這次大會上為年度經濟成長設下目標。因為就連對這些中國經濟決策者而言，這也是不可能的任務，他們對於國家的財政挑戰改採取更為保守的態度。中國也祭出了振興方案，但是相較美國等國以及中國於二〇〇八年全球金融危機時的措施，規模並不大。李克強在工作報告中宣布，將發行三．七五兆人民幣的抗疫特別國債用於基礎建設上，以提高就業率並且創造九百萬個就業機會。兩個月後，中國政府宣布其第二季國內生產毛額得以避免衰退，並且創造出百分之三．二的成長率，這個數字是自第一季百分之六．八衰退的驚人反彈，令人難以置信。中國宣稱，這是因為過去出口訂單大量回補，削弱了消費低迷的影響，但經濟學家紛紛質疑，中國的出口表現怎麼會比去年同期尚未有疫情時的表現好。即便中國許多工廠已經復工，但產能也尚未恢復過去的百分之百。

儘管如此，中國的經濟狀況比起許多西方國家要更健康，這也讓習近平在世界舞台上更加膽大妄為。中國的民族主義變得極為猖獗，比起過往更加狂熱和囂張，隨著美國種族紛爭引發的暴動讓他們相信民主是失敗的，他們益發無法容忍各界對中國的批評，反擊批評的力道也變得更強。北京頒布的新國安法施行之後，中共國務院港澳辦副主任張曉明在六月底的記者會上就說：「中國人看別人臉色、仰人鼻息的時代已經一去不復返了。」

中國此時一方面在海外施行口罩外交，贈予各國迫切需要的醫療補給，一方面也在各方面強化對領土所有權的主張。在短短不到兩個月的時間內，先是中國海警船在南中國海爭議海域上將越南漁船撞沉，隨後又派遣戰機飛入台灣防空識別區，之後中國士兵又在喜馬拉雅山邊界爭議中和印度士兵發生衝突，導致二十名印度軍人和數量不詳的中國士兵死亡，這是中印兩國數十年來首起出現死亡的衝突。

七月，川普政府宣布中國的南海主權聲明違法。雖然二〇一六年國際法庭的判決亦認定中國違法、菲律賓勝訴，但是美國此前對此一直保持中立態度，川普的聲明是兩國不斷升高衝突中令人憂心的新發展。過去七十年間，中國一直堅稱南海九段線這一模糊的分界線內屬於其領海，甚至還在此建造人造島礁，並在上頭蓋了簡易機場與空軍基地以作為在該區域的防衛前線，藉此保護其漁業航道以及石油與漁業等資源。

另一方面，中國對兩名被拘留的加拿大人控以間諜罪，並針對包括電信巨頭華為禁令和新冠病毒起源等事與歐美正式宣戰。連過去與中國站在同一邊的非洲盟邦現在也紛紛與他為敵，因為住在廣州的奈及利亞、迦納、馬利等外籍工人，被房東以擔心他們傳染新冠病毒為由逐出租屋處。

華府智庫戰略暨研究中心的中國研究主任白明在被問及中國為何現在與所有人為敵時，說道：「北京政府越來越冒進了。中國自覺越來越強大，所以也就越來越霸氣。自覺強大是因為根據北京當局的看法，現在國際局勢的消長對其有利。北京當局非常懂得及時掌握這種戰略性機會。」

「習近平很常講的一個詞就是『倡議』。我認為這個字就代表了習近平政權：待時而動先發制人。」

中國之所以會這樣，有部分原因來自全世界的反中情緒所致，這是自一九八九年天安門事件以來全球反中情緒最高漲的時刻。網路上的假訊息作戰不只發生在中國，同時也在美國發生。社群媒體平台成了訊息戰日益加劇的新戰場，諷刺的是連被中國禁止的推特也不例外。除了網軍以外，中國政府高層也不落人後，習近平放任、甚至鼓勵其手下的外交官員進行強勢的攻擊。他們被稱為「戰狼」，源於二〇一五年一部中國動作片的片名，片中描述一支特種部隊被派去和美國的傭兵作戰。派駐中國的西方外交官對中國此舉感到非常難以置信。中國外交部的工作原本都要和各國合作，現在卻開始在反對各國了。

小粉紅

除了外交官的戰狼外交之外，習近平宣傳攻勢中的第二個武器就是數百萬中國公民，不分海內外在網路上散布中國民族主義的言論，這些人被稱為「小粉紅」。稱為粉紅是因為他們是中共的同路人，但是卻不必然屬於九千萬中國共產黨黨員的一份子，也不是政府官員。其中有些人說的是肺腑之言，有些人則是拿錢說話，但更多的是網路機器人這類社群媒體假帳號。並非中國的每個人都支持這種新型態的「外交」作為，但這某種程度上也是對國際社會批判武漢疫情爆發的強烈反擊。

「戰狼外交其實反映出了中國的焦慮。」南京大學國際關係學院的朱鋒在接受《澳洲金融評論報》的訪問時這麼說。

「自新冠肺炎爆發以來，西方國家就認為中西勢力有西消中長之勢，所以美國加強了對中國的制裁，強化在中國鄰近海域的軍事巡邏、對於高科技產品進行管制，現在又多了媒體戰。在這種情形下，中國不能不有所回應。許多中國人民認為，中國對全球貢獻良多，為了控制新冠疫情付出了慘痛的代價。」

這種網路上的攻擊性言論其實不是中國人民真正的樣子。我在中國的朋友雖然了解國際局勢的緊張，但多半對其視而不見。作為澳洲人，我在中國從來沒有遭遇過任何歧視或排外情結，不過我在想，在我離開中國後的幾個月後，或許這種情況隨著中澳關係惡化已經有了改變。

川普和共產黨的意識形態之戰一路持續到十一月的美國總統大選，儘管雙方之間的敵對占盡了全球媒體的版面，然而直攖其鋒、遭中國外交政策下最重手的卻是澳洲。

事情急轉直下的開端是澳洲外長瑪麗斯·佩恩在四月一個週日早晨的一番言論。她在接受澳洲廣播公司《知情人士》（*Insiders*）節目的採訪中說道，應該針對新冠病毒起源啟動國際調查，她的言談之間充滿了煽動性。眾所周知，北京當局對這個話題異常敏感。怎麼會在沒有事先徵詢過美國和其他盟邦意見的情形下，在一個電視節目上發表如此重大的外交政策聲明？熟知澳洲總理莫理森政府的相關人士認為，如此強硬的表現是經過深思熟慮後的決定。這個問題當時獲得澳洲民眾的廣大支持，然而針對自己最大貿易夥伴的抨擊卻讓澳洲付出了沉重的經濟代價。四月二十六日，北京駐澳大使成競業在接受《澳洲金融評論報》記者安德魯·提勒特（Andrew Tillett）的採訪中指出，[4]提議調查病毒來源的事將會讓中國消費者抵制澳洲牛肉和酒品，也會讓中國留學生和觀光客對澳洲止步。這不是空口說白話，在接下來的幾個月裡，從酒類、牛肉、大麥、煤、海鮮、木材以及棉花等等，所有的澳洲對中出口品都遭到中國官方和民間的貿易制裁。在澳洲毫無準備的情況下，一場和他最大海外客戶的貿易戰就此開打，而這個最大客戶顯然想藉此殺雞儆猴，讓全世界知道不可起而效尤。中澳雙方的對立在這一年持續升高，幾乎每天都會出現新的侵權事件。隨著澳洲新聞每天充斥著中國侵害人權和網路攻擊的報導，住在上海的澳洲人也越來越緊張。其中的許多人都在中國做生意，一輩子都奉獻給了中國這塊土地，他們認為發展已經有點超乎常理了。「中澳關係已經不對勁了好幾年，但是雙方難道不能互相妥協一點嗎？」在上海經營餐廳的負責人蜜雪兒·加諾特有天這麼跟我說，她的米氏西餐廳經常接待政治人物、作家和藝術家。「我實在看不出來這有任何戰略或政治益處。」彼德·阿克爾（Peter Arkell）表示，他是澳洲上海商會前主席，現在長住中國，負責人才招募的工作。當澳洲政府在七月警告在中國的澳僑要小心自己人身安全，以免隨時因不明原因遭到逮捕時，他著實嚇了一大跳。「真正讓我吃驚的是關係惡化得如此之快。」他這麼對我說。「就現實層面而言，我不覺得有這個風險存在。中國經濟已經沉睡好幾個月了，現在好不容易從沉睡中甦醒。這正是來中國賺錢的大好時機，生意蒸蒸日上，做生意的人應該要慶幸自己身在中國，因為這裡可以找到機會。」儘管政治緊張的局勢不斷升高，澳洲對中國的出口卻也節節上揚。跟據澳洲統計局（Australian Bureau of Statistics）在當年八月公布的數據顯示，截至二〇一九至二〇二〇年的會計年度末，澳洲對中國出口上升至百分之四十八·八，創下歷史新高，貿易順差高達七十七·四兆澳幣。[5]尤其中國對澳洲鐵礦的需求再多都嫌不夠，因為當年中國另一個主要的鐵礦供應國巴西正好無法供應中國鐵礦。

在成競業出言警告後，我開始針對澳洲出口是否遭遇風險一事進行調查。經過先前長達十八個月的反傾銷調查之後，我們已知大麥的確陷入出口難關，那麼其他的項目呢？在與許多中國貿易商和進口商交談過後，未來澳洲對中出口會遭遇困境的事情顯而易見。同年五月五日，我寫了一篇報導[6]，其中特別點出中國在未來幾個月會採取的懲罰性措施，只不過真正的威脅不如成競業所言是來自中國的廣大消費者。我認識的中國朋友受邀來我家烤肉時，仍舊開心大啖澳洲國王島布里起司（King Island Brie）和南澳生產的比諾葡萄酒。主要的問題來自中國政府，它能夠直接或間接操控在港口、機場或是其他入境點的行政官僚和海關人員，從而刁難貨物進口。「海關官員可以自行決定要抽驗哪些進口貨品，整批船運是否放行完全取決於他們。」我的朋友詹姆斯這麼告訴我，他是中國生鮮食品的進口商。他們也可以自己決定實施一些沒有明文規定要做的更詳細檢查或是體溫檢測，藉此讓整批船運的食物拖延到過期發臭或者讓消費者無法等待的地步。其他進口業者則指出，另一個風險在於，如果大家認為澳洲被官方盯上，為了避免進口貨品被卡在海關，那麼乾脆不要從澳洲進口。六月時，我在廈門這個富裕的沿海城市待了三天，和許多主要從澳洲進口海鮮的業者聊了一番。雖然我是不速之客，但當我拜訪當地到處可見的海鮮市場時，他們還是非常樂意和我聊天，雖然講話非常直白，他們紛紛邀我到市場上方的辦公室抽煙喝茶、聊聊現況。

「中國政府是真的可能會使用某些手段讓（澳洲水產的）通關時間變長。」永生海產社長蔡永強（Cai Yongqian）這麼說，他的公司專門進口澳洲龍蝦和鮑魚。數個月後，他的預言果然成真，澳洲龍蝦空運到廈門後就卡在機場，這對澳洲另一個出口市場又是致命一擊。

我和陳定平（Chen Dingping）約在霞山國際海產中心見面。他經營的海生發海產公司是家族企業，已經經營海產進口十八年了。我陪陳定平走過好幾百個龍蝦槽，地上濕濕滑滑。他想知道為什麼澳洲政府要「挑起這個爭端」。「我有點擔心，不知道北京當局面對這種緊張關係會採取什麼手段。」

在我被迫離開中國之前，像廈門這樣的採訪之旅我進行了很多次，而且我原本還有許多計劃進行的採訪專題和地點，當時我完全沒想過自己在中國的時間已經所剩無幾。本來我們預計在七月前往武漢採訪當地解封六個月後的復甦情形，但是因為嚴重的水災被迫取消，現在回想起來真是深感遺憾。在中國最後的那幾個月其實是最好的一段日子，因為留在中國並挺過疫情的人們建立了深刻的情誼。我們在國境關閉後被困在中國，但所有人都在中國境內瘋狂地旅行，每到週末就有人邀請一起出遊。到了七月，我和威廉因為無法返回澳洲而去了多山的雲南省爬山，那裡可以說是我這輩子去過最驚豔的地方。在中國工作和生活的最大好處就是那些為了採訪而進行的公路旅行，途中總是會有許多美好的意外。雖然有語言上的障礙和來自中國政府的干預，但在中國旅行的費用低廉，鐵路和飛機也都非常便捷。與二〇〇五年光是買張火車票就要花上四個小時的中國相比，如今已經是天差地遠。我曾經在中國一年之中第二擁擠的黃金週空檔，硬是冒著要和大批南來北往的中國人擠在路上的風險，和從倫敦來中國旅行的朋友漢娜（Hannah）一起搭上了有臥鋪的火車，前往西安去看兵馬俑。她在一家溫泉旅館訂了房間，這家旅館後面依著一座滿是垃圾的山，旅館在山上用霓虹燈做了一個假月亮和許多星星。我也曾一天內往返寧波上海去採訪一名西澳來的酒商，因為他成功地打入中國市場而大發利市，該公司的贊助人是一位作風獨特的中國富商東尼．王（Tony Wang），他特別帶我們去參觀他的豪華閣樓，其中在最頂樓竟然有天文台、畫廊和一個供他沉思靜坐的離地十層樓高的水晶挑高平台。而看似平凡無奇的新聞往往最難採訪成功，譬如我曾到雲南省採訪一個澳洲人開設的夏威夷果農場，沒想到竟然招來二十多名政府官員陪同我們走上塵土飛揚的小山丘去拜訪當農民，結果場面擁擠、一片混亂，完全毀了這次的照片和報導。二〇一九年底，我在內蒙古花了一個星期採訪地處偏遠地區的農場，因為這邊的酪農難以為繼。當地官員和他妻子在這一星期不斷強敬我們白酒，這種烈酒在中國很知名，中國商界聚會在習近平開始反貪腐之前一定會有這款酒。除此之外，這位大官還逼在座所有人都要唱一首自己家鄉的歌。這趟旅行最後，我因為暴風雪被困在機場，最後足足花了二十四個小時才回到上海。這種事情在中國時時刻刻都在發生，有驚喜，也有驚嚇。政府上一秒處處在找你麻煩，下一秒又讓你唱歌跳舞。

青島啤酒節這個一年一度的盛會完全把中國變幻莫測的一面表現得最為淋漓盡致。每年八月，在十九世紀末曾短暫被德國占領的沿海城市青島都會舉辦為期十七天的慶典，其規模盛大到足以和德國慕尼黑的啤酒節相比。那個星期五晚上，當我們搭乘的山東航空即將在濃霧之中降落時，我心裡揣想著這個有著九百萬人口的城市會是什麼樣貌，因為這個城市在疫情期間只出現了六十五名新冠感染者。疫情似乎澆不熄狂歡民眾的熱情，所有人都搶著湧入這座有著德式建築和巨大釀酒廠的度假城市。在前往飯店的兩個小時車程中，我們經過無數閃爍著各色光芒和雷射燈光的建築物，還有巨大的摩天輪和仿造的德國城堡。我們住的飯店就座落在沙灘上，但遊客禁止下海游泳，只能在淺水區玩水，只要走到水深過腳踝處就會有救生員對你吹哨子、趕你上岸。但這也沒關係，反正我們是來喝啤酒的。隔天傍晚，我們這群由中國人、瑞典人、荷蘭人、澳洲人組成的混合隊伍都跑到容納數千人的大帳篷裡，跟著所有狂歡啤酒客一起光著上身跳上桌子，捧著小啤酒桶對著電音舞曲豪飲熱舞。空氣裡滿是狂歡酒客的汗水和濕氣，但是幾乎沒有人戴著口罩。「歡迎光臨中國。」鄰桌的一群酒客對我們高喊，並跑過來握手。在歷經了必須謹守社交距離和層出不窮的防疫規範的這一年，看到每個人都卸下警戒、盡情歡笑，真的是讓人大開眼界，我把這個畫面上傳推特後在澳洲引起了關注。當時全世界的大部分國家都還在封城，大家很難相信中國竟然已經可以完全無須社交距離盡情狂歡了。同一個週末，武漢舉行大型泳池派對的畫面也登上了世界各地的新聞版面。

中國的生活看似已經恢復正常，但是一切卻也與疫情前不同。中國和美國以及澳洲之間的對立持續上升，而中國內部也顯示官方幾乎是以每週一變的速度，以更保守的態度來控管人民的生活。當時我在上海驕傲節[1]演講所用的簡報在活動前就已經先被仔細地審查，其中投影片上的「香港」二字被指出是敏感字眼，而在這個活動舉辦一週後，籌辦該活動的組織就被當局關閉了。在我於中國享有自由的最後一週裡，我在悠閒的成都市裡的一間酒吧和一位見多識廣的藝術家陳毅（Chen I）聊天，其言論大出我意料之外：「中國不能再這樣下去了。共產黨終

[1] 譯注：二〇〇九年開始舉行的中國LGBT、同志的系列多元性別活動，於二〇二〇年無預警宣布停辦。

究會從內部產生衝突而分裂，到時候中國就會變成許多個自治區才能夠繼續維持下去。多數中國人的要求不高，或者說是很識時務，他們也不是多愛國或是多有民族情操。一旦政治風向變了，大家也就隨波逐流、順應時勢以求自保，沒有人會搞什麼起義、革命的。」

未來中國的新篇章究竟會怎麼發展，現在還看不出徵兆，然而屆時我將無法在中國以報導見證了。當我寫著中澳關係生變多篇報導、在青島暢飲著啤酒、在成都觀賞著大貓熊的時候，中國國家安全部正在暗處監視著我。我擔任中國特派記者的工作就要戲劇性地結束了。

第五部

逃出生天

二十二、飛向自由

二〇二〇年九月七日，上海

在中國的最後一天早晨，我在綠洲中醒來。小鳥在外頭花園高歌，天空藍的不像上海，夏末的微風徐徐吹入房中，房裡散落著還沒收拾完的行李箱。外頭傳來小朋友嘻鬧的聲音，在這座世上最繁忙的城市中，這裡卻是難得的一方寧靜。上海是座住了兩千五百萬居民的水泥叢林，公園和開放空間是種奢侈。我躺在澳洲駐上海總領事官邸二樓試圖暫時忘記一切，告訴自己之前的遭遇全是幻覺。我竟然會身陷中澳外交風暴的暴風眼中，面對著自己這輩子最難熬的一天。前一晚我輾轉反側，在腦海中一遍又一遍地排練著接下來二十四小時的計畫，直到凌晨三點才沉沉睡去。

回想三十六小時前還是星期六的那個傍晚，澳洲駐上海總領事戴德明到我們房間來報了喜訊。他先是讓我喝了一杯塔斯馬尼亞的威士忌平靜心神，再到花園稍微散步放鬆心情，接著告訴我莫里森政府和中國國家安全部的高層已經就「後續安排」進行了協商，他們同意我和比爾循特殊管道離開中國。雖然在接受總領事館庇護的最初四十八小時內沒有任何進展，當時真的讓我感到相當沮喪，不過那天早上戴德明總領事進辦公室前先和我們要了護照去影印副本，讓我的內心仍保有一絲希望。當時他提醒我們：「不要抱太大希望。」但是事情在當天稍晚卻有了突破性的進展。

中國向澳洲外貿部保證會取消我們的出境禁令，但是有一個條件，就是我和比爾必須先到國家安全部接受偵訊才能離開中國。這個條件並不令人意外。為了顏面，中國要讓外界覺得一切都是依法行事，至於偵訊是否是場政治鬧劇根本就無所謂。但我們擔心的是中國當局是否會將此弄假成真，藉由審訊逼我們招供，以此讓成蕾入罪或者連我們也一併羈押。

在進行下一步之前，澳洲外貿部需要先徵得我的同意。而我同意有兩個理由。首先，我沒有別的路可走。

其次，違背雙方高層官員達成的共識不利於北京當局的利益，反而會造成中國難以處理的外交問題，澳洲外貿部一定是下了一番功夫才讓中國國家安全部願意協商。另外一種說法則是，先前讓公安半夜來我家造訪把事情搞砸了，北京當局為了切割，所以乾脆讓我們離開。若是逮捕我們，反而會讓在中國進行新聞工作的數百名外籍記者和其國家感到不安。

「知道澳洲外貿部裡協助處理這件事情的人是誰，的確讓我對事情的進展安心許多。除了有個大難關沒有把握之外，你很有機會能夠脫身。當時我開始覺得，也許中國相關單位也很想擺脫你們兩個，但是原因不得而知。」我的律師克里斯．卡爾後來這麼對我說。「他們似乎有點按捺不住想讓你們盡快離境，只想草草審訊你們好有個交待。我雖然有信心，但也沒有把握中國當局究竟會不會信守承諾。但事發至此，他們想反悔也太不及了，而且要是他們在這階段反悔，可是會讓他們在其他國家面前掛不住面子。」

但是接下來的過程則有如惡夢。

反覆推敲後，我們行程如下：

九月六日，星期日

晚上八點：比爾在北京接受國家安全部偵訊。

九月七日，星期一

一早：比爾從北京飛往上海，在上海等候轉機前往雪梨。

下午三點：麥可在上海接受國家安全部偵訊。

晚上八點四十分：麥可和比爾搭乘中國東方航空班機從上海飛往雪梨。

比爾被安排在北京接受偵訊的時機有點可疑。為什麼這麼晚才開始偵訊？這會不會是將偵訊拖到半夜的策略，趁人在夜裡精神不濟的時候，更好套出讓成奮入罪的自白或陳述？在說好的條件中，澳方要求比爾和我不能同時接受偵訊，因為如果同時偵訊，中共就可以趁我們都暫時脫離外交保護的時機將我們逮捕。我不介意排在比爾後面，只要我們完成偵訊，那麼按照中國當局的承諾，他們會解除出境禁令，讓我們自由離開。但是過程中有很多地方都可能會出狀況，在疫情蔓延全球的情形下，跨國飛行本來就困難重重，同時還要擔心自己伴侶的安危。澳洲內政安全部也必須同意在我們飛抵國門時，特許我們不受防疫限制通關，因為體溫檢測和公衛規定篩檢事宜是無可避免的程序。這中間只要有一個海關官員沒被告知雙方高層的安排，堅持按規定行事，事情就麻煩了。

而我們飛向自由的班機也要看中國政府的臉色。中國共產黨會信守承諾嗎？中國外交部掛保證是一回事，但是國家安全部權力大如天，若是他覺得其中有危及國安的部分，還是可以隨時從中作梗。

既然共識就在眼前，我著實鬆了一口氣，但內心也對事情走到這般田地感到憤怒。因為兩國關係生變，導致我們在中國打好的基礎就這麼毀於一旦。我沒有跟朋友道別的機會，甚至無法收拾家中的行囊。我想報導的中國故事還有很多，可是最終我別無選擇。事發至此，如果我繼續留在中國，沒有人能保障我的安全。比爾的處境比我更糟，因為他在中國生活的時間比我還長。威廉同樣很生氣，他完全不敢相信連他也得必須離開，但是根據澳洲外貿部的建議，我不會給他留在中國的選擇。說到底，我還是很慶幸自己能夠選擇離開，像成蕾以及無數被羈押的外國人卻是是連選擇都沒有。我雖然喜歡上海的生活，但是如果每天都要擔心公安半夜來敲門，那我也沒有辦法接受。

最後一天

在中國的最後一天是我這輩子最難熬的一天。偏偏我什麼事都不能做，只能坐在那裡乾著急。

那天早上我在收拾行李的時候遞了一張紙條給威廉，上面寫有我的筆電、手機和銀行帳戶的密碼。「以防萬一。」我對他說。雖然現在被羈押的可能性已經很低了，但是事事難料。我也打了通電話給我的表親邁爾斯．貝斯提克（Miles Bastick），他是在雪梨執業的律師，他有跟媒體打交道的經驗，我請他和我父母親簡單說明一下我的狀況，以及如果消息被媒體批露時請他代替我的家人出面跟媒體斡旋，因為我可能還在飛行中……或者出了什麼更糟的狀況而沒坐上飛機。這時比爾的班機已經在上海降落，聽到他前一晚被國安部偵訊一小時的過程沒有橫生波折讓我放心許多。他們沒有強行逼供，甚至連試探性的提問都沒有，整個偵訊彷彿一場鬧劇。中國只是演了場戲，好趕快把我們送走。

我的律師克里斯．卡爾在偵訊前和我演練了一下怎麼應對。他教我簡短地回答問題，最好只回答一個字。不要含糊其詞，因為他們最想要的就是這種回答。只要針對對方的問題回答，不要多說。我很清楚偵訊過程一定會錄影，所說的話可能會被官方拿來宣傳，旨在詆毀澳洲政府、成蕾和其他還在中國工作的外籍記者。

出乎意料的是竟然到現在都還沒有媒體揭露我們的事。距離班機起飛只剩下十二個小時了。澳洲知情的人屈指可數，只有我的編輯麥可．史塔奇柏里和保羅．貝里等人。（事後我才得知，澳洲外貿部和內政安全部派了一群官員在幕後運作，我們才能順利回家。）在最後這個微妙的階段，必須完全保密才行。

卡爾事後指出：「整個過程中我最擔心的是事情被披露。因為只要你人沒離開中國，生死就是掌握在他們手裡。如果你被拘留了，澳洲的反應一定會很大，言詞一定會很激烈，屆時中國會用盡方法來反擊。這對你的處境是最大的危險風險，所以真的要感謝九娛樂集團、澳洲廣播公司還有澳洲新聞集團壓下新聞，一直等到你安全抵達澳洲才發布。要是事情提早曝光，那肯定不會是今天這個局面了。」

下午兩點四十分，一輛掛著使節牌照的黑頭車停在官邸的碎石車道上，要出發了。在這之前還要做最後的道別。那天早上，總領事特別允許一位朋友帶著我們的小狗休一來跟我們見上一面，休一暫時還不能跟我們一起回澳洲。收拾好行李，結束最後的道別，我和總領事搭了半小時的車前往上海浦東嘉里大酒店接受偵訊，那是一間位於浦東區、外觀沒什麼特色的高樓飯店。這一天是我在官邸躲了四天以來第一次外出。總領事陪我走進大廳，一進去就看到兩個熟面孔等著我們。一位是那天半夜來敲我家大門、戴眼鏡的公安，另一位是當時陪在他旁邊的緊張年輕翻譯。一如我們所料，他們拒絕了總領事陪同我偵訊的要求。我把手機交給總領事保管。

接著我和公安與翻譯三人搭電梯到三十一樓，過程中誰都沒說半句話。燈光昏暗的走廊和中國一般五星級飯店明亮的感覺完全不同，但這裡也沒有普通的飯店客人，全部都是便衣公安。走道上至少有三個穿著POLO衫的男人在待命，經過他們時，他們的雙眼始終沒離開過我們，一邊還在手機上傳訊息。看來整層樓都在公安的掌控之下。

房間裡坐了兩個人，加上跟著我的兩名公安，總共有四個人。其中一名將近四十歲的女性身穿公安制服，她面前擺了一張大桌子，擺在房間正中央原本擺放床鋪的位置。另一名負責打字記錄的男性坐在她旁邊。戴眼鏡的男公安則坐在房間後方，翻譯則坐在桌前靠近我的位置。他們很客氣地請我坐在屋裡正對中間桌子的椅子上，椅子旁放了一瓶水。

因為已經得知前晚比爾的審訊過程，所以我對整個程序大概有個了解，但還是感到十分緊張。那位女性公安部官員用中文說她來自上海公安局，整個偵訊過程會錄影，而桌子上正對我的攝影機閃著紅燈。接著他們問了我的姓名、生日、住家地址、僱主、何時來到中國以及職位，都是些他們已經知道答案的制式問題。偵訊十五分鐘後，她提問的方向變深入了。她開始問我過去在中國報導過哪些事，又採訪過誰。我一五一十地回答我報導過中國經濟、貿易、企業和政治上的相關議題，像是全國人大等等。她又問我有沒有寫過關於香港反送中示威的事，當時採訪了哪些人？「林鄭月娥的辦公室、總商會、香港政府新聞處等等。」我這麼回答。接著問題轉到我和比爾在工作上的關係。我們多常聯絡？會讓對方知道自己採訪的內容嗎？「我到北京時會跟他喝兩杯。」「不，我們是競爭關係。」

她想知道我為什麼去了澳洲領事館。「因為我的政府和老闆覺得我的安全受到威脅。」

接著她問了一連串關於成蕾的問題，我的答案一定讓她很失望。你認識成蕾嗎？「不認識。」你們見過面嗎？「有，一次。」在哪裡見的面？「北京的酒吧。」聊了些什麼？「沒什麼，別人幫我引見她，但沒聊上什麼話。」當時還有誰在？「我住在上海，在北京沒有認識幾個人，所以我也不清楚當時有誰在酒吧。」你們有在社群軟體上交流嗎？「沒有，我連她微信帳號都沒有。」如果我回答的過於簡短，她有時會繼續追問下去，但我不覺得她有特別想問出什麼特定的消息，感覺只是公式化地問一下。

一個小時後，偵訊結束。他們要我為偵訊紀錄簽名，紀錄同時還在列表機上一頁一頁地列印中。我看不懂中文，所以請那位翻譯公安一行行翻譯給我聽。這是一個漫長又費工的過程。我注意到時間正在流逝，還得趕飛機，而且只想趕快離開這個房間。她用蹩腳的英文翻譯給我的內容大致與我說的話相符，所以我就簽了名，接著他們感謝我撥冗前來，然後表示我可以離開了。公安再次護送我穿過走廊，一起搭電廳回到飯店大廳，只見大廳房客攜來攘往。大功告成，我終於在回家的路上。

總領事仍等著我，我們一起走出飯店，司機已經開車在外等候。上車後，他把手機還我。「我沒事，沒出意外。和總領事正在去機場的路上。」我在四點四十分傳了訊息給保羅・貝里。班機預定晚上八點四十起飛，時間還很充裕。威廉已經先到機場了，但出境禁令尚未解除。比爾已經在機場等了一整天，還無法通關。下午五點，中國國安部通知澳洲外貿部出國禁令已經解除。又過了一關，這應該算最大的一關了。

浦東機場國際航班的離境大廳裡空無一人，現在每天仍只有少數幾班長程班機起飛。一群澳洲外交官在大廳等著我們。他們為了我們在背後花了那麼多心力，讓人很難不動容。不知道他們以前協助過多少澳洲人離開中國，而這些事外界從來不得而知。雖然威廉之後在報到時遇到一些小狀況，但很快就解決了。接著則是要填寫繁瑣又複雜的健康申報表，這讓我一個頭兩個大，因為我的移動足跡太過複雜，在過去一週我就去了中國的四個省份。如果健康碼不是綠色，那海關就不能放行。行李托運後，我們全程在外交人員陪同下前往出境處。出境官員在我護照上蓋上許可章的聲音真的是我這輩子聽過最美好的聲音。此時還不能算是完全脫離險境，之後我們又到備有餐點的休息室等候，但我毫無胃口。威廉一直在電話中和朋友解釋這個狀況，但我還是不放心讓外界知道太多事。不過我先前先打電話告訴我父親這個消息，沒想到他沒怎麼驚訝就這麼接受了。「不管怎樣，你媽會很高興你要回家了。」他這麼說。

有人在登機口幫我和比爾拍了張照，這張照片後來就出現在全世界各新聞台和報紙報導上。我們和外交官們握了握手，謝謝他們過去一週為我們付出的辛苦，然後就登機了。

晚上八點零九分，我傳了封訊息給保羅．貝里：「登機了。機門關上了。」

晚上八點十五分：「飛機滑行中。現在說明天早上到雪梨時打電話給你應該不會有問題了吧。」

飛機上四分之三的座位都是空的，整排座位只有我一個人。當然，能在經濟艙座位上舒展筋骨這種事此刻一點也不重要。比爾半開玩笑地說，可能要等到飛機飛得夠遠，燃料不夠飛回中國時才能真的放心。

當我們開始在跑道上加速滑行時，我腦海中浮現了電影《亞果出任務》（*Argo*）中「准許起飛」的驚險場景。在該場景中，班．艾佛列克（Ben Affleck）飾演的角色搭乘瑞士航空班機，伊朗當局試圖阻止這班要離開德黑蘭的班機起飛。我看著窗外，跑道上沒有緊追我們的警車。此時我也想起將近三年前那個一月的冬夜，那晚我們滿心興奮的畫面的降落上海，我從未想過自己竟然會以這種方式離開中國。當飛機升空後，我靠在椅背上，多日來緊繃的心情第一次放鬆下來。一等請繫安全帶的燈號熄滅，比爾就過來告訴我一個壞消息，讓我們想慶祝的心情頓時降到谷底。我們連點啤酒慶祝的機會都沒有，因為這架班機不賣酒。

返家

導致我們突然離開中國的一連串戲劇化的發展都象徵了中澳關係的空前低點。澳洲前總理高夫．惠特蘭五十年前曾一手主導澳洲和中國毛澤東政權建交，若他地下有知中澳關係如今竟然糟到要緊急將記者撤出中國，肯定會啞口無言。澳洲派駐中國的第一任大使費思棻（Stephen Fitzgerald）也同意我的看法。

「我們不是沒跟糟糕的政權交手過，一直以來澳洲都有這種邦交國要應付，亞太地區像這類聲名狼籍的國家其實還不少。但世界就是這樣，不能老希望別人都能符合我們的理想，只能見招拆招。」費思棻在我離開中國前不久這麼跟我說。他接著又說：

「若是遇到像這次的僵局，那就要用外交手段來想事情。要是使館之間的溝通管道受阻，那就要發揮創意、用點巧思看來靈活運用。我之所以在這個節骨眼提起這點，是因為我看不到雙方有在這方面用心。」

雖然澳洲的確動用了多條外交管道來營救我們離開中國，但在我們返回澳洲後，兩國的關係惡化得更嚴重。

隔天一早，我們降落雪梨後就陷入了媒體風暴之中。雖然比爾和我都同意下飛機後才發布之前刻意延宕的內容，但九娛樂集團媒體的克里斯・烏爾曼（Chris Uhlmann）卻已經聽到風聲，在我們於早上八點三十六分剛落地時在推特發文爆料了。還好飛機上有提供網路，我整晚都在向親朋好友傳送訊息，好讓他們知道我和威廉安然無恙，正在返家途中。我父親整晚沒闔眼，一直在網路上盯著我們的飛行軌跡。然而我對返抵國門後的媒體大陣仗毫無心理準備，我跟大部分記者一樣都不喜歡自己成為新聞主角，變成攝影機追逐的焦點。一下飛機後，我的手機就一直在震動，直到我們通關拿完行李都還在震個不停。在國防軍帶我們去搭巴士的路上，航廈外面排滿了電視攝影機在等著。我硬是擠出幾句回家真好之類的話，然後搭上了前往防疫旅館的巴士，威廉跟在我後面，一直想躲避鏡頭。接下來幾天，因為我們要在達令港賓樂雅飯店（Park Royal Darling Harbour）內隔離，所以倒也不用擔心該怎麼躲媒體。雖然回到澳洲讓人鬆了一口氣，但隔離彷彿另一種拘留，不過我的澳洲朋友們不斷提醒我這總比被關進中國監獄好多了。

走進旅館小房間，窗外是莎瑟街（Sussex Street）後巷和雪梨塔，我這一輩子永遠也忘不掉我打開電視的那一瞬間，每一家電視台的畫面都是我和比爾的照片。「澳洲記者被迫逃離中國。」標題非常聳動。看著電視上的自己，我好像靈魂出竅一樣。我們離開中國的事不只上了澳洲新聞，也成了國際新聞。除了英國國家廣播公司、美國有線電視新聞網、《紐約時報》、路透社、彭博社、法新社和《泰晤士報》等，日本、義大利、西班牙以及十多個國家的新聞媒體都想要採訪我，澳洲本地媒體當然也不例外。電話一直響個不停，來自多年沒連繫的人的數百封電子郵件，以及 WhatsApp、臉書、LinkedIn、Instagram 的訊息如雪片般飛來。我足足花了一個多星期才把所有訊息讀完。

返家後，除了陪伴父母以外，我的當務之急就是要為《澳洲金融評論報》寫一篇關於我逃離中國的報導，但是採訪的請求如潮水般湧來，所以這篇報導寫寫停停。麥可・史塔奇柏里和保羅・貝里好心地幫我應對各家媒體，同時也溫柔提醒我媒體的先後順序。「中國如此針對兩位只是在進行報導職責的新聞記者，不僅讓人遺憾，也讓人感到不安，同時也對澳中兩國合作關係沒有幫助。」他們在聲明稿中如此寫道。同事和朋友寄來許多安慰和歡迎回國的禮物，包含了一大堆的酒和堆積如山的起司。這些來得剛剛好，在我三天後慶祝我五十一歲生日時派上了用場。沒想到我和威廉在飯店隔離的期間度過了這輩子唯一一次成為名人的時刻，而他卻快被這幾天不間斷的電話和線上訪問逼瘋了。到了第五天，我只好說服旅館的心理醫師讓我搬到另一個房間，這樣我們才能擁有各自的空間。這是我第三次因為新冠疫情接受隔離，卻也是最辛苦的一次。

結語

當十四天後我們終於解除隔離，可以走到外面沐浴在雪梨的陽光下時，媒體的好奇已經消退，真是讓人慶幸。雖然回到了家鄉澳洲，卻有種流離失所的惆悵感，又有種劫後餘生的震驚，而且仍有許多未解之謎。在我們回國後的隔天，中國媒體揭露澳洲安全情報組織在數月前曾經臨檢四名駐澳中國籍記者的家。這解釋了為什麼我們在中國會遇到那些事，但在我們多次和澳洲官員進行撤離中國的簡報過程中，澳洲政府卻始終沒有人提及此事。我們不清楚澳洲外貿部何時知道澳洲安全情報組織曾經審訊過駐澳中籍記者的事，畢竟了解中國政府的人一定知道這絕對會惹得北京和上海當局不快，因而對澳洲駐華記者進行報復。雖然我和比爾最終沒有被刑求或拘留，最後還能幸運回家，但是成蕾和楊恆均就沒有這麼幸運了。若是未來兩國的對立惡化到無法再派駐紮中國的通訊記者的話，那澳中關係又會變成怎麼樣呢？更重要的是，二〇二〇年新冠疫情劇烈地改變了全球以後，中國十四億人民和這個超級強國在全球的角色會如何發展？

幾個月後，九娛樂集團關閉了《澳洲金融評論報》在上海的辦公室，也關閉了《雪梨先驅晨報》和澳洲《時代報》在北京的辦公室。《澳洲人報》和澳洲廣播公司在中國的辦公室雖然還沒關閉，但在本書發行時，兩家媒體始終沒有再派任何通訊記者到中國。坎培拉的中國大使館也無法向《澳洲金融評論報》承諾，未來派駐中國的記者安全是否有保障，而澳洲外貿部也持續警告澳籍記者短期和中期內前往中國並不安全。如此一來，澳洲會有很長一段時間在中國歷史關鍵時刻無法採訪到第一手的新聞。

在二〇二〇年剩下的幾個月裡，中國加重了對澳洲出口的非官方貿易制裁。除了鐵礦以外，所有澳洲輸往中國的重要出口都被中國課以更高的關稅或是禁止進口，包括酒類、木材、煤、銅、龍蝦等無一倖免。澳洲大眾對中國作為的不滿達到了前所未有的高點，商界也對莫里森政府處理這種微妙關係展開了激烈的辯論。十一月底，中國外交部發言人趙立堅在推特上發布了一張用修圖軟體後製過的假照片，照片中的澳洲士兵割開了一名阿富汗男孩的喉嚨，這讓澳洲人民的仇中情緒達到最高峰。中國藉此要求針對澳洲特種部隊所犯戰爭罪行進行調查，而這也是中共大外宣戰術的新策略，他們改用人權訴求來攻擊對中國不假辭色的國家。莫里森政府和澳洲的友邦立刻抨擊中共此舉「令人非常反感」。澳洲跟他最重要的貿易夥伴重修舊好的日子似乎遙遙無期。

雖然美國拜登總統在二〇二一年上任後，中美兩國唇槍舌戰的火熱態勢似乎有降溫的可能，但他也明確表示美國在他任內對中國仍會保持強硬的立場。二〇二一年三月，在阿拉斯加舉辦的一場氣氛緊張的會議上，拜登手下的首席官員就警告在場的中國官員不要再對澳洲施壓。

中國在未來六年內出現政權轉移的可能性極低。習近平的第二任任期按理將於二〇二二年底結束，但是目前卻沒有任何關於他接班人選的傳言出現。我詢問了中國國內外可信的人士，基本上所有人都認為，只要中國沒有出現任何內部挑戰，他在任期屆滿後至少還會再留任五年。中國共產黨就是一個讓人完全摸不著頭緒的黑盒子，即便該國國內真的出現叛變事件，除非事件落幕，否則外界無從得知，而且結果可能就是一場災難。「不論你是親中還是反中，只要在中國強制改朝換代必然會造成災難性的傷亡，不會有其他結果。所以如果有人意圖走上這條路，那一定要及早阻止。」費思棻說。

不管中國共產黨再怎麼糟糕，其韌性還是讓人不得不佩服。數十年來有許多人曾預測它的日子不會太長，但它就是一路撐了下來。我在上海經常參觀的博物館位於一座歷史悠久的石庫門建築內，一九二一年中國共產黨第一屆全國人民大會就是在這裡召開，這座博物館見證了中國共產黨的長盛。成群的遊客會搭乘遊覽車前來這裡朝聖，向這個以民族自豪為生的政治體制致敬，自新冠疫情爆發以來，這種民族自豪感益發強烈。博物館就位在上海時尚的購物中心旁，購物中心裡有著琳琅滿目的外國設計師品牌精品店，這已然成為新中國的象徵以及其成功在市場消費主義和一黨專政之間取得巧妙平衡的證明。但共產黨的長久同時也靠著中國強韌的經濟實力支撐過來，這也正是習政權最大的潛在挑戰。若是中國的經濟成長過於遲滯，家庭儲蓄無法再像過去支撐百萬人享受較高的生活水準時，那可能會成為人民起義的導火線。中國經濟在二〇二〇年第四季以百分之六・五的速度成長，有望成為全球少數在疫情大流行後恢復成長的主要經濟體之一。雖然經濟學家預測二〇二一年的中國經濟成長率為百分之八，但其龐大債務、難以掌控的銀行借款、房市泡沫以及人口老化仍是其巨大的挑戰。這些問題在二〇二一年中國共產黨建黨百年慶上都被輕輕帶過，這個百年紀念是一個重要里程碑，習近平藉此向國際展示中國國力，以激發中國人民的民族尊嚴，顯示中國在疫情的控制遠比許多民主國家更好。

雖然悲觀主義者覺得習近平會試著對全球輸出共產主義模式，從而創造新的世界秩序，但短期內的現況是他會把重點放在台灣。二〇二一年一月二十三日，中國空軍大舉犯台，之後這個情形整年不斷。此舉雖然只是恫嚇，但沒人知道這是否會升高成為正式的軍事衝突，但正如全世界在二〇二〇年學到的教訓，沒有什麼事是不可能的。美國國務院表示，中國這種「持續不斷恫嚇周邊各國以及台灣的模式」讓人憂心。當中國戰鬥機不斷入侵台灣領空的同時，習近平卻在達沃斯世界經濟論壇上致詞，提醒全球提防「新冷戰」降臨。他說：「在國際上搞小圈子、新冷戰、排斥、威脅、恐嚇他人、動不動就搞脫鉤、斷供、制裁、人為造成互相隔離甚至隔絕，只能把世界推向分裂甚至對抗。」

國際上的中國觀察家對習近平真正意圖的看法大相逕庭。前澳洲駐華大使芮捷銳（Geoff Raby）在他的著作《全球新秩序下的中國宏圖與澳洲未來》（*China's Grand Strategy and Australia's Future in the New Global Order*）中主張，中國無意擴張也無心建立全球霸權。他認為澳洲需要學習用比現在更具創意的外交手段去和一個更有自信的超級強國合作。

回到澳洲之後，我再次去中國異議份子馮崇義在西雪梨市中心的住家拜訪，他招待我吃他最愛的海南醬麵。馮崇義在二〇一七年訪中時曾被禁止離境，他在中國官方眼中比我重要多了，也是少數被中共國安部盯上卻能安然脫身的人士。「中國異議人士一旦被祕密警察抓走，不管國際間如何施壓中國，他們很少願意放人的。據我所知，我是唯一成功脫逃的人。」他說。馮崇義現在任教於雪梨科技大學，但是職務因為無法再收中國學生而被縮減很多。他於二〇一七年訪華期間，在機場要登機離境時被攔了下來，然後被拘留訊問一週。之後中國允許他返回澳洲，條件是不得對外透露他重獲自由的協議內容。他現在所有心思都放在如何解救他的學生楊恆均脫困，但他也說機會很渺茫。

馮崇義在成長階段看著他的國家轉型擁抱市場經濟，卻仍維持著獨裁統治，儘管一度放寬言論管制，但隨後又將其緊縮。他認為習近平的統治現在是絕對的專制獨裁。

「習近平非常有效率地掃除了中國的異議份子團體和地下集會。國家安全主管單位的任務就是主動出擊，逮捕任何有威脅嫌疑的人。不管你有沒有謀劃，只要他們懷疑你有可能發起叛亂，那就可以先將你逮捕。」

「習近平唯一的威脅來自國內，他潛在的敵人永遠存在。習藉由肅貪達到政治目的讓全國如坐針氈，更讓中共菁英看不下去。這讓他成了專制的皇帝，因為他必須全面掌控。他的處境其實岌岌可危。」

預測中國的未來走向很困難，因為這個迷人國家改變的速度比世界上任何其他國家都快。二〇一八年初，我在第二次飛往中國的航班降落時就觀察到了這個現象，這個國家似乎急於到達某個地方。當飛機還在跑道上滑行時，乘客們就已經站起來去拿頭上行李艙的行李。在這個擁有十四億人口的大國裡，不管到哪裡都覺得有一種緊迫感，人群中的每個人都在趕赴會議、課堂、工廠值班、宴會或是前去購物，同時目不轉睛地盯著手機螢幕，即便是在等火車、公車和飛機的時候也是如此。

中國在過去五十年來快速工業化的速度和規模超過了人類史上任何時期，包括美國在十九世紀南北內戰之後的發展也瞠乎其後。這種劇變在往後未來五十年內只會更快，對中國人民和全世界其他人而言，都將會是一個全新的挑戰。

感謝詞

我在中國的許多報導背後有很多無名英雄參與，他們是來自當地新聞機構的工作人員，包括研究人員、翻譯、司機等等。沒有這些匿名的眾人協助，這本書不可能完成。

特別感謝我的出版商詹姆斯・凱洛（James Kellow），是他願意冒險為我出版此書。還要感謝 Ultimo Press 的所有員工，尤其是羅伯特・沃特金斯（Robert Watkins）在編輯過程中的支持與鼓勵，並且傾聽了我的意見，同時也感謝布莉姬・馬蓮（Brigid Mullane）和喬思琳・亨格佛（Jocelyn Hungerford）。

感謝安格斯・葛里格和莉莎・莫雷為我指點迷津，並在我需要協助時側耳傾聽。我還要感謝我的編輯麥可・史塔奇柏里和保羅・貝里，不管是在出發中國前、在中國期間、乃至離開中國後始終給予我堅定支持，一開始也是他們給我前往中國工作的機會。

感謝馬克・莫利根（Mark Mulligan）、彼得・克爾（Peter Kerr）、艾瑪・康諾斯（Emma Connors）和《澳洲金融評論報》的其他編輯，每次我在截稿前遇到技術性問題時，他們始終冷靜以對（沒有抓狂）。

特別感謝在我初入書籍出版階段給予我鼓勵和建議的許多人，包括海倫·皮特（Helen Pitt）、秀娜·馬丁（Shona Martyn）、潘蜜拉·威蓮斯（Pamela Williams）和麥特·歐沙利文（Matt O'Sullivan）。

感謝其他在中國的通訊記者，比爾·博圖斯、柯絲蒂·尼達姆、威爾·格拉斯高、葛蘭妲·科普洛（Glenda Korporaal）等人，在報導中國新聞的工作路上與我相伴。

感謝在我職涯中一路給我幫助和鼓勵的人們，在此無法一一列舉，但要特別提到瑪麗·賓克斯（Mary Binks）、迪克·克勞佛（Dick Crawford）還有泰瑞·朗（Terry Long）在我還毫無頭緒時給予我協助和指導。

感謝我的好友，這份名單真的多到不勝枚舉。謝謝他們始終堅定相信我總有一天會開始寫書，並且聽取在我寫作過程中的繁瑣進度（或是毫無進展）。同時也要感謝凱瑟琳·李（Katherine Lee）、詹姆士·凱利（James Kelly）、凱倫·蔡（Karen See）、馬克·勒·佛夫（Mark Le Feuvre）、傑夫瑞·盧（Jeffrey Lu）以及其他香港朋友，他們在多次反送中運動遊行我幫我躲過催淚瓦斯。謝謝羅伯·戴姆登（Rob D'Emden）和蘇西·雅各森（Suzie Jacobson）為我在塔斯馬尼亞安排了有美好風景的房間，讓我在那裡寫下本書的大部分內容。

特別感謝芮捷銳不厭其煩為此書查證，以及馬利德和威爾·魏勒茲（Will Willitts）為我朗讀全書。

特別感謝澳洲外貿部在中國的官員，他們在非常艱難的情況下展現出高度的專業，感謝戴德明總領事、艾莉恩·桑斯伯里（Ariane Sainsbury）和其家人、凱特琳娜·哈里根（Katrina Harrigan）、克里斯多夫·林（Christopher Lim）在此過程中的協助。

謝謝史帝芬（Stephen）和莎拉（Sarah）在我們有難時伸出援手。

謝謝所有在上海的朋友，可惜來不及跟他們道別，包括和我分享書中故事的阿班與高華。有太多要感謝的人了，但你知道我說的是你。

謝謝我的父母一直支持我、鼓勵我，讓我在寫書的兩個月期間借走他們的車、電腦螢幕和度假小屋。

特別感謝露西·高（Lucy Gao）和她的家人，感謝他們的款待和不間斷地協助，讓我們在中國感覺賓至如歸。

還有，最感謝的是威廉，感謝他過去二十七年來一路上的不離不棄。

參考資料

注意：本書的大部分資料來自我擔任《澳洲金融評論報》中國特派記者期間進行的採訪（通常是在翻譯的幫助下），以及我的個人筆記、日記、電子郵件和通過 WhatsApp、Signal、Telegram、微信和其他通訊軟體的往來資訊。其他資訊來自中國媒體報導、政府聲明和社群媒體的發文。其中某些匿名消息來源，我無法透露其姓名。中國新冠病毒的官方數據均來自中國國家衛生健康委員會 http://en.nhc.gov.cn/。所有引用自ＡＦＲ的資訊均指《澳洲金融評論報》。

一、夜半敲門聲

1. Statement by Australian Foreign Minister Marise Payne on Cheng Li, 31 August, 2020, https://www.foreignminister.gov.au/minister/marise-payne/ media-release/statement-cheng-lei
2. 'Australia wages espionage offensive against China', *Global Times*, 28 June, 2020, https://www.globaltimes.cn/content/1192847.shtml

3. 'PM seeks veto powers over China deals', *AFR*, 28 August, 2020, www.afr. com/politics/federal/pm-seeks-veto-powers-over-china-deals-20200826- p55pfe

二、尋求庇護

1. 'Crown Resorts staff, including three Australians, detained in China', AFR online, 15 October, 2016, www.afr. com/companies/games-and-wagering/ crown-resorts-staff-including-three-australians-detained-in-china-20161015-gs2ycq
2. China Foreign Ministry press briefing transcript in response to questions on Smith and Birtles' departure from China, 10 September, 2020, http:// au.china-embassy.org/eng/fyrth/t1813877.htm
3. 'Tiananmen Square crisis station' (see references to Liu Xiabo), Australian Broadcasting Corp, 12 June, 2014, www.abc.net.au/news/2014- 06-03/tiananmen-square-crisis-station-the-australian-embassy-in-1989/5498406?nw=0
4. Details of how consular protection works under the Vienna Convention on Diplomatic Relations 1961, https:// legal.un.org/ilc/texts/instruments/ english/conventions/9_1_1961.pdf
5. Interview with Australian businessman Graham Harper who is subject to an exit ban and unable to leave China, *AFR*, 12 November, 2019, www. afr.com/world/asia/the-aussie-trapped-in-china-fighting-to-clear-his-name-20191029-p535iu
6. 'China's tactic to tatch a fugitive official: hold his two American children', *New York Times*. 25 November, 2018, https://www.nytimes. com/2018/11/25/us/politics/china-exit-ban.html

三、香港回歸

1. 'How Britain went to war with China over opium', *New York Times*, July 3, 2018, https://www.nytimes.com/2018/07/03/world/asia/opium-war- book-china-britain.html
2. Full text of Xi Jinping's speech marking the 20th anniversary of Hong Kong's return to Chinese rule. Xinhua News. July 1, 2017, http://www. xinhuanet.com/english/2017-07/01/c_136409940.htm
3. Sino-British Joint Declaration on Hong Kong, United Nations, 19 December, 1984, https://treaties.un.org/

四、國家主席終身制

1. Statement on presidential term limits, *Xinhua News*, 25 February, 2018, http://www.xinhuanet.com/english/2018-02/25/c_136998770.htm
2. Tweet on Xi Jinping's presidential terms by *Global Times* editor Hu Xijin, 25 February, 2018. https://twitter.com/HuXijin_GT/ status/967822052861255680?ref_src=twsrc%5Etfw%7Ctwcamp%5Etwee tembed%7Ctwterm%5E967822052861255680%7Ctwgr%5E%7Ctwcon% 5Es1_&ref_url=https%3A%2F%2Fwww.theguardian.com%2Fworld%2F 2018%2Ffeb%2F26%2Fxi-jinping-china-presidential-limit-scrap-dictator- for-life
3. 'Australia's China reset', John Garnaut, *The Monthly*. August 2018, https:// www.themonthly.com.au/issue/2018/august/1533045600/john-garnaut/ australia-s-china-reset#mtr
4. 'Xi Jinping offers a long-term view of China's ambition', Kevin Rudd, *Financial Times*. 23 October, 2017. https://www.ft.com/content/24eeae8a- b5a1-11e7-8007-554f9eaa90ba

5. 'The oldest house in Shanghai', Katya Knyazeva, smartshanghai.com, 17 May, 2019 www.smartshanghai.com/articles/community/the-story-of-shu- yin-lou-the-oldest-house-in-shanghai?source=android
6. '440 senior officials investigated for corruption', *China Daily*, 19 October, 2017, www.chinadaily.com.cn/china/2017-10/19/content_33443526.htm
7. 'Qantas fixes "error" amid Beijing's clamp down on corporate speak', *AFR*, 15 January, 2018, www.afr.com/companies/transport/qantas-fixes-error- amid-beijings-clamp-down-on-corporate-speak-20180115-h0ifal

五、經濟狂飆還是泡沫化？

1. 'Eye rolling and Dorothy Fixers – just another week in Chinese politics', *AFR*, 15 March, 2018, www.afr.com/world/eye-rolling-and-dorothy- dixers--just-another-week-in-chinese-politics-20180315-h0xicq
2. 'China halts world's biggest IPO, questions Jack Ma', *AFR*, 4 November, 2020, www.afr.com/world/asia/china-halts-world-s-biggest-ipo-questions- jack-ma-20201104-p56bb0
3. 'Data signals economic trouble in China', *New York Times* 10 May, 2012, www.nytimes.com/2012/05/11/business/global/china-trade-growth- slumps-in-april.html
4. 'China's debt tops 300% of GDP', *Reuters* 18 July, 2019, www.reuters. com/article/us-china-economy-debt-idUSKCN1UD0KD
5. 'How China used more cement in 3 years than the US did in the entire 20th Century', *Washington Post*, 25 March, 2015, www.washingtonpost.com/ news/wonk/wp/2015/03/24/how-china-used-more-cement-in-3-years-than- the-u-s-did-in-the-entire-20th-century/
6. Non-bank Financing in China, Reserve Bank of Australia Bulletin, 15 March, 2018, www.rba.gov.au/

publications/bulletin/2018/mar/non-bank- financing-in-china.html

六、足球外交

1. Interview with former Australian Trade Minister Steven Ciobo, *AFR*, 15 May, 2018, www.afr.com/policy/foreign-affairs/trade-minister-confident- of-thaw-in-australiachina-deep-freeze-20180515-h1030w
2. 'Chinese fury after Mack Horton defeats Sun Yang', *Sydney Morning Herald*, 7 August, 2016, www.smh.com.au/sport/rio-olympics-2016- chinese-fury-after-mack-horton-defeats-sun-yang-for-400m-freestyle-gold-20160807-gqn0of.html
3. 'China puts Malcolm Turnbull's government into the deep freeze', *AFR*, 11 April, 2018, www.afr.com/world/asia/chinas-big-chill-for-australia- 20180411-h0ymwb
4. Interview with Ross Garnaut, *AFR*, 20 April, 2018, www.afr.com/policy/ foreign-affairs/china-ramps-up-antiaustralia-rhetoric-as-new-tensions- surface-20180420-h0z12y
5. 'Monash student wins Chinese bridge competition once again', Monash University, 28 May, 2018, www.monash.edu/arts/news-and-events/ articles/2013/monash-student-wins-chinese-bridge-competition-once-again

七、與北韓近距離接觸

1. 'The historic Kim-Moon meeting as it unfolded', *Washington Post*, 28 April, 2018, www.washingtonpost.com/news/worldviews/wp/2018/04/27/ the-historic-kim-moon-meeting-as-it-unfolded/
2. 'Singapore hosts the Donald Trump and Kim Jong-un show', *AFR*, 11 June, 2018, www.afr.com/world/asia/singapore-hosts-the-donald-trump-and- kim-jong-un-show-with-mixed-ratings-20180611-h117hs

3. North Korean government propaganda video of Kim Jong-un's Singapore trip, YouTube, www.youtube.com/watch?v=8AwmdHH5-V4

八、嬰兒、男孩、剩女

1. Interview with Didi president Jean Liu, *AFR Weekend*, 13 September, 2019, www.afr.com/world/asia/she-built-china-s-uber-she-s-coming-for- australia-20190808-p52f9e
2. 'The making of made-in-China feminism', Sixth Tone, 1 November, 2019, www.sixthtone.com/news/1004744/the-making-of-made-in-china- feminism
3. 'China planning new policies to take on ageing population', *Reuters*, 23 November, 2020, www.reuters.com/article/china-population/ china-planning-new-policies-to-take-on-ageing-population-state-media-idINL1N2I900L

九、黑天鵝、灰犀牛

1. Xi Jinping speech on risk, CGTN, 22 January, 2019, news.cgtn.com/news/ 3d3d414d3459544d32457a6333566d54/index.html
2. 'Xi Jinping says no-one in a position to dictate to China', *AFR*, 18 December, 2018, www.afr.com/world/asia/xi-jinping-says-noone-in-a- position-to-dictate-to-china-20181218-h19890
3. Interview with Huawei head of cyber security, *AFR* 29 June, 2018, www. afr.com/world/asia/huawei-we-are-the-most-poked-and-prodded-company- in-the-world-20180629-h1213t
4. Australian government travel advice for China, www.smartraveller.gov.au/ destinations/asia/china

5. Link to American Chamber of Commerce Shanghai member sentiment survey, 2019, www.amcham-shanghai.org/en/preview
6. 'Australian author Yang Hengjun being held in China', *AFR*, 24 January, 2019, www.afr.com/world/asia/australian-author-yang-hengjun-being-held- in-china-for-espionage-says-lawyer-20190124-h1agf2
7. Interview with Jin Liqun, president of the Asian Infrastructure Investment Bank, *AFR*, 4 April, 2017, www.afr.com/companies/financial-services/ australia-has-special-role-to-play-in-asia-infrastructure-bank-20170404-gvd7au
8. Interview with author Barry Li, *AFR*, 28 July, 2017, www.afr.com/life-and- luxury/arts-and-culture/an-australian-take-on-the-new-chinese-20170725- gxi0gx

十、拜會馬雲

1. 'Alibaba IPO hits record $25bn', *Financial Times*, 22 September, 2014, www.ft.com/content/0f97cc70-4208-11e4-a7b3-00144feabdc0
2. Interview with Jack Ma, *Australian Financial Review Magazine*, 30 May, 2019. www.afr.com/rich-list/jack-ma-my-life-after-alibaba-20190408- p51bw
3. 'China's President Xi Jinping personally scuttled Jack Ma's Ant IPO', *Wall Street Journal*, 12 November, 2020, www.wsj.com/articles/china-president- xi-jinping-halted-jack-ma-ant-ipo-11605203556

十一、從赤貧到巨富

1. 'Xi Jinping millionaire relations reveal fortunes of elite', *Bloomberg News*, 29 June, 2012, www.bloomberg.

com/news/articles/2012-06-29/xi-jinping- millionaire-relations-reveal-fortunes-of-elite

2. 'Billions in hidden riches for family of Chinese leader', *New York Times*, 25 October, 2012, www.nytimes.com/2012/10/26/business/global/family- of-wen-jiabao-holds-a-hidden-fortune-in-china.html
3. China Systematic Country Diagnostic, World Bank, 2017, www. documents1.worldbank.org/curated/en/147231519162198351/pdf/China- SCD-publishing-version-final-for-submission-02142018.pdf

十二、中國的少數族群

1. 'Train station rampage further strains ethnic relations in China', *New York Times*, 3 March, 2014, https://www.nytimes.com/2014/03/04/world/asia/ han-uighur-relations-china.html
2. 'Leaked files expose how China organized mass detentions of Muslims', *New York Times*, 16 November, 2019, https://www.nytimes.com/ interactive/2019/11/16/world/asia/china-xinjiang-documents.html
3. 'Exploring Xinjiang's detention system', Australian Strategic Policy Institute, September 2020, www.xjdp.aspi.org.au/explainers/exploring- xinjiangs-detention-facilities/
4. 'China burns crosses, bulldozes churches', *AFR*, 5 October, 2018, www. afr.com/world/asia/china-burns-crosses-bulldozes-churches-in-latest- religious-crackdown-20180905-h14yqs

十三、反送中示威

1. 'Police commander gives inside account of what led to firing tear gas during Legco protests', *South China Morning Post*, 10 June, 2020, www.scmp. com/news/hong-kong/law-and-crime/article/3088482/police-commander- gives-inside-account-what-led-firing

2. 'Missing China billionaire taken from Hong Kong hotel in wheelchair', *Reuters*, 11 February, 2017, www.reuters.com/article/us-china-hongkong- billionaire-idUSKBN15Q09Q

十四、圍城

1. Social media footage of Hong Kong police officer aiming a gun during airport protest, Twitter, 14 August, 2019, https://twitter.com/Birdyword/ status/1161299001414578177
2. Interview with Bernard Chan, *AFR*, 17 September, 2019, https://www.afr. com/world/asia/hong-kong-pleads-for-patience-20190916-p52rug
3. Transcript of talk given by Carrie Lam to business group, *Reuters*, 3 September, 2019, www.reuters.com/article/us-hongkong-protests- carrielam-transcrip-idUSKCN1VO0KK

十五、海峽對岸

1. 'Taiwan's pro-independence party crushed in local elections', *AFR*, 25 November, 2019, www.afr.com/world/asia/taiwans-proindependence- party-crushed-in-local-elections-20181125-h18bn2
2. Xi Jinping speech on Taiwan, *Xinhua News*, 2 January, 2019, www. xinhuanet.com/english/2019-01/02/c_137714898_2.htm
3. Xi Jinping speech, *AFR*, 1 October, 2019 https://www.afr.com/world/asia/ xi-jinping-there-is-no-force-that-can-shake-this-great-nation-20191001- p52wj1

十六、疫情大爆發

1. Criminal law of the People's Republic of China related to spreading rumours about events which threaten social stability, https://www.fmprc. gov.cn/ce/cgvienna/eng/dbtyw/jdwt/crimelaw/t209043.htm
2. 'Wuhan doctor says officials muzzled her for sharing report on WeChat', *South China Morning Post*, 11 March, 2020, www.scmp.com/news/china/ society/article/3074622/coronavirus-wuhan-doctor-says-officials-muzzled- her-sharing.
3. Pneumonia of unknown cause – China, World Health Organization news release, 5 January, 2020, www.who. int/csr/don/05-january-2020- pneumonia-of-unkown-cause-china/en/

十七、危機處理

1. Xi Jinping speech on coronavirus, *Qiushi*, February 2020, http://www. qstheory.cn/dukan/qs/2020-02/15/c_1125572832.htm
2. China Daily confirmation of Li Wenliang, Twitter, 7 February, 2020. https://twitter.com/PDChina/status/1225513842807099394?ref_src=twsrc %5Etfw%7Ctwcamp%5Etweetembed%7Ctwterm%5E122551384280709 9394%7Ctwgr%5E%7Ctwcon%5Es1_&ref_url=https%3A%2F%2Fwww. abc.net.au%2Fnews%2F2020-02-07%2Fdoctor-who-warned-of- coronavirus-dies-in-china%2F11941948
3. 'Cracks appear in the cult of Xi', *AFR*, 22 February, 2020, https://www. afr.com/world/asia/cracks-appear-in-the-cult-of-xi-20200219-p542gx
4. 'This may be the last piece I write', *Guardian*, 16 February, 2020, www. theguardian.com/world/2020/feb/15/

xi-critic-professor-this-may-be-last- piece-i-write-words-ring-true

5. 'Mayor of China's Wuhan draws online ire', *Reuters*, 27 January, 2020, www.reuters.com/article/china-health-wuhan-mayor-idUSL4N29W185

十八、顛倒黑白

1. Foreign Ministry spokesman Lijian Zhao claim about the origins of coronavirus, Twitter, 13 March, 2020, twitter.com/zlj517/status/12381118 98828066823?lang=en
2. 'China changes virus narrative in bid to salvage soft power', *AFR*, 9 March, 2020, www.afr.com/world/asia/china-changes-virus-narrative-in- bid-to-salvage-soft-power-20200309-p5487u
3. Transcript from China Foreign Ministry press briefing related to foreign journalists' coverage of the coronavirus outbreak, www.fmprc.gov.cn/ mfa_eng/xwfw_665399/s2510_665401/t1752172.shtml
4. Comments by China's Ambassador to France on coronavirus outbreak, Twitter, 28 March, 2020 twitter.com/AmbassadeChine/ status/1243584778319933440
5. 'Australian scientist says Wuhan talks over virus origins heated', AFR, 10 February, 2021, www.afr.com/world/asia/australian-scientist-says-wuhan- talks-over-virus-origins-heated-20210210-p571c1
6. 'Communist Party desperate to controI Covid-19 narrative', *Irish Times*, 12 May, 2020, www.irishtimes.com/news/world/asia-pacific/communist- party-desperate-to-control-covid-19-narrative-1.4251677
7. 'A lesson from Big Brother outside Shanghai's school gates', *AFR*, 29 April, 2020, www.afr.com/world/asia/a-lesson-from-big-brother-outside- shanghai-s-school-gates-20200428-p54o0r

十九、錯過新冠病毒的人

1. Austrade statement on the risks of doing business in China, www.austrade. gov.au/Australian/Export/Export-markets/Countries/China/Doing- business/Business-risks
2. 'Marching across China, army veterans join ranks of protesters', *New York Times*, 25 June, 2018, www.nytimes.com/2018/06/25/world/asia/china- veterans-protests.html
3. 'Missing Chinese actress fined $100m for tax evasion', *AFR*, 3 October, 2018, www.afr.com/world/asia/missing-chinese-actress-fined-100m-for- tax-evasion-20181003-h166ay

二十、警察國家

1. National People's Congress announcement on Hong Kong national security laws, *Xinhua*, 22 May, 2020, www.xinhuanet.com/english/2020- 05/22/c_139078396.htm
2. 'Capitalist Hong Kong survives but freedoms take flight', *AFR*, 30 May, 2020, www.afr.com/world/asia/capitalist-hong-kong-survives-but- freedoms-take-flight-20200528-p54xgl
3. 'Welcome to the new police state of Hong Kong', *AFR*, 7 July, 2020, www.afr.com/world/asia/welcome-to-the-new-police-state-of-hong-kong- 20200707-p559rw
4. Hong Kong government gazette statement on resignation of Justice James Spigelman, September 2020, www.gld.gov.hk/egazette/pdf/20202438/ egn202024385185.pdf
5. Interview with Anson Chan, *AFR Weekend*, 27 December, 2019, www.afr. com/world/asia/iron-lady-anson-chan-fears-for-hong-kong-s-way-of-life- 20191217-p53ktd

二十一、貿易戰爭

1. 'China brokerage retracts estimates that real jobless level is 20%', *Bloomberg*, 27 April, 2020, www. bloomberg.com/news/ articles/2020-04-27/china-brokerage-retracts-estimate-that-real-jobless- level-is-20
2. 'Workers struggle as China limps back to life', *AFR*, 4 May, 2020, www. afr.com/world/asia/workers-struggle-as-china-s-economy-limps-back- 20200501-p54p2b
3. National People's Congress official images of May 2020 meeting, www. npc.gov.cn/englishnpc/c23934/202005/70c6b43c6f8648219d31eff48c21a 8c0.shtml
4. Interview with China's ambassador to Australia, Andrew Tillett, *AFR*, 26 April, 2020, www.afr.com/politics/federal/china-consumer-backlash- looms-over-morrison-s-coronavirus-probe-20200423-p54mpl
5. 'China hits 48.8pc of Australian exports', *AFR*, 4 August, 2020, www.afr. com/policy/economy/china-hits-48-8pc-of-australian-exports-20200804- p55i9d
6. 'Chinese red tape, not consumers, Australia's biggest export threat', *AFR*, 5 May, 2020, www.afr.com/world/asia/chinese-red-tape-not- consumers-australia-s-biggest-export-threat-20200505-p54py0
7. Personal video footage from Qingdao Beer Festival, Twitter, 16 August, 2020, twitter.com/mikesmithafr/status/1294849751658110976

亞當斯密 015

中國陌路：
來自中國境內最後一位澳洲通訊記者的內幕報導

The Last Correspondent：Dispatches from the Frontline of Xi's New China

作　　者　麥可．史密斯（Michael Smith）
譯　　者　顏涵銳

堡壘文化有限公司
總 編 輯　簡欣彥
副總編輯　簡伯儒
責任編輯　張詠翔
行銷企劃　許凱棣、曾羽彤
封面設計　謝佳穎
內頁排版　新鑫電腦排版工作室

讀書共和國出版集團
社　　長　郭重興
發行人兼出版總監　曾大福
業務平臺總經理　李雪麗
業務平臺副總經理　李復民
實體通路組　林詩富、陳志峰、郭文弘、吳眉珊
網路暨海外通路組　張鑫峰、林裴瑤、王文賓、范光杰
特販通路組　陳綺瑩、郭文龍
電子商務組　黃詩芸、李冠穎、林雅卿、高崇哲、沈宗俊
閱讀社群組　黃志堅、羅文浩、盧煒婷
版 權 部　黃知涵
印 務 部　江域平、黃禮賢、林文義、李孟儒

出　　版　堡壘文化有限公司
發　　行　遠足文化事業股份有限公司
地　　址　23141 新北市新店區民權路 108-2 號 9 樓
電　　話　02-2218-1417
傳　　真　02-2218-8057
Email　service@bookrep.com.tw
郵撥帳號　19504465 遠足文化事業股份有限公司
客服專線　0800-221-029
網　　址　http://www.bookrep.com.tw
法律顧問　華洋法律事務所　蘇文生律師
印　　製　韋懋實業有限公司
初版 1 刷　2022 年 5 月
定價　新臺幣 480 元
ISBN 978-626-7092-28-6
EISBN 9786267092316（PDF）
9786267092323（EPUB）

國家圖書館出版品預行編目資料

中國陌路：來自中國境內最後一位澳洲通訊記者的內幕報導 /
麥可．史密斯 (Michael Smith) 作 ; 顏涵銳 譯 . -- 初版 . -- 新北市 :
堡壘文化有限公司出版 : 遠足文化事業股份有限公司發行 , 2022.05
面；　公分 . --（亞當斯密 ; 15）
譯自 : The Last Correspondent : Dispatches from the Frontline of Xi's New China
ISBN 978-626-7092-28-6 (平裝)
1.CST: 政治發展　2.CST: 中國外交　3.CST: 中國大陸研究
4.CST: 澳大利亞
574.1　　111004960

愛默生提倡依隨「自然的法則」而活的重要性。那也可說是世界運作的規則、事物應有的樣貌、絕對的真理吧。所以，能夠向大自然學習的原理，也可說是一種「自然的法則」。

自然界最具代表性的可說是「水」吧。流動的水即使遇到阻礙，也不會停留，會繼續前進。在人生中，即使問題發生，事物無法如預期進行，總之要繼續向前，這正是水教我們的事。

具體來說，真的遇到無可奈何的狀況，就想著「好吧，算了」。就算努力，也無法以自己的能力解決時，不要過於執著，就承認「沒辦法」。更重要的是繼續前進。

像水流般活著，一旦遇到最恰當的時機，就能順勢趕上潮流，當機會來臨時，展現最好的表現。相反地，如果遇到問題時停下腳步抵抗，受到情緒困擾，或是表現出不恰當的反應，就無法把握機會，錯過順風的時機。

只要能像水一樣活著，你一定可以順利發展無礙。

8

Words of Emerson

100

人會為自己決定「自己的價值」。

在展開行動之後，成千上萬的人會默默同意這個身價。

《精神的法則》（Spiritual Laws）

人會在意別人給自己什麼樣的評價。但是，你應該擁有什麼樣的評價——也就是你真正的價值，可以由你自己決定。

愛默生斷言「這個世界會根據你的行動或表現給予評價，並且正確無誤地接受。」如果認為自己是個無趣的人，表現得毫無自信，外界就會判斷你是這樣的人。如果你認為自己能成就偉大的事業，好好努力，周遭的人就會覺得你可以。

不過，如果想讓外界瞭解你對自己的評價，愛默生認為「只有以行動表示」、「語言無法傳達」。自己的價值由自己決定，只要展開傳達價值的行動，「成千上萬的人都會默默認同」。

也有人說「不知道如何決定自己的價值」。我會詢問這樣的人：「你想獲得，或是能夠達到的頂點是什麼？」

不論是年收入希望有多少、成為社長，都不是重點。請試著以自己的價值觀表現。接下來，為了實現這個願望，逐一採取必要的行動。這樣世間就會認同你是具有這種價值的人。

9

Words of Emerson

100

臉絕不會說謊。

《精神的法則》（Spiritual Laws）

人的性格或心理狀態會表現在臉上，這個事實在古今中外都獲得印證。以解放奴隸聞名的美國總統亞伯拉罕．林肯曾說：「人過了四十歲，就要為自己的臉負責。」當然這不是指臉的美醜，而是指到了四十歲，過去的生活方式會明顯地反映在臉上。

愛默生也提過「注意他人臉部表情的變化，就不必擔心被騙。」抱持自信說實話的人，表情明亮目光清澈，說謊卑屈的人表情陰暗，眼神混濁。

對人的表情造成最大影響的是恐懼與不安。如果經常心懷恐懼與不安，青春恐怕也會消耗殆盡。經常受到負面情感的折磨，自己的表情也會在不知不覺間變得凝重，看起來比同年齡的人老。

早上照鏡子時，如果覺得「啊，明明身體狀況沒什麼不對，今天看起來好像有點怪怪的」，說不定自己正陷入信心低落的負面情緒狀態。

這時，就做些能夠轉換心情的事吧。最簡單的解決之道，就是比平常多睡一小時。只要一邊觀察自己，一邊重新調適自己，就能在年歲增長時，繼續保持「美好的表情」。

自己都不相信的事，
不論重覆說幾次，
都無法適切地表達。

《精神的法則》（Spiritual Laws）

不論多麼善於言辭的人，而且多麼努力，都無法好好說出自己不相信的事。自己其實並不相信的事實，會傳達給聆聽的對象。心存疑慮進行的事，最後並不順利，相反地，推動打從心底相信的事，會進行得很順利。

雖然說「如果自己相信，不論做什麼都會順利」，但如果堅持「我是對的！」，變得無法通融，我想這正是自己也不完全相信的狀態。因為缺乏自信，所以會急於表現自己的正當性。

打從心底相信自己的人，同時兼具主體性與柔軟度。當我進行心理諮商時，發現有許多人同時兼具這兩種相反的特質。也有些人不明白兩者兼具的意義。認真過度的人只在意主體性，容易忽略柔軟度的重要。

真正的相信自己，是**擁有穩定的信念，能不把一些無足輕重的事放在心上。**「那位主管愛怎麼說隨他去」、「這個人就是這樣沒辦法，不管他了」能夠有彈性地看待。像這樣的人所說的話，不論關於什麼事，感覺都有某種說服力。

11
Words of Emerson
100

經常批評他人的人，
其實自己也不知道該做什麼。

《精神的法則》（Spiritual Laws）

對自己缺乏自信，找不到生存意義的人，只會注意自身以外的事，最明顯的特徵就是批評事物、愛跟人比較、把錯怪到別人頭上、只想著利弊得失。像這樣的人不論做什麼，都很重視從外界可以得到什麼，像是提升社會地位、獲得財富、受到他人誇獎。

請試著經常審視自己的言行，如果發現自己的注意力都朝向外界，就要有意識地注意自己的內在。

具體來說，就是為了提高內心某種事物而努力，思考如何發揮自己的能力，對許多事都相信「自己可以做到」，付諸行動。這麼一來，就會變得更有自信，能夠自己掌握自己的人生，成為「獨立」的人。

據說曾受愛默生影響的福澤諭吉曾說：「缺乏獨立精神的人，一定會依賴別人。只要依賴他人，一定會對人有所顧忌。對人有所顧忌，就會對人諂媚。」

這樣的人生，或許可以說是不幸的。因此，如果注意到自己在批評別人，那就要試著想想自己現在的注意力是向內還是向外。

12
Words of Emerson
100

無法成為「理想中的自己」是正常的。

《論超靈》（The Over-Soul）

小時候想像未來三十歲的自己，跟實際上自己真的三十歲時相比，恐怕大多數的人都會覺得差距很大吧？過去所想像「希望成為這樣」或「應該是這樣」的自己，跟真實的自己感覺有落差。

過去想像著「將來會成為可靠的大人，幾乎不會為什麼事感到不安或憂慮」。如果這是真正想成為的自己，那就坦率地承認自己走錯方向，視為是回歸原點的契機也不錯。為了實現理想，儘可能努力就好。只要有自信，一定會成為理想中的自己。

不過，即使現在的自己跟兒時勾勒的「理想中的自己」有些落差，其實也沒什麼不好。只要明白「也有這樣的三十歲，這就是我。」就沒有問題。能這樣想就表示已經找到自己的主軸，能夠信賴自己。透過從事的工作，擁有的頭銜，大家都會感受到出於相信自己而蘊釀出的風格。

但即使想符合世間對於三十歲的期待，若要與自己的本質相衝突，那麼還是只有適合自己才會成為風格的一部分。否則不論頭銜有多響亮，還是會讓人覺得「總覺得那個人好像缺乏自信」。

13

Words of Emerson

100

真正偉大的人，會認真地度過平凡的一日。

《論超靈》（The Over-Soul）

愛默生說，跟別人談論自己時，正能表現出這個人的品性，他以下列的例子說明。

虛榮心強的人面對社會地位高的人，會矯飾自己，根據對方的話，美化自己的經歷。

有野心的人，會向人展現自己值得炫耀的物品，而且很可能會一直保留他人給的名片、告知近況的明信片。

稍有教養的人在談論自己的經驗時，會提到才華洋溢的朋友、旅途中看到的美好風景，顯出自己的人生多彩多姿。

正派的人不會以花言巧語談論自己，也不會希望獲得他人的稱讚，認真地度過平實的一日。

精神高尚的人謙虛而純粹。內心非常平穩，有餘裕而且安定。如果你的內心充滿了焦躁不安、憤怒與恐懼，請試著模仿那些精神高尚的人的態度。不去想要贏得他人的讚美，誠心地度過平凡的一日。我想光是這樣，心裡就會覺得沉著，精神安定下來。

14

Words of Emerson

100

自己內心的聲音，

是最值得信賴的。

《論超靈》（The Over-Soul）

不管是真的說出來，或是在放在心底，最早聽到內心聲音的人是自己。不要懷疑，對你來說，那正是「應該相信的聲音」。愛默生極力主張，自己的心聲最值得信賴。

不過，有時儘管內心覺得「這樣好奇怪，恐怕不對吧」，但是對於公司或上司的命令不得不服從。如果釐清自己的想法，知道自己只是在執行命令，那倒還好。但也有人在實際行動後，內心跟著動搖，失去了自己的初衷。所以不要喪失「自己」，不忘最早聽到的心聲很重要。

也有人受到誤謬的心聲所影響。各位是否有過這樣的經驗，明明努力想成為好的伴侶或父母，卻不順利呢？或許那是因為「想讓大家覺得自己看起來很好」，或是「我希望自己是這個樣子」，出於偏離的動機而行動。那是「自我的聲音」，而不是本來內心的聲音。為了對方要做某件事時，請先試著思考「對方為什麼會希望這樣？」這麼一來，就能聽見真正的心聲。以真正的心聲為指針，人生就會進行順利。

II

WORK

工作

普通的人在「工作」上受到認同，
高潔的人則以成為「人物」受到認同。

《歷史》（History）

許多人可能為了追求成果，想從事更好的工作，但是有多少人是為了琢磨自己的人格？由於社會普遍注重成果，所以從事好的工作很重要。但是愛默生認為只著眼於這一點的人是「普通人」。因此，除了有良好的工作表現，因為人格而受到尊敬的是「高潔的人」。

經營學者彼得．杜拉克曾說「正因為管理者有高貴的品格，所以能發揮指導力，對許多人形成規範」。也就是做為領導者，如果要獲得部下信賴，必須要有崇高的人格。

那是什麼樣的人格？我認為「**能不能尊重對方**」可以做為一個指標。所謂尊重對方，就是看出對方的優點。並且明白對方是以自己的價值觀看待事物。受到信賴的領導者，除了擁有自己的信念，也能理解他人的價值觀。這樣的人也很擅長溝通。

高潔的人格會從人的話語、行動、表情與態度展現，愛默生說光是透過這些，就會獲得評價。

16

Words of Emerson 100

自己能做的事，
只有自己知道。
不，應該說除非真正嘗試過，
否則連自己也不確定。

《自立》（Self-Reliance）

如果你覺得工作上自己應該具備某些能力、擁有專業知識，並為此感到煩惱，愛默生說「那就採取行動吧」，因為「儘管想到了，如果沒有真正嘗試還是不曉得會如何」。將想到的事付諸行動，漸漸地就會找到答案。相反地，如果只在腦中盤算，就會受到各種負面的情緒折磨。譬如不知道答案的焦慮、錯過機會的後悔等。

詩人歌德說「焦急完全派不上用場，後悔更沒有用。焦急會增加過失，後悔會帶來新的後悔。」

在陷入負面情緒之前漸漸地採取行動，是發現「自己能做的事」最快的方法。

有時即使努力過、採取行動，可能還是不順利，沒有獲得好評。儘管如此，只要認真地持續進行，一定會有人注意到你投入的樣子，給予支持。這在行為心理學稱為「弱勢效應」，據說看到別人雖然不中用，但是很努力的樣子，就會激發想幫助對方的心情。只要努力出於真誠，你的行動一定不會白費力氣。

17

Words of Emerson 100

與外界打交道時，順著其他人的想法最輕鬆。
一個人獨處時，依照自己的想法最自在。
但是偉大的人即使置身在群眾之間，
也能保持平穩的獨立思考。

《自立》（Self-Reliance）

我們試著將「群眾之間」置換為「社會上」思考看看。

在工作時順從社會的方針很容易，一個人行動時，要貫徹自己的想法也很簡單。但即使置身在組織裡，還能「平穩地」貫徹獨處時的信念，這樣的人可說很偉大——愛默生這麼說。他指的是既不完全順從社會，也不是勉強周遭的人都要照自己的話做，還能夠沉著地保有自我風格吧。

能夠做到的人，具有相當的自我效能（self-efficacy）。所謂的自我效能，就是在置身某種狀態時，能夠想著「我一定可以順利完成」的能力。只要具備這種能力，不論面對什麼事，都能以正面的心情應對，所以比較容易產生好的結果。如果缺乏自我效能，心想「反正我就是做不到」，自然缺乏行動的意願。即使好不容易付諸行動，成功的機率也變得很低。

想要擁有自我效能的第一步，就是自己要稱讚自己。這與自信或覺得自己有能力有關。對這點感到困難的人，首先請試著停止「否定」自己與周遭的人事物。儘量與常說否定的話的人保持距離。肯定的能力是自我效能的基礎。

18

Words of Emerson

100

在投入自己的工作時，
能力也會加強。

《自立》（Self-Reliance）

愛默生說「自己的工作」必須適合當事人。找到適合自己的工作是人生一大課題。只要能釐清這個課題，生活方式也會發生劇烈的變化吧。如果找到適合的職業，工作的時間就會變得愉快而充實。這麼一來，漸漸地就能發揮自己的能力，琢磨自己的個性，同時內心也有不會動搖的主軸成形。也就是從各種層面強化「自己的力量」。

那麼，從事與自己不合的工作，會產生什麼弊害呢？首先，原本擁有的能力沒有機會發揮，遭到埋沒。接著越來越不瞭解自己的個性與真正的自己，失去鬥志。以惰性從事工作，當然不會產生好的結果，也很難感受到工作的喜悅吧。

如果詢問愛默生尋找適當職務的方法，他的第一句話一定是「首先要行動」，接下來強調以下三件事：

①請思考自己能為身邊的人提供什麼樣的貢獻。

②請捨棄外界無謂的評價。

③請抱持只能靠自己生存下去的覺悟。

這全都是愛默生做為人生指標的原則。

19

Words of Emerson

100

在當下從事正確的事。
如果不只在意表象，
就能達到正確的生活方式。
經過累積之後，
最後就會幫助未來的自己。

《自立》（Self-Reliance）

愛默生提倡：持續實踐正確的生活方式很重要。只要實踐自己覺得正確的事，累積的成果「將會守護自己」。

什麼是正確的行為，隨著狀況與立場也會有所不同吧。愛默生說，只有不在意他人的眼光，不為表象所惑，才會達成正確的行為。這不就是經常正視自己的本質嗎？

譬如領導者的工作之一，就是擔任指揮官指使別人。如果不瞭解「怎樣才能指使別人」的本質，就無法採取領導者應有的行動吧。說不定會以為只要運用獎勵與懲罰就夠了。

但是，因為人都會強烈地希望獲得認可，而看清本質的人，首先會尊重對方，瞭解如果不是發自內心誇獎對方，無法真正達到目的。以此為基礎，持續實踐自己認為正確的作法。這樣的累積是即使時間過後，也不會消失的財產。

持續累積正確的行為，將會守護未來的自己。關於這項事實，愛默生形容「偉大的事物將在未來實現」（Greatness appeals to the future）。這句話的確很有愛默生的作風，率直而又有深意。

20

Words of Emerson

100

堅信自己的人，
毫無疑問會對各種工作、人際關係、經濟、
社會的運作、人們的價值觀引發「革命」。

《自立》（Self-Reliance）

實現多項革新的史蒂夫．賈伯斯，不正符合這句話嗎？他在電腦與手機等領域向世界推出革命性的商品，改變了世界上的價值觀與運作方式，賈伯斯的言行經常充滿自信，可以想像他的內心深植著「強大的相信自己」。

越信賴自己，賈伯斯的能力就越獲得證實。保持行動力、對人發揮魅力、跨越困境的潛力、領導同事與部下，以及引導他們發揮才幹的能力。堅信自我的人，不只為自己，也能為周遭的人創造發揮能力的職場。賈伯斯身為經營者，也試圖實現這個理想。

賈伯斯說過的話，包括「只要提供基本的條件，人會完成超出自己能力範圍的工作。」也就是創造能讓對方發揮最大才能的環境。賈伯斯的這種想法，無疑是促使蘋果公司發展的最大因素之一。

身為領導者，首先要有相信自己的能力。只要具備這點，不就會自然獲得其他的能力。不過瞭解這個道理的人，說不定出乎意料地少。

21
Words of Emerson
100

人有與生俱來的天職。
只要在這條正道上前進，
不論什麼樣的障礙都不成阻礙。

《精神的法則》（Spiritual Laws）

「人就像浮在川上的船。不論向哪裡前進都會遇到障礙。只有一個方向例外，只要朝著那個方向各種障礙都會解除，持續平穩地航向更深的水路，流向無邊際的大海。」

愛默生對於持續從事天職以這樣的方式表現。也就是天職原本就存在於自己內在，只要選擇天職，朝著一個方向前進，各種障礙都會解除。

嚴格來說，我想並不是「障礙自己會消除」。而是朝著天職的方向前進，就不會覺得障礙是障礙，努力的過程好像也變得沒那麼辛苦，付出也是理所當然。因為從事天職，所以能輕鬆跨越障礙。像這樣的人，能夠發揮才能、達成使命。

對於想找出自己的才能、使命的人，首先我會問「你覺得什麼是無法忍耐，想要放棄的事？」接著問「那目前為止撐過來的是什麼？」也就是一般人會放棄，但是自己可以持續進行的事。其中隱藏著通往天職的小水渠，只要沿著一路前進，就能進入更深的水路，最後通往讓才能發揮的大海。

22

Words of Emerson
100

遵從靈魂的聲音，
就沒有競爭對手。
只要認真地發揮自己的能力，
自己的工作就會變得跟其他人的工作有所不同。

《精神的法則》（Spiritual Laws）

歿後超過二十五年，至今仍受到觀眾喜愛的電影明星松田優作曾這麼說：「你們絕對贏不過我。因為我二十四小時都在思考關於電影的事。」發現自我天職，走上正途的人對工作會傾注「無限的努力」，最後沒有敵人，競爭的對象只有自己。而且當事人的工作，其他人也無法模仿。如果要仔細列舉從事天職的人的特質，大致如下：

①能夠相信自己。

②即使情感受到衝擊，很快就能沉著下來。迅速轉換情緒。

③不使用「不知不覺」或「大概」這類字彙。

④對於必要的事自己會立刻去嘗試。如果是必要的東西，自己很快就會去取。

⑤瞭解對方的心情，能在恰當的時機支持對方。

⑥能夠同時處理多件工作。

⑦很快就會想到具體的想法，並且付諸行動。

⑧絕不輕易放棄。能夠忍耐辛苦的狀態。

在這八項中，你符合幾項呢？

23
Words of Emerson
100

許多人從事跟別人一樣的工作，
小心翼翼地捧著飯碗。
就像變成機械的一部分一樣，失去自我。

《精神的法則》（Spiritual Laws）

沒有摸索過自己的天職，從事既有工作的人，會盡可能適應工作的內容與業界的習慣。愛默生以「小心翼翼地捧著飯碗」形容。在工作方面在意「應該要這樣」、「一定非要怎樣不可」等各種細節，卻欠缺自我。

像這樣的人，缺乏前述的八種特徵，缺乏自信，容易情緒化。所說的話模稜兩可，因為不瞭解對方的心情，所以時機總是不恰當。無法處理多件工作，缺乏創造力、行動力、耐力。並且覺得「反正自己只是社會齒輪的一部分而已」。

漸漸地喪失自我肯定、缺乏自我效能，展開負面的循環。缺乏自信，無法與周遭好好溝通，缺乏安身立命的地方，在公司裡缺乏歸屬感。這麼一來就變得只會批評吧。我想這樣的情形通常最後會辭職，如果繼續勉強自己工作，很可能會因為壓力而導致生病。

其實我自己以前也在負面循環中長期受苦。不過，光是自己下定決心脫離當時的處境，就有助於轉換方向。現在我確信自己正朝著自己的天職邁進。無論陷入什麼樣的困境，我都能重新展開人生。

24
Words of Emerson
100

從事讓自己靈魂喜悅的工作，是在工作時為別人帶來喜悅的基本條件。

《精神的法則》（Spiritual Laws）

我想有許多人想致力於獨特的工作，譬如「我想要提供前所未有的服務」、「我想開發自創商品」。但是，這並不是件簡單的事。

依照愛默生的說法，首先要從事「讓靈魂喜悅的工作」、「有使命感的工作」，是達成為人帶來喜悅的獨特工作的基本條件。如果是因為待遇好、社會地位高這類理由選擇工作，恐怕無法實現在該領域引人注目而且原創性高的工作吧。

能夠創造出獨特工作的人，具備充足的基本知識。坦誠地接受前人的智慧，徹底地模仿，創造屬於自己穩固的基礎。

這也就是象徵修行階段「守破離」中的「守」。如果不是真正適合自己的工作，無法達到徹底的「守」。只要是有使命感的工作，就能持續努力下去吧。

正因為有紮實的「守」，所以在「破」的階段——打破成規時能發現自己的特色。等到「離」的階段，就能展現前所未有的創新。到了這時，就能淋漓盡致地發揮自己的各種能力吧。

25

Words of Emerson

100

即使是無聊的工作，
也能透過自己花的心血與人格，
把工作變得高尚。

《精神的法則》（Spiritual Laws）

你對自己的工作是否感到自豪？會不會因為「薪水很低」、「誰都會做」而看輕自己的工作？如此也等於是看不起自己。

愛默森提倡「自己的工作，可視為表現自己人格的象徵」。譬如就算從事無趣的工作，工作的價值會因為自己的想法而改變。他批評如果將工作的卑微轉化為人格的一部分，是很愚蠢的事。那只是毫無意義地虛度人生。

我的老家從事釀酒業。由於經營失敗，家裡背負鉅額債務。當然我們無法再過著跟以前一樣的生活，工作的內容也改變了。當時，我的祖父母經常告訴我：「鯛魚即使腐壞依然是高級的魚。人的衣著破爛但內心似錦。絕對不可以失去自尊心。」

不要忘記自己的自尊，接受自己所做的事，就能看見工作的價值。愛默生說，請將關於價值的想法與知識傳遞給周遭的人。如果能做到這一點，就能獲得世間正確的評價與瞭解吧。自己的觀點也好，世間的看法也好，一切都是始於自己。

26

Words of Emerson 100

希望或恐懼都不會改變結果。
只有相信自己的力量才會導致改變。

《精神的法則》(Spiritual Laws)

希望或恐懼這類情感毫無用處——目前為止，應該沒有人這麼直接地明講吧。不過愛默生說，既然人與生俱來就有才能與使命，除此之外其他的都不可靠。也就是勸人別受情緒影響。

譬如獲得在大企業工作的機會，就算不是自己真正想從事的職務，還是會很高興吧。像這樣的機會或許不會再有了，這樣想可能就不敢拒絕。

可是，如果要從事與自身使命相關的工作，你就必須迅速做出決定。煩惱而陷入情緒困擾，這些與才能或使命是毫無關聯的。愛默生對於因為外在各種事件，產生喜怒哀樂變化的人提出勸告：「偶然運氣好到手的事物，就像夏日樹木的葉子一樣，出現後又將消失。」

在選擇工作時，必須聆聽自己的才能或使命所發出的訊息。為了察覺這樣的訊息，別忘了必須相信自己。詩人歌德也留下這樣的話：「相信自己吧，這樣就知道如何活下去。」

27

Words of Emerson 100

要相信自己的價值。

擔心自己有沒有價值，並沒有意義。

《精神的法則》（Spiritual Laws）

留下可觀成果的人，知道自己的價值。或許可以說，正因為知道自己的價值，所以能達成普通人做不到的事吧。有些人或許會說「我不清楚自己的價值」、「對於自己的價值沒有那麼堅決的信心」。不過，愛默生說每個人都有自己的價值，所以擔心並沒有意義。為了找出自身的價值，愛默生提出以下四項建議：

① 不要為他人的評價影響情緒。
② 勇於說出自己的意見。
③ 知道自己所能做的事是獨一無二的。
④ 明瞭自己其實已經受到他人認同。

要實踐這些原則，我想相當不容易。如果在職場等正式場合，就更不用說了。但是，相信自己價值的人一定會達成這些。如果你有尊敬或崇拜的對象，請好好觀察對方。我想對方一定也已經實現上述原則。這也是提高自己價值的生存之道。愛默生很堅定地說，不可以讓自己的價值在世間埋沒，在無人知曉的狀況下度過一生。

與其非要做一番大事不可，
不如將自己能做的事，轉化為有意義的行為就好。

《精神的法則》（Spiritual Laws）

有些人說「總有一天我會創業」。如果動機只是「想做一番大事」，愛默生會形容這人「內心卑劣」吧，說不定會批評「如果沒在外界留下什麼印象，感覺自己什麼也不是」。

我想他會這麼說：

「不是要想著做偉大的事，而是紮實地實踐自己能做的事，轉化為有意義的行為。」

為了達到這個目的，必須瞭解：自己究竟能做什麼，對誰會有貢獻，而且什麼會是必要的。然後再展開具體的行動，最後自然會成為「偉大的行為」。

在現在這個時代，如果要創業，我想還必須瞭解自己的特性，也有必要瞭解社會的動向、分析消費者的觀點。如果考慮與要實踐的事過多，也有可能陷入混亂。不要焦急，逐一採取行動就好。

愛默生說，不論多微小的行為，只要合乎自己的使命，就會有重大的發展。

29

Words of Emerson

100

不論有很多人相信，
還是只有一個人相信，
都不會因此而改變。

《論超靈》（The Over-Soul）

愛默生極力主張：就算有許多人反對，只要自己確信，就應該要堅守這樣的想法。

成立7-Eleven日本法人的鈴木敏文先生，聽說在創業時曾受到周遭人們的強烈反對。儘管如此他還是貫徹信念持續行動，後來事業相當成功。創業過程雖然遭到許多人反對，由於他勾勒出明確而且實際的願景，所以依然獲得成功。

比爾．蓋茲這位偉大的經營者解釋「成功的祕訣就是抱持恢宏的願景」。反過來說，如果不能勾勒出願景，恐怕是對自己的想法信心不足，所以才不會成功吧。

偉人們都說「人有無限的可能性」。為了將理念付諸實現，最重要的是思考「如何活用自己的生命」，這就是勾勒願景。

不過，並不是要大家一開始就訂下不切實際的遠大目標，然後盡力達成，請試著為了朝目標的方向前進，設定較小的目標。為了達成小型目標而採取的具體行動，現在立刻就可以實現。

30
Words of Emerson
100

如果一直用同樣的方法重覆每天的工作，
就會對自己擁有的能力失去信心。

《圓》（Circles）

如果每天以同樣的方法，進行同樣的工作，生活就會變得很單調。如此一來也會容易疲勞，再這樣繼續工作下去，有可能會受到無力感侵襲。因為忘了原有的自我恢復力與自我變革力——也就是重新振作的力量，以及改變狀況與環境的能力。

在向我諮商的人當中，有很多人陷入這樣的狀況。對於因為一成不變而迷失自我的人，我的建議是「請嘗試目前為止沒體驗過的新事物」。即使只是小事也可以，譬如換沒用過的洗髮精也可以，如果平常下班後都直接回家，路上先在立飲屋喝一杯也無妨。慢慢嘗試新的事物，體會其中的樂趣，就能恢復自己敏銳的感覺。

有意識地接觸新事物，或挑戰什麼，除了恢復力與變革力，決斷力也會提高。尤其在商業方面，決斷力是不可或缺的吧。將成功哲學化為體系的拿破崙．希爾（Napoleon Hill）（全球暢銷書《思考致富》作者）曾說：「想累積財富的人，要儘快培養決斷力。」比起過日子的方式，改變你所能發揮的能力，更能改變人生。

31

Words of Emerson

100

才能是所有人都具備的特質。

品性是隨著熱情而形成的。

《圓》(Circles)

才能（talent）是所有人都具備的特質，只要發揮自己的才能，就能運用能力賺錢，對社會有所貢獻。不過所謂的才能，是從世界上既有的架構或價值觀中誕生——這是愛默生的定義。

另一方面，品性（character）可說是自己塑造出來的。這種品性可說是人格吧。良好的品性，會帶給人們希望與勇氣，具有創造卓越「場域」的力量。譬如推出新的構想，激發大家的鬥志，發號指令讓大家確信會成功，就是像這樣的力量。

但是不成熟的品性，會使周遭的人喪失活力，造成令人遺憾的悲慘結果。如果對方未能達成目標會遭到斥責，讓人失去鬥志。

如果你是上司或領導者，究竟能讓團隊活化到什麼程度，要看你的品性。為了提高品性，首先請試著將被動轉化為主動。如果是自己覺得好的事，就毫不猶豫地加以嘗試。

愛默生說：「自古以來，如果缺乏熱忱，就無法達成偉大的事蹟。」當你熱衷於某件事時，也就是孕育出你新的品性的時刻。

III

HUMAN RELATIONS

人際關係

32
Words of Emerson
100

人們會尊敬對方是因為：
勇氣、待人接物的態度、寬闊的胸襟、氣度，
與地位、權力、金錢無關。

《歷史》（History）

在社會或組織中，有許多人希望受到尊敬。或許有人覺得：要是獲得崇高的地位、從事高收入的職業，就會受到尊敬，不過那不是真正的「尊敬」，只是「尊重」罷了。只要失去地位或財產，說不定周遭的人態度就會立刻改變。

愛默生說，人會真正表現尊敬，不是因為地位或權力，而是因為對方的人格。尊敬的心理不會隨著對方的立場或行動改變而消失。想要獲得真正的尊敬，首先要尊敬對方。心理學家阿爾弗雷德·阿德勒說：「尊敬是不要求改變眼前的人，而是無條件認同對方真實的樣貌。」

人一定會有優缺點。只要找出對方的優點，抱持信賴的態度，對方也會表示敬意吧。不過，要是對自己缺乏信心的人，恐怕也無法相信他人。據說不能完全堅持自己信念的人，就算能夠尊重他人，也還達不到尊敬的程度。這麼一來，想贏得他人尊敬當然也變得困難。

相信自己的力量，影響遍及各種層面。因此愛默生提倡「相信自己」的重要性。

33

Words of Emerson

100

不論什麼樣的話，
最後都會反饋到說話的人。

《補償》（Compensation）

在前來尋求諮商的人當中，有人曾這麼說：「我依照父母的建議，進了他們希望我加入的公司。都是因為這樣，最後演變成最糟的狀況。」這個人說去上班很痛苦，一點辦法也沒有。

面對這位尋求諮商者，我的建議是「儘管如此，決定去這家公司的人是你自己喔。接下來應該怎樣，是不是該試著自己決定呢？」

還有，新進員工失敗時，似乎常這麼說：「因為是你叫我這麼做的，所以我照著你說的方法執行。」

上司聽了應該會嘆氣說：「算了，以後不會再把事情交給你。」

不論說出如何將自己正當化的理由，如果問題的原因在自己，把話告訴對方，應該會得到相應的回答吧。當然如果是好事也一樣。聽到你對自己有信心說出的話，對方也會信賴你。

當你聽到讓自己感覺受到打擊的話，說不定那只是你所說過的話，後來造成的回應。

請想想看在這樣的時刻，還該不該不經思考，沒自己做決定就怪到別人頭上。

34
Words of Emerson
100

恐懼是非常聰明的「教師」，
也會成為各種革命的關鍵。

《補償》（Compensation）

恐懼可說是人類最主要的感情之一。因此我在心理諮商或從事心智訓練時，會特別注意「這個人害怕什麼」。正如愛默生所說，恐懼是「聰明的教師」，對於瞭解對方的心智模式（判斷、解釋事物時的前提）很有幫助。

譬如在談論金錢方面的話題時，有些當事人的臉色或表情產生變化。這是因為對金錢抱持負面的感情。瞭解這一點，也就找到解決問題的線索。愛默生說，有恐懼的地方就有腐敗，也就是發生了某種問題。在心理諮商時，要讓當事人明白這一點。

各位或許有過這樣的經驗，在跟別人談話時，對方忽然變得反應激烈，自己也嚇了一跳。那是因為你觸及到對方最重要的情感。這時不要追究對方話裡真正的意思，先略過不管。儘管對方有自己的問題，但是該解決的人並不是你。不要否定對方，只要想著「這就是對方最重要的情感」就好。

只要知道是對方最重要的情感，就能在對話時小心不要刺激對方。這樣就不會得到情緒化的反應，達成更有建設性的溝通吧。

35
Words of Emerson
100

有人理解自己會成為最強的後盾，
也會形成與對方的重要關聯。

《精神的法則》（Spiritual Laws）

獲得他人理解——也就是受到肯定、誇獎，會讓我們比想像中更強。當我們覺得對方發自內心誇獎自己，或是想著「這個人真的瞭解我」，會有什麼感覺呢？除了喜悅之外，會不會覺得有來自內心深處的能量湧現？

同時，也會願意接受對方，無意識地想理解對方吧。如果對方感覺到這一點，由於互相信賴，就會產生強烈的關聯。

在人際關係方面，彼此有沒有關聯有如天差地別。如果還沒有建立信賴關係就直接表達意見，就算很有道理，對方可能不會接受。要是彼此有關聯，就容易說得通。

據說在訓練海豚時，如果海豚遵照指示就給予獎賞，失敗時就什麼都不給。像這樣只給予獎賞，其訓練的效果很快就可以看出來，人與海豚之間也會更容易建立信賴關係。

正因為互相信賴，所以能發展關係，問題也會一起解決。不論是親子關係、同事或附近鄰居，首先請試著先從承認對方開始。如果有意見想說，剛開始請先忍耐。這會為良好的人際關係建立基礎。

36

Words of Emerson

100

我們的視線、微笑，

打招呼與握手的方式，

都在宣告自己的人格。

《精神的法則》（Spiritual Laws）

匯整了孔子教誨的《論語》，也包含類似愛默生這段話的格言：「視其所以，觀其所由，察其所安，人焉廋哉？人焉廋哉？」（只要觀察這個人的行動、行動的動機，再看他安於何處，就可以徹底明白這個人的真實樣貌，怎樣都無法隱藏。）

愛默生說，不只是這個人所說的話與行動，對方的些微舉止、日常生活的舉動，都透露出這個人的人格。我們在不知不覺間也「告白」了自己的人格，同時明瞭眼前對象的人格。他還提到：「人不瞭解自己為什麼無法相信別人。雖然不知道原因，就是不信任。」應該有人也有同樣的經驗吧。即使無法說明原因，我們還是會感受到對方的人格。

不論如何以語言修飾，或是保留不想讓人發現的祕密，這些不想透露的想法與行為，都會以某種形式傳達給對方。同樣地，只要具有上進心，就算不刻意強調自己有什麼樣的作為，眼前的人還是會感覺出來。

愛默生很明確地說：「比起實際說明，行為本身會展現得更明顯。」想獲得他人的信賴與信任，首先只要磨練自己就好。

37

Words of Emerson 100

每個人都會小看自己的人生，
覺得別人的人生很有成就、很理想。

《論愛》（Love）

「回顧自己的人生經驗，充滿了各種各樣的過失，他人的人生經驗看起來總是很出色、很理想。」

這是為什麼呢?因為我們對於自己的經歷，會關注到各種細節。儘管是過去樂在其中的經歷，過了許多年再回想起來，恐怕會覺得「為什麼我會做出這樣的事」吧。越是想忘記的經歷、希望沒發生過的事，越會留在記憶裡。但是如果對已發生的事實太過執著，自己內心的負面情感會擴散，也會影響到人際關係。因為會出現所謂七宗罪的「貪婪」、「憤怒」、「怠惰」、「傲慢」、「嫉妒」、「暴食」、「色慾」。

愛默生提出以下的勸告：

回顧現實生活中體驗的各種細微事實，其實既悲傷又痛苦。人生無法完全照自己喜歡的方式進行。但是，如果以理智或真理的觀點來看各種事情，卻是了不起而高貴的，可以看出大致的變遷，並且由美麗的喜悅包圍著。

愛默生稱這種看法為「洞察法則的內在觀察力」。如果具備這種能力，人生也會產生很大的變化吧。我想對於建立更圓滿的人際關係應該也有幫助。

38

Words of Emerson

100

日晷只有放在陽光下，

才會指出時間。

人也要在能瞭解自己思想的人們面前，

才會暢所欲言。

《論友誼》（Friendship）

在會議或討論時幾乎很少發言的人，置身在熟人之間就變得話多。這是很常見的狀況，但背後究竟是什麼樣的心理狀態？

愛默生說，人在「能瞭解自己思想的人們面前」會變得想說話。我想應該也可以置換為「願意肯定自己、接受自己的人們」吧。不想說出自己的意見，是因為害怕自己遭到否定。

想聆聽對方的意見，或希望對方提出想法時，首先要肯定對方說的話。依照愛默生的說法，就像「日晷」與「太陽」一樣。如果不給予肯定，卻希望對方說出意見，就像把日晷放在陰影下，「無法派上用場」。在一定的程度肯定他人，也很重要。

成為太陽的力量，也就是肯定人的力量，與其他各種能力都有關。**善於肯定他人的人，除了也善於傾聽，將自己的想法轉化為語言的能力、提議的技巧等應該也很高明**。相反地，批判或抱怨多的人，有無法以明確話語表達自己意見的傾向。如果不擅長在人前說出自己的意見，那麼先培養肯定他人的能力吧。對於世界上發生的事，與周遭的狀況或人，總之抱持肯定的態度。這與肯定自己的力量——也就是自信，當然也有關聯。

39

Words of Emerson

100

共犯之間可以對等地溝通。
但是對於不是共犯的人，
也應該抱持對等的態度。

《論友誼》（Friendship）

「共犯者之間可以對等地溝通」究竟是什麼意思？

共犯者之間有共通的目的，除了利害關係一致，還有不允許他人介入的封閉性。除此之外，還有互相掌握弱點的另一層面。所以能夠對等地溝通。

在人際關係中，本來即使不是「共犯者」，對於周遭的人也應該對等。正因為對等，所以能互相尊敬，這是最安定的人際關係。

儘管如此，我們很容易看輕後輩的意見，對於上級的意見就照單全收。這是出於「因為我經驗豐富，所以我一定是正確的」，或是「因為對方有實際的成果，所以應該聽從對方的意見」的偏差觀點。彼此之間並無關聯，也不互相信賴，正可說是問題的原因吧。

「共犯者」的例子，或許正說明了「要對等地談話」很困難。但是，無論在什麼狀況下，不管是自己的想法或對方的想法，如果你都能看得一樣重要，這麼一來建立的人際關係會非常充實。

40
Words of Emerson
100

我們在聽從他人之前，
必須先聽從自己。

《論友誼》（Friendship）

有人聽到「你應該要有自己的意見」，會回答「因為公司已經有組織與上司的指示，自己思考也沒什麼用。」但是，如果停止獨立思考，就會變成將自己的思考託付給別人。一旦別人徵求意見，也變得說不出話來。當然，這樣並不會受到上司與同僚尊敬，你自己也會漸漸失去自信。

即使在公司裡，也應該要試著抱持自己的想法。就算別人的看法跟你不同，也要想著「咦——原來如此，也有這樣的想法啊」不必否定自己。如果覺得對方的意見很好，只要接受就可以。就算覺得跟自己的意見差距很大，也請先接納。這樣既有自己的主見，同時也認同對方。

由於自己認同了對方，對方也一定會認同你。最後不管採用誰的意見進行，都能維持互相尊敬的關係吧。

除非你先有自己的意見，否則負面的情形不會發生。彼此互相信賴的關係，先從「擁有自我」開始。

41

Words of Emerson 100

擁有同樣標準的人能夠互相瞭解，
就像水跟水融合一樣。

《論友誼》（Friendship）

只以簡短的話語就懂得對方意思的人，意識在同樣的「標準」上。如果「最近跟那個人很談得來」，那表示因為某種原因，你的意識跟對方有著同樣的水平。

相反地，會不會有人讓你覺得「我就是跟那個人合不來」？

在這樣的情形，請努力試著將意識跟對方調整到同樣的水平。如果覺得跟上司互不理解，請試著以上司的立場思考。

如果你位居管理職，遇到像自己這樣的屬下會怎麼想？請以上司的立場儘可能仔細思考，試著理解上司的心情。說不定你會意外地覺得「有這樣的屬下真麻煩啊」。

這麼一來，你跟上司就變得有同樣程度的觀點，我想已經瞭解「像水融合般互相理解」的要訣。

這也意謂著在你心裡有另一種觀點。如果你是先生，就模擬太太的觀點，如果你是員工，就模擬經營者的觀點，「如果站在太太的立場，我希望先生這樣」、「如果我是社長，會這樣要求員工」以對方的層次來看這些事。然後再跟對方對話，你將驚訝地發現，溝通變得容易多了。

42
Words of Emerson
100

能夠開示自己的人，就像人生的寶藏一樣，
我們應該要建立這樣的人際關係。

《論友誼》（Friendship）

就算你覺得「我沒有彼此互相瞭解的知心朋友」，也不必擔心。愛默生認為，要建立真正的人際關係「並不容易」。不過千萬別因為害怕孤獨，「順從已理解的事，隨便結交朋友」。

想建立人生珍貴的友誼，究竟該怎麼做呢？

愛默生說：「要提醒自己，注意不要締結虛偽的關係。」要將自己的真實樣貌、想法、得意的領域明確表現出來，向世上表明。這麼一來「就會吸引卓越的人們」。

如果覺得沒有人瞭解自己，是否是因為還沒有向周遭完全地表明自己？也就是完全地展現自己，現在所擁有的事物也可能必須放手。儘管如此，只要沒有偏離自己的「道」，最後得到的也就是「真正重要的東西」。

有些人即使想表明，或許也不清楚自己的信念或得意的領域吧。這也沒關係，在還不充分瞭解的狀況下，試著展現自我。藉由持續表明，漸漸地就能以個人的語言表現自己。

43

Words of Emerson

100

你是否感到人是完全孤獨的呢？

能夠接受孤獨的人，

就能擁有絕對的「相信自己」。

《論友誼》（Friendship）

人際關係發生問題的原因之一，就是過度「依賴」對方。也就是對於要好的朋友或戀人要求太多，但是世界上不可能有喜好、興趣完全相同的人，因此造成彼此關係破裂。

會產生依賴的人，我想應該是恐懼孤立或孤獨，因為沒有培養相信自己，或是誤以為自立會變得孤獨。所謂自立，難道不是保持距離的同時，仍與人維持聯繫？

不論什麼樣的人際關係，都需要適當的距離感。愛默生建議「像看待書本一樣與朋友相處」。不要一直放在手邊，而是置於像書架一樣可以客觀看到的地方。然後試著分類「關於工作的話題可以跟這個人聊」、「我跟這個人音樂喜好相近，想約一起去聽演唱會」。因為能夠隔一段距離觀察對方，所以不會依賴對方。

你本身是獨立的存在，眺望著書架，必要的時候拿取需要的書。與大家保持距離，乍看之下是「絕對孤立」的狀態，但你與所有的人都有聯繫。就算失去現在擁有的書，只要再建立新的書架就好。你將會陸續認識新朋友。

44

Words of Emerson
100

捨棄虛飾，以率直的態度，
展開人與人之間的往來吧。

《論超靈》(The Over-Soul)

「虛飾」也就是虛榮。我們為了隱藏弱點，讓自己看起來更好，虛張聲勢。如果只在意自己的面子，別人一定會感覺出來。這麼一來應該不會被接受吧。

虛榮出於「希望能夠完全、完美」的心情。這正是因為缺乏自信。對方並沒有要求你完美，你卻認為如果自己不完美，對方可能不會接受你。

請不要粉飾自己，試著鼓起勇氣向對方傳達「我缺乏自信」、「我現在很困惑」、「請幫助我」。不是以卑微的心情說，而是信賴對方、以誠懇的心情傳達。如果不想讓別人知道自己的問題，應該是怕被別人掌握自己的弱點吧。請以坦率而誠實的態度，適度地向對方表達，不要讓人覺得那是你的把柄。這麼一來，對方就會信任、接納你，提供協助。

愛默生對於人與人往來的精髓是這麼說的：「要率直地與人往來。這樣的話，對方也會不得不誠實相待。忘掉只做表面工夫的想法吧。誠實才是向對方表現的最佳禮儀。」

45

Words of Emerson

100

在各種地方都有「圓」存在。

《圓》（Circles）

愛默生說：「圓是全世界符號中最佳的象徵。」

我想，以圓做為表現的事物很多。自然界的物質循環也可用圓表示，人際關係也能以圓為例。在社會組織中的連繫，也可以用圓譬喻吧。像這樣的圓，存在於世界各地。

如果你是男性上班族，已婚，你就置身在所謂男性框架的圓、社會人際關係的圓、家庭的圓。就像每個圓裡都有圓心，各種人際關係的圓都有主要的價值觀存在，以價值觀為中心，發展出與其他人的關係。

有趣的是，每個圓的價值觀都完全不同。無法客觀地瞭解這個事實，並且將價值觀區分開來的人恐怕很多。許多人把在公司工作時的思考方式帶進家裡，或是把跟男同事溝通的方式，要求女同事或部屬都能接受。這當然會造成麻煩。

不論在哪個圓都想貫徹同一種價值觀的人，會說「這是理所當然的」，認為正確答案只有一個。但是每個圓都有個別的正確答案。能夠客觀地看待「現在我正處於哪個圓」，是讓人際關係圓滿的祕訣。

46
Words of Emerson
100

正義也有各種各樣的色彩。

《圓》（Circles）

正義的定義因人而異。某個人覺得不公正的事，在另一個人眼裡可能很合理。愛默生以借錢為例，比較兩個人。

「認為借了錢就應該要還的人，對於怠慢義務、讓債主遙遙無期等待的人，自然非常嫌惡。不過，遭嫌惡的一方也有自己的看法。當事人會問自己：我應該還跟誰借的錢呢？是向有錢人借的，還是向窮人借的……」

對前者來說，盡到公認的義務才是所謂的正義，對於後者來說，與其還錢給富有的人，應該優先向貧窮的一方報恩。當然借錢最好要還，但是能接納各種各樣的看法，對於人際關係非常重要。不管只偏重自己的正義，或是只偏重對方的正義，都無法建立健全的關係。最好在事物進展時，無論對自己或對方的正義都同樣重視。

這並不容易，但是如果你能以俯瞰的角度認識兩種正義，就能以你為中心，建立雙方的關係。抱持冷靜的觀點重視雙方的人，將能掌握主導權。

IV

FAILURE

挫折

47

Words of Emerson
100

遇到險惡的狀況時，
其實也是學習的機會。
因為必須自己思考、下定決心。
於是瞭解自己的無知，從自戀中覺醒，
獲得真正的能力。

《補償》（Compensation）

當自己正處在非常辛苦、艱難的處境時，不會覺得這樣的經驗對自己有幫助。儘管如此，經歷過特別的遭遇，的確會感覺「學到教訓」、「因此覺悟」。

當我在恩師過世時，的確經歷了相當難受的事。雖然內心的悲傷無法衡量，但我的確覺得因此獲得許多成長。

儘管陷入沮喪，重新振作時，就會看到目前為止所沒看出的事，也瞭解自己該做什麼。這的確是激發自己新能力的契機之一。

經歷某種「失敗」，也算一種辛苦的經驗吧。如果想避開失敗，是很自然的事。

但是，愛默生留下這樣的句子：「偉大的榮耀並不是不失敗，而是失敗後能夠站起來。」

正因為經過行動、失敗、重新振作的歷程，於是接受真正的自己，能夠擺脫拘束，提升自己的能力。透過這樣的過程，不正會孕育出堅信自我的力量嗎。

48

Words of Emerson
100

人會因為弱點與缺點而受惠。
每個人在一生中，
都必須感謝自己的缺點。

《補償》（Compensation）

通常大家都認為弱點與缺點是負面的吧。但是愛默生說，我們應該要「感謝」這些特質。因為「驕傲的種子一定會帶來災禍，缺點也可能以某種形式對人有幫助」。愛默生舉例說明：「如果性格上具有缺乏社交性的弱點，就會養成自得其樂、自律的習慣。」

自己的弱點也可能衍生出技能。譬如缺乏業務需要的機動性或溝通能力，這或許是缺點，但也會促使人採取行動，考取專業證照不是嗎？

有些人可能會覺得「我沒有辦法這麼積極」。

當我一個人長期關在家裡，會列舉出自己的弱點與缺點，自厭自棄想著：「要是沒這些問題就好了。」不過，我並不認為那是無用的經驗。正因為當時的苦惱，所以造就了現在的自己。

「每個人都是試著與真理抵抗、搏鬥後，才真正理解真理」愛默生這麼說。正因為我曾陷入煩惱、繞遠路，所以對於所謂「缺點能幫助人」的真理，非常能夠理解，這就是我所獲得的教訓。

49

Words of Emerson
100

我們的強項是從弱點孕育出來的。

《補償》（Compensation）

我們可以想像，這句話是從愛默生的親身體驗衍生的感想。

愛默生曾在大學時代的日記這樣寫：「我對於懶惰、反覆無常、愚鈍、缺乏內涵的自己經常感到厭惡……我注意到非訓練自己不可……我周圍的同學們都很認真求學，現在應該都很有成就吧。我恐怕已變成懶惰而無聊的人。」

愛默生為了補貼家計從事過各種各樣的工作，無法擁有充裕的讀書時間，成績也並不優秀。所以他厭棄自己，因為自卑而痛苦，覺得非做些什麼才對，感到焦慮。當時他每到生日時，就在日記裡嚴厲地批判自己。愛默生會這麼煩惱，是因為他有強烈的願望，「將來想成為傑出的人物」吧。正因為覺得目標與現在的自己有極大落差，所以才會寫出這些自虐的話吧。

會感到自卑是因為認為「自己很弱」。但是，這也會激發「想要變強」、「我要更努力」的上進心。愛默生在學生時代的自卑感與自我嫌棄，實際上成為促使他在人生中前進的原動力。「強是從弱衍生出來的」愛默生的這句話很有說服力。

50

Words of Emerson

100

要順從你自己。

《自立》（Self-Reliance）

如果忽略自己的想法，只順從他人與外界，會變得一直「找不到方向」。勉強將各種價值觀照單全收，陷入自我迷失的狀態。如果總是莫名感到不安，即使很努力也不覺得充實的人，或許正陷入這種迷惘的狀態。

所謂的順從自己，也就是**遵照自己價值觀的意思**。這麼一來，就能度過沒有違和感與挫折感的豐富人生。

被譽為自我啟發之父的阿德勒說：「人就像描繪自己人生的畫家，你的作品就是自己。要決定往後人生的也是你。」只要順從自己，就能像阿德勒所說的一樣，自己推動自己的人生。

那並不是變得任性，愛怎麼樣就怎麼樣。所謂順從自己其實有相當嚴苛的一面。因為選擇自己相信的道路，也有可能收入減少、喪失社會地位吧。也可說是需要勇氣與覺悟的生活方式。

但也只有這樣生存，你才不會感到孤獨。當一個人的力量無法解決問題時，請相信一定會有幫助你的人出現。

51

Words of Emerson

100

只要弄清楚原因，

不論結果如何，

都能看得出價值。

《補償》（Compensation）

所謂「因果報應」，就是在某項結果出現時，一定有原因，如果那是好事，就會帶來好的結果，如果是壞事就會有壞的結果出現。

不過，其實並不是好、壞的問題。重要的是意識到「因果報應」好好努力，我想不論從什麼樣的結果都能看出價值。

要是無論如何都不能接受結果，自然不會再繼續努力。我想那是因為「因果報應」的因（原因）並不明確所導致。只要明確瞭解「因」，不論獲得什麼樣的「果」（結果），都能從中看出價值。

聽說棒球選手鈴木一朗在小學時代，一年練球三百六十天。這項行動的「因」是出於「想當棒球選手」的強烈慾望。由於他很明確地瞭解其中的「因」，所以不覺得努力辛苦，甚至曾經遭到玩伴嫉妒。

比賽輸球的「果」應該也有發生過吧。儘管如此，我想因為有不受動搖的「因」，所以他沒有放棄練球。這麼一想，該做的事是不是更明確了呢？如果「因」還不明確，就不會有相應的結果出現吧。但是只要有明確的「因」，就能不受挫折影響，持續努力下去。

52
Words of Emerson
100

人生是由各種無法逃避的條件包圍。

《補償》（Compensation）

所謂無法逃避的條件，是指「因為某種原因，導致結果」、「有得就有失」等人生無法脫離的事物。

愛默生對於這樣的狀況，提出以下勸告：

不明事理的人，對於獲得財富或名聲，不想承受負面的影響，只想獲得好處，只想從不想要的事物取得自己想要的部分。這樣的意圖，很明顯最後只會失敗。

無論工作或私生活，當事物無法順利進展時，你是否只想從無法切割的事物取得片面的成功？譬如只考量利益不願意先投資、不希望有任何失敗，只想成功？

將本來是一體兩面的事物切割，只想獲得「有好處」的部分，或許有時候的確有人會這麼做，只想取得利益。也有人因為小小的好處而感到驕傲。

但是愛默生說：「就算想避開那些人生無法逃避的條件，那也只是在抵抗人生、逃避自己，最後會得到相對的報應。」人生必須要有覺悟，接受無法逃避的條件。

53

Words of Emerson

100

一個人只會看到存在於自己內在的價值。

《精神的法則》（Spiritual Laws）

在向我諮商的人當中，有位當事人曾提到「雖然工作很辛苦，但我就是沒辦法放手」。這個人是該領域的第一把交椅，在大公司上班。由於公司在業界具有代表性，他也因此出人頭地，獲得穩固的地位，所以他無法辭職。

對他而言，在公司裡的地位具有絕對的價值。不過，如果是同業或許還明白，但是對世界上大部分的人來說，這樣的地位毫無意義。只有他自己為這份工作賦與絕對的價值。**所謂價值觀，是人們各自創造出來的，並沒有普遍的價值**。

如果你現在過得很辛苦，也無法改變自己的生活方式，要不要稍微重新檢視自己的價值觀？也許你只對某一種價值觀過於執著。請試著自問「這對於我的人生，真的有必要嗎？」只要問自己一次，也可能會看見新的價值。

如果只抱持一種絕對的價值觀，成功時就會變得驕傲，失敗時就覺得人生到了終點。隨著對事物的看法不同，人生也會有大幅改變。不時以客觀的眼光審視自己的價值觀很重要。

54

Words of Emerson

100

人會因為各種各樣的行為獲得評價，

並被貼上標籤。

《精神的法則》（Spiritual Laws）

這是日常生活中常見的情形，愛默生說，就連小孩子都能對新來的人做出精確的評判。人不會光憑外表給評價，譬如打扮或姿態表情，判斷的基準是「這個人的行為」。

「你做了什麼？」關於這個問題，愛默生認為是「探索人真正的價值，將虛偽名聲徹底除去的神聖質問」。

你對誰，為了什麼原因，而採取什麼樣的行動，人們會觀察這些，對你做出判斷。只要稍微改變觀點，對自己詢問這個「神聖質問」，我想自己的目標或方向，就會越來越清楚。

如果你不確定自己的心情，感到迷惘時，只要試著思考「我究竟想為誰，做些什麼呢」就好。當我覺得自己不知道為什麼而活時，經常這樣問自己。

只要對這個問題有具體的回答，就知道該有什麼具體的行動。藉由實行，周遭的人就會對你有適當的評價。你也能確認自己所具備的能力。

55

Words of Emerson
100

真正的改變，
源自於無意間在路旁靜靜浮現的想法。

《精神的法則》（Spiritual Laws）

我們很容易將就業、結婚等所謂人生大事視為轉換期，其實真正改變人生的時機，就在平常安靜的時光中。

「目前為止是這樣，接下來應該要那樣吧」愛默生指出，像這樣改變整體生活方式的念頭，是散步途中在路旁想到的。

不只是散步，還有早上起來整理儀容的時候，洗澡的時候等，狀況因人而異吧。據說放鬆時無意識發揮作用，很容易表現出內心深處的願望。在一般所謂轉換期的時期，如果拼命規劃理想的人生，說不定反而會錯過真正渴望的事。或是只重視外界的想法吧。

即使難以用語言說明，請將無意識浮現的想法付諸行動。經過一連串的行動之後，就會形成讓真正的自己覺醒、改變人生的力量。

如果不明白什麼是無意識發揮作用的感覺，請試著重覆做同樣的事。洗碗也好，寫書法也好，著色畫也好，什麼都可以。只要持續進行，漸漸地多餘的情感就會消失，趨近於「無」的狀態。這時自然浮現在腦海的事，最接近你的本質。

把「過去」讓給那些反對抱持希望的人吧，
但是「未來」屬於我們。

《論超靈》（The Over-Soul）

當你想換工作時，公司決定人事的主管會看你的履歷。或是當你想要挑戰什麼的時候，有些人可能會說「既然你以前失敗過，那還是不要勉強吧」。他人會從「過去」判斷你。對於這樣的人，讓他們愛怎麼說就怎麼說吧。就回答「原來如此，是這樣啊」吧。

難道各位不覺得，最強的對手不是別人，而是自己嗎？

「以我這樣的學歷，沒有希望再往上升」、「因為我經歷過那樣的失敗，將來一定會變成這樣」你是不是有過這類想法呢？如果連你自己都以過去判斷自己，就無法對未來抱持希望。**能夠描繪自己未來的人，只有自己。沒有人可以替你代勞**。

另外，在某種程度對自己的人生感到滿足的人，不會抱持太大希望。以目前為止的成果想像未來，覺得「啊，這樣就可以了」，不會想再追求更高的目標。因為不想失去現有的舒適生活，出於保守，所以可能反而會失去一些機會。

不論有什麼樣的過去，我們難免會受到過往的影響。不過，在判斷時如果只看到過去，不就變得無法享受人生嗎？

57

Words of Emerson 100

打破現狀與消除不安的唯一方法，
就是不輕易向人徵詢答案，
順其自然地思考、行動。

《論超靈》（The Over-Soul）

在尋求諮商者中，有人說「我無法接受現在的生活，覺得不安」。我問對方：「那麼，為了改善現狀，你覺得應該要具體做些什麼呢？」答覆幾乎都是「我不知道」。

想要解除對現狀的疑惑或對未來的不安時，有人會向外面的世界尋求答案，但是應該找不到答案吧。就像愛默生所說的，徹底投入自己的工作是我們唯一能做的事情。

愛默生說，這麼一來「在無意識間，精神發展到新的狀態，問題與答案也合而為一」。

我想這是因為認真工作，衍生出新的思考與行動，自己也漸漸能回答自己的問題。

企業家稻盛和夫曾對於企業的發展、振興做出許多英明的決斷，他對工作的定義是「不斷磨練自己」，認為每天的進步可以琢磨靈魂，形成有深度的人格。

如果將打造人格定為「自己的主軸」，就不會指望透過外面世界的某人告訴自己答案，儘量減少這類「層次較低的好奇心」。因為你會察覺到所有的答案都在自己內心。

所謂勇氣，就是不論失敗多少次都能重新振作。

《圓》（Circles）

以阿德勒為首，許多心理學家與哲學家都談到勇氣的重要。愛默生說，自我恢復的力量跟勇氣有關聯。

即使正面遇到困難，只要知道靠自己的力量「能夠恢復」，就能時常鼓起勇氣行動，不受到他人擺布，擁有開創自己人生的力量。

那麼，要如何提高自我恢復力呢？

「恢復」是回到原先的狀態。恢復自我的力量，不就像自癒力一樣，原本自己就有。想要提高原有的自我恢復力，愛默生建議幾個自我修養的方法步驟，應該可以有所幫助。

首先是在探究自身的同時，瞭解自然的法則（真理）。瞭解自己的性格與價值觀，接觸如偉人格言般的真理。

接著要信賴自己。儘管毫無根據，請抱持「我絕對沒問題」的強烈信念。最後是信賴他人。只要相信自己，很自然地就能相信周遭的人。

只要養成以勇氣為基礎的自我恢復力，應該就能湧生無限勇氣。

59

Words of Emerson

100

請接受事實的原貌。
當事實經過巧妙的修飾之後，
就不再是真理。

《智能》（Intellect）

儘管說要接受事實的原貌，我想仍有無可奈何的事，讓人湧現「為什麼我會遇到這種事」的情緒。如果無論如何都不能接受眼前發生的事，請試試看以下兩種方法：

① 從宇宙俯瞰自己。

② 試著思考自己死前想做的事。

如果不能接受痛苦的事實，一直想著「為什麼？」，就會變成聚焦在這一點。所謂從宇宙俯瞰自己，就是有意識地拓寬自己的視野，從能夠想像最遠的地方眺望自己。這麼一來，我想就能變得漸漸客觀地觀察事實。接著，請試著思考自己死前想做的事。每個人都總有一天會死，在那之前要做什麼?當正面思考這樣的事時，人會自然前進。

在這個世界上，辛酸與痛苦的事不可能消失。我們最後只能接受事實向前進。贊同愛默生思想的心理學家暨哲學家威廉·詹姆斯這麼說：「接受事物原本的樣貌吧。**能接受發生的事，就是克服不幸結果的第一步。**」

V

GROWTH

成長

60
Words of Emerson
100

精神的提升，就像從卵孵出幼蟲，
從幼蟲變為成蟲一樣，
到了某一天，會出現戲劇性的變化。

《論超靈》（The Over-Soul）

人在精神方面成長時，不是呈圖表般直線上升的變化，而是像昆蟲變態一樣，以階段性呈現飛躍的變化。不只是人，公司或事業的成長也是如此。

關於「天才」漸漸成長的過程，愛默生描述如下：

「那並不是上天選出某個人，讓周遭的人感到自嘆不如，並且逐一被這個人超越。每當成長的陣痛降臨時，他在原來的場所趨於成熟，隨著每一次的脈動凌駕其他人。」

天才並不是特別的選民，而是相信自己、發揮才能的人。這樣的人不會平順地成長，而是經過努力再努力、煩惱，體驗像陣痛般的痛苦，某一天忽然像脫胎換骨一樣，突然成長。

正因為超越「成長的陣痛」，所以會留下某種結果。要是苦於沒有結果，請自問是否曾努力到讓「陣痛」發生的程度。

經過不斷的持續努力，當結果產生時就會蛻變獲得重生。這時你就會體會到偉人所說的真理，更接近他們的心理。

61

Words of Emerson 100

只有憑自己瞬間的直覺，
才能為自己的事做決斷。
人生的決定權，
不能交給他人。

《歷史》（History）

在非做出某種決斷不可時，你會如何判斷？應該有很多人會蒐集資訊、花時間仔細考慮再判斷吧。

但是，據說花數秒思考後的回答，跟花了一天思索的答案其實是一樣的。這叫做棋步理論，西洋棋高手花五秒思考與花三十分鐘思考後的結論，有百分之八十六是一樣的，理論由此衍生而來。儘管花了許多時間，想到的卻很少。沒有人會因為新的體驗，知道自己如何變化。因此愛默生說，要遵從直覺。

面臨抉擇時，有些人說不定會重視他人的意見。但是，如果向他人尋求答案，就等於將人生的決定權讓給他人。只有自己才能為自己的人生做決斷。**只要能做決斷，自然就會付諸行動。**

愛默生在隨筆《自立》的開頭，引用了這句令人印象深刻的話：「你們不要向外尋求自己，降臨在每個人身上的事不會太早也不會太晚。」

當遇到狀況時，你只要相信自己，聽從自己的直覺就好。就算失敗，也會從中得到收穫。

62

Words of Emerson 100

尤其在遭到大家反對時，
不要改變心意，應該要以開朗的態度，
遵照從心底湧現的想法。

《自立》（Self-Reliance）

當意見遭到多數人反對，自己成為少數派時，要貫徹自己的意志並不簡單。不過在這個時候，尤其應該要重視自己的想法。

大聯盟的鈴木一朗選手這麼說：「我最值得驕傲的，就是陷入困難的局面時，一定會自己做決定。」

遇到困難時直接放棄，聽從別人的意見可能比較容易。不過這樣不會成長。遇到目前的經驗還不足以解決的難題時，試著自己找出答案，將會獲得大幅成長。

根據理論，遇到以過去經驗無法解決的問題，大腦會進化。可說「困難也是一種轉機」。據說鈴木一朗選手遇到難解的局面，都會將問題轉變為機會。他能夠做到，正是因為他一定依照自己的內心做出判斷。

由於是自己做的決定，不論成功或失敗，對你來說都將是「成功的種子」。自己下定決心，不必對判斷感到猶豫、恐懼。如果確定周遭的人都會反對，就像愛默生所說的，沉著地積極貫徹自己的意志吧。

63
Words of Emerson 100

如果想贏得不朽的榮譽，
就必須探究「所謂的善，真的是善嗎」。

《自立》（Self-Reliance）

愛默生說自己厭惡「已成為慣例」的社會制度。對許多人來說，傳統的社會制度就是「善」。他對於所謂的「善」提出質疑。當然，他並不是一味地批判制度，而是對徒具形式，不考慮個人信念與良心的制度抱持疑問。

從事過去嚮往的牧師職務才三年，愛默生就決定辭職，當時他的日記這樣寫著：

「我自己擔任牧師經常最感到衝突的，就是思考人類最善良的部分……我自己的善與職務上的善互相抵制。」

「自己的善」也就是信念與良心。愛默生說，如果不正視這些，迎合世間的制度，就會失去做為人的真誠與生存的活力。

儘管如此，我們必須在既存的社會制度中生存。最重要的是，不要喪失自己的本質，並且持續注意世間的善，真的是善嗎?這麼一來，不論在什麼樣的制度中，你都能持續做自己。當你覺得迷失自我時，請試著回想愛默生的話「只有一種正確的原則，存在於我的靈魂中」。

64
Words of Emerson
100

跟僵硬的道理相比，
毫無根據的空想或純粹的感情
更值得信賴。

《自立》（Self-Reliance）

人不是憑意志或理由，而是因為「感情」而行動。所以如果想知道自己真正的想法，請傾聽自己的感情——心靈的聲音。這麼一來自然知道「自己真正想要什麼」。

請試著客觀地檢視自己遇到事情時，當下產生的感情。就算沒什麼道理，那是你真正的心意，也是你的本質。譬如明明有許多人支持的事物，自己很可能毫無理由地感到嫌惡。那恐怕就是跟你的本質不合吧。

不論你希不希望，感情每天都會源源不絕地湧現。這時，也就是瞭解你自己的機會。即使是負面的感情，也不要認為是低俗的。因為透過這類感情，你得以一窺自己的本質。

當負面的情感出現時，越是壓抑越會增強。如果你覺得「上司的說法真令人生氣」，就接受自己憤怒的事實吧。**只要想著「啊，我現在正在生氣呢」就好**。讓事情就這樣過去也沒關係，客觀地分析自己的心聲也可以。不要受到感情的擺布，只要能和諧地面對自己的感情，就能活得更像自己。

65

Words of Emerson

100

精神所在之處，就有力量。

《自立》（Self-Reliance）

愛默生在這裡所說的精神（soul），也就是你自己。也就是有「你」的地方，就有力量的意思。也就是「只要做自己，就可以發揮能力」，非常簡單的訊息。

越簡單且接近本質的事物越難理解。所謂的「做自己」究竟是什麼意思？追根究底，我想應該是「能夠瞭解自己、信賴自己、實踐像自己的作為」。

如果不知道該如何回答這個明瞭的問題，蘋果電腦創辦人史蒂夫・賈伯斯有句名言，你可以試著以這句話問自己。

「如果今天是人生的最後一天，你現在所做的事，是你真正想做的嗎？」

假設答案是否定的，你可能並沒有活出本來的自己，也就是並沒有發揮獨特的能力。賈伯斯也說：「我確信人只能持續從事真正喜歡的事物。請找出自己的喜好。」如果不瞭解自己，就無法做出像自己的事。在尋找喜愛事物的過程中，你對與自己相關的知識會瞭解越來越深。隨著「自己」的輪廓越來越清楚，你的能力自然也能夠發揮吧。

66

Words of Emerson 100

格言就像鳥類或蟲類所教導的事一樣，是絕對的真理。

《補償》（Compensation）

那些偉人的格言，為什麼如此打動我們的心？

愛默生在自己的著作中，反覆提到「要遵從普遍的法則而活」，在不同國家的格言裡，也有表現同樣意思的話。格言闡述出讓人活得更充裕的真理。我想留下格言的人們在世時總是在探究真理，所以確實能表現出真理的一面吧。這種語言具有能改變他人人生的力量。

我從二十五歲起，有十年的時間飽受恐慌症之苦，陷入完全無法外出的狀態。無法離開自家超過一百公尺的距離，甚至沒辦法去醫院。當時給予我鼓勵的是鈴木一朗選手的話。我對他的話特別印象深刻的是「只有累積確實的每一步，才能走得遠」。這段話能帶給我勇氣，正因為一朗選手本身就貫徹著這樣的生存之道吧。他不斷累積「確實的每一步」，達成大聯盟累積超過三千支安打的輝煌紀錄。

愛默生說，格言所交織而成的真理，「就像鳥類或蟲類所教導的一樣，不僅真實而且普遍」。我想正是遵從「真理是普遍的法則」而活的人，能觀察出這樣的道理吧。

只要心智成熟，什麼都能達成，
回想過去事事都辦不到的時期，
感覺大概像做夢一樣吧。

《精神的法則》（Spiritual Laws）

每個人的人生都有大幅飛躍、變化的時機。譬如工作方面獲得具體的成果，或是精神上的成長，彷彿脫胎換骨一樣吧。在大幅成長前，會變得特別不安，或許就像在黑暗中徘徊的心情吧。儘管如此，只要持續努力，時機一定會降臨。

愛默生說，就像夜晚結束，早晨來臨一樣。只要時機成熟，自己的世界會迅速改變，覺得以前的自己像在夢境中一樣。

在暗中摸索的時期，可能沒想到有這樣的早晨。「這樣努力究竟有什麼意義？」、「真的沒有弄錯，會有回報嗎？」很多人應該會想吧。

但是，當我們在大幅成長時，不可能在上個階段就縝密地想過應該會怎麼樣，知道以後才改變。譬如學會說話，是人類最早體驗的重要成長之一。在會說話之前，不可能想著「要是會講話一定會有好處，所以我一定要努力」我們只是憑著本能努力、進步而已。

人活著的經驗越豐富，就越容易感到軟弱、慾望、傲慢、困惑、不安。不要感到困惑，只要相信早晨一定會來臨，持續努力，就會成為成長的關鍵。

68

Words of Emerson
100

對事物的看法，
是自己無意識間決定的。

《精神的法則》（Spiritual Laws）

有句話叫做「對自己的影子感到恐懼」。走在夜間的步道時，看到巨大的影子嚇一跳，原來是月光下自己的身影。這告訴我們，自己所恐懼、驚慌的事，都是自己創造出來的。不論是好是壞，各種認知可說都是自己創造出來的。

心理學家阿德勒提到「人只會透過自己的記憶看對方」。儘管對方是初次見面的人，我們也會憑自己的經驗任意判斷「這個人是好人」、「這個人不能信任」。

由於只在自己的內心判斷，當然也可能會出錯吧。儘管如此，我們卻將自己推斷的結論當成來自外界的正確資訊。

自己內心的想法，會反映在眼裡。自己會無意識決定對於事物的看法。我們一旦注意到這一點，就會有更客觀的觀點。不再先入為主，比較容易看清事實。

另外，認識更多人，多讀一些書，讓自己的經驗與知識更寬廣也很重要。藉由「記憶」各種各樣的思考方式，就能具備不同的觀點。我想這樣會提升人的深度。

69

Words of Emerson

100

就像屋頂上的風向雞，或是鐵道下的枕木，

只要瞭解「真理」，

力量一定會展現出來。

《精神的法則》（Spiritual Laws）

「有人總是精力充沛地四處活躍，我自己卻只能做到這樣……」你完全不必這樣想而感到沮喪。只要盡了自己的本分，就跟活躍於公開場合是一樣的。每個人的生命形態各有不同，不論以什麼形式表現都可以。

羨慕他人的生活方式，或是想成為他人都毫無意義。愛默生說，能夠瞭解這一點的人，是明白「真理」的人。

那麼，真理究竟是什麼呢？

理論物理學家亞伯特．愛因斯坦說「所謂真理，就是禁得起經驗試煉的事實」。在各種經歷中，我們面對自己的弱點，遭遇意想不到的惡運，也就是一連串的試煉。但是只要持續抱持上進心，試煉就能讓我們成長。

相撲界的前橫綱千代富士，由於天生肩骨形狀特殊，從年輕時就為習慣性肩關節脫臼苦惱。為了克服這個問題，據說他持續鍛鍊，讓肩膀更有肌肉。後來他成為大橫綱，我想他一定領悟到「所有痛苦的事都將派上用場，這些絕對會讓自己不斷成長」的「真理」。只要能跨越試煉，持續琢磨自己，我想應該就不會對自己的生存方式感到懷疑吧。

70

Words of Emerson

100

既然還沒有向恩人報恩，

究竟有什麼理由非要遠行？

《精神的法則》（Spiritual Laws）

當你想磨練自己時，會展開什麼樣的行動呢？

首先我想有很多人會將目光轉向外面的世界。也許會閱讀過去偉人所留下的哲學書，或是想造訪沒去過的地方，發現新的自己。但是愛默生說，在完成「自己的任務」前，不論是讀深奧的哲學書或出發旅行，就像拋棄了自己的工作一樣。

他還表示，所謂自己的任務，包括像回信給自己的恩人之類，也就是對現在身邊的人表示感謝，思考自己能做些什麼，並且付諸行動。盡到最根本的責任，就是磨練自己的最佳手段。

在愛默生身處的時代，似乎有很多人覺得最好要去義大利這類歷史悠久的國度旅行。他批評這是因為「自己的修養不足」。現在不也有類似的情形？哪些事會讓你覺得「會獲得社會上的肯定」、「覺得自己有所成長」？

完成自己在目前所待的地方能做的事，再出發「旅行」比較好。你是否其實還沒做到，卻盲目地想要增廣見聞？

71

Words of Emerson 100

我們具有清楚的判斷力，
能夠分辨人的精神，
譬如誰忠於自己，
並認真地努力著。

《論超靈》（The Over-Soul）

我們具有洞察其他人精神性的力量。不過，這不是透過知識或技術解讀對方心思的能力。更像是以自己內在的「直覺」看出人的本質（包括自己在內）。

雖然直覺是我們原本就具有的力量，但是只有經過磨練才會發揮作用。如果對自己的內心並不忠實，只依賴他人的意見或外界的評價而活，內心的直覺之鏡只會維持模糊不清。

我經常詢問前來心理諮商的當事人「你相信自己的心嗎？」然而，越是優秀而且知識豐富的人，越是傾向於從技術或輿論尋求答案，而不是求諸於己。譬如做所謂的「適職測驗」，但是這也不可能完全解釋清楚你所有的事。真正能夠信賴的，是出自直覺的判斷力。最重要的是首先相信自己的判斷。

自己的直覺變敏銳後，也能以直覺判斷他人。不過愛默生說，智者並不會以這種判斷力「評判他人」。而是根據這些人表現的精神性，讓他們去評判自己。因為智者不會將直覺用來滿足自我表現。

72

Words of Emerson 100

只要將「習慣」的鎖鏈斬斷，
自己隱藏的可能性就會甦醒。

《圓》（Circles）

「我們每個人都受到習慣支配」有鋼鐵大王之稱的企業家安德魯．卡內基曾這麼說。我們的行動幾乎全都可以說是一種習慣。如果想養成新的習慣，就必須把舊的習慣放下。關於習慣，我們常聽說人的行為如果要養成習慣，大約要花三週時間，也就是所謂的「瑪爾茲法則」。也就是不論養成習慣或改變習慣，都需要三週時間。如果換一種說法，這意謂著「在三週之間，需要相當的努力」吧。

如果前來諮商的當事人想培養新的思考方式，我會告知「接下來可能會很辛苦，最近三週是關鍵喔」。而且，為了不受挫折影響，持續下去，我建議要記住「PDCA循環」。也就是徹底執行：計劃（Plan）、實行（Do）、評價（Check）、改善（Act）。PDCA循環是廣為人知的業務改善方法，對於養成新的思考習慣也很有幫助。

只要能熬過三週，應該就能毫無問題地迎向三個月，讓新的思考習慣真正屬於自己。當你獲得過去所沒有的觀點時，對自己會更有信心，為了提升自己，往往會發現新目標。

73

Words of Emerson 100

在挑戰新事物時，
會獲得更多經驗與能力，
增添成長的光輝。

《圓》(Circles)

當我們受到要求，要改用跟過去不同的作法時，一定會感到困擾。如果你在新的主管底下做事，上級指導要以完全不同的方式工作，你會怎麼想？即使上級對於新方法的效用很有信心，幾乎每個人都會對改變感到懷疑吧。因為大家都不想失去目前為止累積的事物。相反地，我想應該也有不願意接受部下提出革新方案的上司。也有人拘於往例或慣例，強烈否定新作法。我想這也是因為不想破壞自己目前為止建立的成果吧。

愛默生說，「實際上進行，也只是為了瞭解狀況的一個入口而已」。也就是在挑戰新事物時，才明瞭這件事的優點。因此目前為止的知識與常識必須擱置一旁，於是接受新的思考，建立成長的循環。

因此，就算放下舊有的思考方式，你所養成的能力不會失去價值。這種能力會「繼續傳承下去」。甚至因為成長的循環，你的能力還會再升級。

74

Words of Emerson

100

直到最後都要相信本能。

只要相信本能直到最後，就會瞭解自己為什麼相信。

《智能》（Intellect）

「我們的進步就像植物生長一樣。剛開始是出於本能（instinct）而動，接著產生意見，懂得知識。就像植物札根發芽，最後結實一樣。」

首先從本能開始，人會由此成長，所以要相信本能。但是就像愛默生所說的，即使想相信本能，還是有人不清楚自己的本能。不曉得自己出於本能要尋求什麼。

在向我尋求諮商的當事人中，也有人從知名大學的大學院畢業，但是卻沒有就職，因為不曉得自己想做什麼。為了瞭解這個人的特性，我問對方：「你最喜歡的歷史人物是誰？」他回答是《三國志》裡的曹操。理由是「雖然很多人認為他是反派，但是他以冷靜的觀點建立了有用的制度。或許感覺有些冷酷，但是對世界有所貢獻」。

他可能本能地想成為曹操。我想這或許會成為他探尋本能的線索。另外，即使不明白理由，總之，**選擇自己覺得有魅力的事物也是個方法**。相信自己的感覺朝著這個方向前進，自然會明白自己著迷的原因。

VI

FRIENDSHIP

友情

75

Words of Emerson

100

清楚地傳達「你對我來說有多重要」，是獲得真摯友誼的祕訣。

《論友誼》（Friendship）

擁有打從心底互相信賴的朋友，是讓人生更豐富的要素之一。

原本不擅於社交的愛默生，在學生時代似乎沒有知心的朋友，為自己陰鬱冷淡的個性感到自卑。大學畢業後，愛默生因健康狀況不佳，為了休養去美國南部旅行，在旅途中遇到法國人艾歐爾·穆拉。兩人意氣相投，在九天的航程中談了各種各樣的話題。

在旅途中遇到這麼談得來的朋友，對愛默生而言是件可喜的事。這段經歷也促使他深化自己的想法。

關於友誼，愛默生這麼說：「兩個人透過同一種思想、感情結盟，還有什麼比這更令人感動的。」

後來，愛默生與歷史學家暨評論家湯瑪斯·卡萊爾、撰寫《湖濱散記》的作家亨利·梭羅結為好友。愛默生在各種場合都大力讚揚他們，發自內心表達敬意。

我認為這或許就是獲得真正友誼的祕訣。藉由確實傳達「你對我來說有多重要」，的確能培養友誼。這樣的友誼會為你的人生創造「新的世界」。

76

Words of Emerson 100

人類的靈魂，蘊含極度的善意。

《論友誼》（Friendship）

「善意」在這裡是指「接受他人，互相認同的力量」。

人本來就具有這樣的能力，所以可以跨越與對方的性格、立場、年齡、性別、際遇的差距，培養深刻的友誼。愛默生說，萍水相逢的人與真正的朋友不同。認識別人會帶來新鮮感，想像跟剛結識的人今後能做什麼，會很愉快。但是如果不是真正的朋友，熱度很快就會冷卻。最後不會有新的點子出現，自己也沒有採取任何行動。

另一方面，他認為如果對方是真正的朋友，自己會產生以下的感情：

①對於這個人的成就，會當成自己的事一樣感到驕傲。

②聽到對方讚美自己，會覺得感動。

③確信對方有良知，絕不會背叛自己。

④覺得對方比自己更親切、堅強、善良。

⑤對方的言行會提高自己的想像力與創造力。

⑥如果自己的想法跟對方一致，會產生勇氣。

所以跟這樣的朋友在一起時，可以開創某種新事物。

77

Words of Emerson

100

他人的意識不會完全跟自己一致。

《論友誼》(Friendship)

「因為興趣相投所以成為朋友」、「因為很談得來，我們經常一起行動」。就像這樣，因為價值觀相符，所以變成朋友的例子很常見。但是價值觀相同，並不是建立友誼的絕對條件。

譬如有些人會配戴琳瑯滿目的飾品，但是你自己卻沒有這樣的嗜好。在一般的情況下，應該會覺得「這個人跟我不合」，跟對方保持距離吧。

有些人很有錢，喜歡購買高級名牌服飾。如果你不是會花很多預算買衣服的人，可能會覺得「我們一定談不來，不會成為好朋友吧」。

但是，每個人的價值觀不同，是理所當然的事。世界上應該沒有跟自己的價值觀完全相同的人吧。越是對自己缺乏信心的人，越想跟「看起來跟自己相似的人」為伍。而且對於跟自己不同的人，反射性地抱持敵意。另一方面，擁有自己的信念，相信自己感性的人，跟價值觀不同的人相處會覺得有趣。**因為知道自己是自己，別人是別人，所以不會產生無謂的比較。因為自己不自卑，也不會想批判對方。**能夠擴展人際關係的人，毫無疑問應該是後者吧。

78

Words of Emerson

100

即使對人際關係感到厭煩，
也絕不會毫無用處。

《論友誼》（Friendship）

跟與自己價值觀不同的人相處，可以擴展自己的人生格局。其中還有愛情（與伴侶的關係）跟友情（與朋友的關係）的差異吧。

愛情可以專對一個人，越來越深厚。在愛人時，有時會對周遭視而不見，但是能夠到達新的境地。

相對於此，友情能漸漸拓展自己的價值觀。因為跟許多人往來，會具備各種各樣不同的觀點。這也能提高自己的價值吧。就算對人際關係感到厭煩，也絕不會白費力氣。如果因為害怕受傷，而從年輕時就只跟少數人往來，這樣恐怕無法擴展自己的世界。

愛默生提到「相信對方的價值，鼓起勇氣接近」、「即使持續遭遇失敗，也要意識到整體來說是成功的」。

如果已經擴展人生的廣度到某種程度，接下來或許該進入鎖定範圍的階段。因為已經有相當的廣度，接下來該集中。瞭解最應該重視的價值觀是什麼，對自己而言，真正的朋友是誰。

79

Words of Emerson

100

友誼比愛情純粹。

《論友誼》（Friendship）

真正的朋友關係可以「魚水之交」來形容。就像水跟魚一樣，無法脫離的關係。因為這樣的關係非常自然，沒有多餘的要素介入，所以不論發生什麼都能維繫友誼。

出社會之後，人們可能多半傾向於跟同業往來。有時跟對方也可能產生利害關係。也有人只想跟對自己立足於社會有益的人交流，但是這樣的關係只要不再帶來利益，就會終止。當你辭去工作，社會關係結束時，應該會察覺自己是孤獨的吧。

建立不含社會利益的人際關係，遠比我們想像中還重要。這才是真正的人脈吧。正因為沒有利害關係，所以聯繫緊密，緊急的時候可以提供幫助。

尤其像公司的上司與屬下等，因為社會立場而維繫的關係，並不需要像「水與魚」一樣。這種關係往往在離開公司時也跟著結束，就算彼此之間形同「水與油」，我想也不必在意。

為了讓友情長久維持，
需要「真誠」與「親切」。

《論友誼》（Friendship）

這句話裡的「真誠」，是指能說實話與毫無忌憚地提出意見。另外，也包括瞭解「對方就像自己的鏡子」的真理，彼此相處吧。你透過對方所感受到的，其實也是自己對自己的感覺。如果單純地接受事實，可以讓友誼更深厚。

「親切」也就是善待對方。在對方有困難時伸出援手、提供智慧、勉勵對方。光是提供幫助還不算為對方好。當別人沒有求助時，默默地靜觀其變也很重要。什麼都不說，像空氣般存在，也能令對方感到安心。

也就是要以體貼的心對待朋友，真摯地相處。除此之外，還有一項重要的原則，就是要跟對方見面。愛默生曾說「所謂友情，我想除了要運用眼睛與舌頭，也同樣該動用到腿」，強調實際拜訪朋友的重要性。

跟對方見面，當面對話，我們會敞開自己的心。除了能表達電子郵件與電話無法傳達的訊息，對方也會把心打開，所以會得知對方真正的想法。**當人際關係出現問題時，面對面談話最重要**。這時別忘了要有意識地實踐「真誠」與「親切」。

一對一的法則，是友誼的實踐也是極致。

《論友誼》（Friendship）

你喜歡一對一地面對朋友嗎？還是傾向於跟幾個人熱鬧地度過？

愛默生斷言，與朋友單獨對話絕對是必要的。

他認為，如果不是兩人而是三人見面，難以發展出「最真誠的對話」，也絕不會說出從未說出口的真心話。

而且如果許多人碰面，就無法像兩人對話般深入對談，會由態度強勢的人，或是提出與在場所有人相關話題的人掌握主導權。這麼一來，即使是居於對話核心的人，也不會說出真心話，因為只是成為炒熱氣氛的角色而已。

在談論煩惱時，或是想討論未來時，一對一的談話是最好的。像這樣的談話內容如果同時跟好幾個人討論，會出現各種各樣的意見，場面變得混亂吧。如果跟眼前唯一的人說出自己的想法，除了能確實傳達自己的理念，也會清楚聽見「自己的聲音」。也就是能客觀地瞭解自己的想法，釐清渾沌不明的狀況。這只有跟真正的朋友對話，才會實現吧。

82
Words of Emerson
100

鑽石是經歷漫長的時間才形成的。
永恆的事物並非一蹴可及。

《論友誼》(Friendship)

朋友之間的深刻友誼並不是一朝一夕就可以建立的。終生的友誼就像鑽石的形成一樣，不可急於一時。

而且並不是認識的時間久，就會成為好朋友。人與人建立深刻友誼有個不可或缺的條件，就是彼此各自獨立。譬如對方不在時，自己也能獨力完成的毅力。如果依賴對方，或是有想獨佔對方的想法，就無法建立真正的友誼關係。因為這正是自己無法自立的證據。

「那麼怎樣才能自立呢？」這個問題不容易回答。因為與「怎樣才能擁有自信？」有關。在心理諮商時，我會建議「聽聽那些自立的人怎麼說」。聆聽人家喜歡什麼，喜歡的理由，將來想做什麼，動機又是什麼——聽聽這些想法。這麼一來，自己就會思考「這個人是這樣想的……那我呢？」也就是**讓自己的想法更明確，產生主動的力量**。並不是聽了別人的話變得自立或產生自信，這些力量只能從自己的內在孕育而生。不需要焦急，越是具有永恆價值的事物，越需要時間形成。

83

Words of Emerson 100

你想跟對方「擁有的資源」為友嗎？

《論友誼》(Friendship)

最重要的是，你以什麼方式，尊敬對方的哪個面向。

我們尊敬的對象大致上可分為兩種。第一種是尊敬對方的想法與人格。這是縱觀對方的「整體」。另一種是尊敬對方的成就與頭銜，這並不是件壞事，不過只看到對方的「部分」。

藉由朋友的優點可以擴展人脈，有時候你也會因此受惠。如果你尊重朋友良好的人脈網絡，愛默生提出質疑：「你究竟是想跟對方的思想為友，還是跟他的所有物為友？」

從事心理諮商後，我發現世界上有很多人際關係是互相欣賞彼此的「資源」。儘管朋友之間互相尊敬，只要失去可供利用的「資源」，彼此之間的信賴關係也將漸漸消失。因為只喜歡對方的一部分，並沒有看到整體。

愛默生說「這是將朋友視為自己的所有物」，而且諷刺地表示，這種想法很幼稚，「不論是男是女，都隨他們去吧」。

84

Words of Emerson
100

要把朋友當成另一個自己一樣珍惜。
朋友對自己來說，是種要小心對待、
抱持敬意的美好競爭對手。

《論友誼》（Friendship）

朋友有時候會成為我們嫉妒的對象。自己也可能受到朋友嫉妒。但是如果因為這樣就跟對方疏遠，豈不是只想獲得友誼的好處？你是不是覺得朋友的作用只是讓人心情愉快？愛默生以「朋友是一種美好的敵人」非常有趣的形容表現。這裡所謂的「敵人」，我想或許是讓自己心存戒慎的存在吧。

譬如，如果覺得對方令自己心生嫉妒，不要只是否定對方，也可以藉以自省。因為朋友的緣故，促成機會讓自己思考「我最近是否變得傲慢」、「也許我說話用字還不夠小心」。

朋友的存在很重要，有時候也會帶給我們活力與刺激，讓我們成長。如果這樣想，向對方抱持敬意，對方也會展現同樣的態度。如果遭到否定後只是批評朋友，對方也只會一直回以批評。

朋友會讓自己成長，所以愛默生以朋友是「另一個自己」表現吧。而且為了讓彼此成為勢均力敵的同伴，需要能冷靜觀察對方的客觀觀點。

VII

SUCCESS LAW

成功法則

85

Words of Emerson
100

人會因為自己的想法屬於自己，
而輕易地放棄。

《自立》（Self-Reliance）

能夠意識到自己內在天分的人，我想應該很有自信吧。

我在童年時經歷了許多挫折，覺得一切都沒有意義，所有的人都是敵人。我總是在否定自己，對自己缺乏信心。

但是當時我發現身邊的人與寵物信賴我，於是我覺得，我也應該試著相信自己吧。沒有什麼根據，只是很自然的感情變化。不過，由於這個契機，我似乎漸漸地在心中培養了相信自己的精神。

我認為**沒有根據的自信，正是絕對的自信**。甚至可說只要自己覺得「沒問題」，就是一種根據。只要開始有自信，就會相信自己的直覺吧。只要相信自己將會發揮足夠的才智，生存之道就會改變。發明家湯瑪斯·愛迪生曾留下「天才是百分之一的天分，與百分之九十九的努力」這段話。愛迪生一定堅決相信自己內在有百分之一的天分，並且對自己的直覺很有自信吧。所以不曾放棄，持續努力不是嗎？

86
Words of Emerson
100

放棄虛偽的辭令與藉口吧。

《自立》（Self-Reliance）

這段話乍看好像很任性，但愛默生並不是指「要對人採取不遜的態度」。他在後面接著寫「就算有重要人物來我家吃飯，我也不會想討好對方……雖然會表示親切，但不想展現虛偽的態度」、「我對於照單全收的想法與無聊的滿足感，想加以批判」。

尤其是面對社會地位高的人，大家通常傾向於採取符合「常識」的態度。也許也有人會反射性地想討好對方。

當然禮貌很重要，但是愛默生想提出警告的是：即使以自己的信念與價值觀判斷，其實也只是依照世間的常識判斷。那會變成放棄自己的主體性而活。

史蒂芬．理查茲．柯維（Stephen Richards Covey）博士在暢銷書《與成功有約》（The 7 Habits of Highly Effective People）中，提倡發揮主體性的重要性。如果缺乏主體性，遇到各種問題只有情緒化的反應，只根據自己認定的想法與習慣判斷事物。

為了建立自己的主體性，需要客觀掌握自己信念的能力。只要瞭解「自己究竟在意什麼」，就能根據自己的價值觀選擇自己的反應。這也跟一個人的影響力、解決問題的能力、積極性有關。

玫瑰不會以過去的玫瑰，或是更美的玫瑰做為參考。
它只是發揮自己的本領而已。

《自立》（Self-Reliance）

如果要像美麗的玫瑰一樣，發揮自己的本領而活，我想以下兩件事很重要：

①經常把自己當成競爭對手。

②重視過程，而非結果。

如果不跟自己比較，而是把重點放在跟別人競爭，很容易產生焦慮或嫉妒等多餘的感情。就算贏得勝利，也可能出於優越感而對其他事視而不見。這樣的感情只會妨礙自己發揮本領。

因此「把自己當成競爭對手」很重要。但真正會這麼想的人大概只佔兩成而已。所有事物都可分為80比20的「帕雷托法則」（Pareto principle）也印證了這個現象。

如果想加入這兩成的族群，請不要只看結果，要試著重視過程。**意識著自己成長的經過**。「很好，今年比去年表現得更好」像這樣著眼於過程觀察自己。這麼一來就會看出現在該做的事，集中在這方面。就像玫瑰一樣，很自然地發揮本領吧。正因為如此，可以獲得成果。

88

Words of Emerson

100

從過去轉移到新狀態的瞬間、
飛越深淵、向目標邁進時，
會產生力量。

《自立》(Self-Reliance)

這段話會讓人聯想到美國第四十四任總統歐巴馬的演講。

二〇〇八年，當美國史上第一位非裔美國人就任總統時，他在超過十萬名以上的支持者前進行勝利演說。在那場著名的演說中，他反覆說「Yes, we can」。在美國發生重大變化的時刻，就像愛默生所謂「從過去轉移到新狀態的瞬間」。當時除了歐巴馬本人，聽眾之間也湧現力量。他以「成為總統」為目標，並且全力以赴，因此實現了。

聽說歐巴馬總統也熟讀愛默生的隨筆。在人生的各種場合，愛默生的句子一定帶給他許多勇氣吧。

正因為有高遠的目標，所以產生巨大的力量。廢除南非共和國種族隔離政策的曼德拉總統曾說「為了成功，最重要的不是從哪裡開始，而是把目標訂得有多高」。

在不會讓周遭的人感覺突兀的情況下，**相信自己，設定較高的目標並且持續前進的人，有無限的可能性**。愛默生說，而且那本來是每個人都能辦到的事。

89

Words of Emerson

100

幸運的祕訣，

就是自己感到喜悅。

《自立》（Self-Reliance）

以樂觀態度看待人生與人的愛默生，曾被評為是缺乏悲觀感受的樂觀主義者。由於他說過「只要自己感到喜悅，就能掌握幸運」，有些人或許覺得這明顯表現出愛默生的樂觀主義。的確，愛默生據說有著樂觀的個性，但是他在學生時代的日記卻寫著自虐、自我批判的內容，應該並不能算是天生的樂觀主義者。

愛默生並不說自己「樂觀」，而是以「肯定的」形容自己。他在深刻內省之後，對事物提出肯定的解釋。

你能夠肯定自己周遭的人到什麼程度？如果很難看清自己，就請先徹底觀察對方，找出對方的優點。這麼一來就能學習、模仿對方的優點。這就是從他人眼中反映自己的「鏡像法則」。而且因為肯定對方，對方也會給予肯定吧。

愛默生說「無論神與人都歡迎的，是獨立自主的人。各種各樣的門，會為這樣的人敞開」。能夠以自己的意志選擇，對於人生中的事要如何詮釋，正是能把握幸運的人。

90

Words of Emerson

100

社會就像波浪一樣。

波浪會向前推進，

但是構成波浪的水分子並沒有移動。

《自立》（Self-Reliance）

如果將社會比喻為波浪，人就像水分子。波浪雖然前進，但單一的水分子並沒有向前移動。就算社會發生變化，構成社會的人本身並不會變化。就算周遭的環境變化，人的本質卻不會變化，這就是愛默生主張的真理。雖然這段話可以有各種解釋的可能，我想這不就是人本來的樣貌嗎？

如果時代改變，人的思考方式當然也會改變吧？但是這麼一來，沒有自己的信念，只是在社會變化的潮流中隨波逐流。如果解讀歷史，就知道社會的價值觀其實很容易改變。愛默生彷彿暗中質疑：你這麼容易就改變自己的價值觀嗎？

我們身為社會的一員，客觀地認識世界的動向很重要。不過，同時也不能迷失自己的本質。

現在是事件頻出，令人感到不安的時代，如果受到影響，就要藉著自身以外的資產，尤其是地位、名譽、財產，才能覺得安心。不用說，那正是「缺乏相信自己」的信念，像這樣的人「不是因為人格，而是以財產互相評價」。

91

Words of Emerson

100

仰賴外界會使人變得軟弱。

《自立》(Self-Reliance)

愛默生在隨筆《自立》的尾聲這麼寫著。

他不認為命運是「出於偶然發生的事」。採取行動造成原因，一定會有結果出現，根據「因果法則」演變的結果才是命運。要善加活用「命運」，如果信賴自己採取行動，就能開創未來。這麼一來，你就會成為堅固的支柱，不只支持自己，一定也能支持周圍的人。如果一直維持這樣的相信自己而活，人生將會獲得平靜。

越是仰賴外界，越會使人變得軟弱。

受到各種各樣的事影響，人生將離平靜越來越遠。儘管如此，愛默生說如果意識到自己依賴外界的事物，只要下定決心中止，「立刻就能回到正途」。

每個人本來都有相信自己而活的能力。而且這跟強烈地堅持「自我」不同。愛默生雖然提出有力的主張：不要依賴他人，不要喪失自己的本質，要抱持穩固的信念，但同時也說**要帶有柔軟度，保持自然的柔韌而活**。為人生帶來平靜的相信自己，不就是讓自己的內在保持「剛」與「柔」的平衡嗎。

遭受非難更能確信成功，
受到稱讚令人忍不住感到不安。

《補償》（Compensation）

聽到讚美會覺得心情愉快，也會形成優越感與自戀。智者認為，這樣對自己並沒有益處。相反地遭到批評時，能夠看出自己的弱點。因為養成彌補弱點的能力，所以離成功會更接近。智者知道，瞭解自己弱點的人比較強。愛默生曾寫下有趣的話：

「只有**聽到批評自己的話時，我才確信自己真的成功了。但是聽到像蜜一樣的讚美，我會覺得像在敵人面前毫無防備。**」

雖然有點極端，但是批評會使自己成長，所以與自信有關。讚美會使人失去謙遜，對自己不好——也就是這段話的意思。

聽說作家村上春樹會先讓太太讀自己的作品。成為像他那麼知名的作家以後，應該很少聽到周遭的人直言無諱表示意見吧。我想正是因為聽到太太嚴格的評語，所以會提升作品的品質。

一般人都著重於獲得讚美，但是智者卻更重視讓自己持續成長。

93

Words of Emerson

100

努力會一一獲得回報。
回報越晚，對你而言越有利。
因為以複利回饋，正是這個世界的常態。

《補償》（Compensation）

如果對別人好，最後自己也會受到善待。這是施與受的思考；不過或許有人覺得，都只有自己付出，一直沒有得到回報吧。儘管如此也不要覺得「吃虧」。為了不吃虧而自我防備或錯失機會，都不是你應該養成的智慧。

其實遲來的報償更「划算」。「付出」得越多，持續累積，就會得到更大的「獲得」。愛默生斷言：不會什麼事都白費力氣，好的行為一定會有回報。

不僅是對他人付出的善行，我想對於自己努力的付出也是一樣的。為了自己的成長進行必要的事時，就算沒有立即看到效果，只要持續實行，自己就會有大幅進步。

養成早起的習慣之後，接下來常跟人打招呼。也許一時感覺不出來有什麼好處，可以再加上試著積極地與人往來，參加未知領域的讀書會等，繼續積極地行動。

由於持之以恆，就會形成複利。努力的種類越多，回饋就越晚，你的人生將會大幅改變。

達到非凡成就的人，一定會說「這不是我的功勞」。
因為這些人順從自然法則，所以成功。

《精神的法則》(Spiritual Laws)

各位是否覺得，獲得莫大成就的人，是因為有非凡的才能，或是實現了巧妙的戰略？愛默生說「那是因為遵從自然的法則」。他認為成功者的特徵包括以下三種：

① 單純地依照直覺。

② 保持不違反自然變遷的柔軟度。

③ 知道什麼適合自己。

所以能夠掌握幸運，自己推動命運。

搞笑藝人明石家秋刀魚曾說：「我絕對不會陷入沮喪喔。會心情低落的人，往往都是對自己評價過高。因為高估自己，所以不順利就覺得沮喪。人呀，現在所做的事跟做過的事，就是全部了。」

我想這就是正直、有柔軟度、對真實的自己抱持信心的人會說的話。對自己太過自信的人，容易沮喪、感到挫折。但是抱持像秋刀魚先生般信念的人，就不會放棄或逃避。結果卻是獲得莫大的成功。

95

Words of Emerson

100

如果要舉出成功者與其他人的差別，
那就是有沒有自信而已。

《精神的法則》（Spiritual Laws）

相信自己也就是擁有自信。

華特．迪士尼曾以四個「C」象徵實現夢想的祕訣，是個著名的例子。他指出在Curiosity（好奇心）、Confidence（自信）、Courage（勇氣）、Constancy（一貫性）當中，自信是最重要的。他說只要有自信，「一旦做出決定，就會直接朝目標前進，毫無疑慮，專心投入其中」。

愛默生說，就算只是小事也沒關係。譬如掃地、擦地這類瑣事，只要徹底相信自己，行為經過重覆累積之後，就會產生偉大的結果。不論什麼樣的事，只要一直抱持自信，不要認為自己的行為很無聊，或是覺得自己是無聊的人，總有一天會獲得結果。

我們因為沒有足夠的自信，所以對於透過行為獲得的地位或名譽，會特別在意。對於贏得地位或名譽的人給予過大評價，對自己評價過低，正是因為把成功者當成跟自己不同的人吧。人的本質其實是一樣的。

如果真要列出差別，只在於有自信，或缺乏自信而已。

能抱持謙遜、正義、愛、上進心的人，
已經在某個領域建立穩固的基礎。

《論超靈》（The Over-Soul）

崇高的精神性，是科學或藝術、文學、商業領域成功的基礎。居於某個領域的頂尖人物，既謙虛又誠實，溫厚而又充滿探索精神，這樣的人不論做什麼都很傑出。諾貝爾生理學暨醫學獎得主山中伸彌教授，正是這樣的人，不只是自己專業領域的醫學，在運動方面也發揮自己的潛力，他的表達能力也很出色。

想達到像山中教授的精神性，方法只有一種。那就是努力地學習，逐漸累積工作的成果。

在持續努力的過程中，就能獲得高度的精神力量。如果缺乏強烈的精神，就無法持續下去吧。經過持續不斷的努力，最後就能獲得實力。精神力與實力這兩大力量，將會讓你獲得提升。

福澤諭吉也說過同樣的話，正因為重視學問，所以會磨練人格，並且能對社會有所貢獻。致力於學習，不只增進個人的能力，也可能成為國家的力量。

97

Words of Emerson
100

宇宙是流動變化的。
不變的事物並不存在。

《圓》（Circles）

「我們一定會發生變化，世上沒有永久不變的事物」聽到這段話，有些人會看到希望，有些人會感到不安。其中的差別在於有沒有對將來的願景。抱持希望的人能明確描繪願景，陷入不安的人不曉得自己想做什麼。

你下週（或是下個月、明年）要登山。但是完全不曉得會登上什麼樣的山。可能是標高八七七公尺的筑波山，也可能是超過三千公尺的富士山。或是號稱非洲大陸最高峰的吉力馬札羅山。隨著攀登的山不一樣，要做的準備也完全不同。雖然不曉得未來將會如何，也感到不安，但不安總會消除。

請將「登山」這件事，試著置換成「我們正在變化」的事實思考。只要知道自己將攀登什麼樣的山——也就是自己將如何變化，調適心態並做好適當的準備，就不會感到不安。

究竟會如何變化，由你決定。因為擁有願景、目標。**如果有明確的目標，經過準備，並且採取具體的行動，你就會朝著目標持續變化**。因為知道一切都會發生變化，不論陷入如何困難的狀況，都能毫不氣餒地前進吧。

98

Words of Emerson

100

謹守本分本來很好，但也有可能變成最糟的作法。

《圓》（Circles）

當你聽到某個人「謹守本分」，會產生什麼樣的印象？多半是有社會常識、不會造成問題的人，或是講道理冷靜的人吧？不過，這種守規矩的態度也會造成負面效果。

每個人的人生中，都有「就趁現在」的時刻吧，也就是做出不同判斷，人生將會發生重大變化的分水嶺。在這樣的時刻，如果只著重於避免麻煩、選擇比較平順的方向，可能會喪失難得的機會。

需要孤注一擲的判斷時，如果還拘泥於「往常的規矩」，「最恰當的謹守本分」也可能變成「最糟的謹守本分」。

成就偉大事業的人物，在關鍵時刻不拘泥於規矩，會讓直覺發揮作用。這樣或許看起來就像無視於規則。愛默生曾說「偉人是些若以世俗眼光來看，不懂應對的人」。但是偉人其實比一般人更懂規矩，只是在必要的時刻，著重直覺更甚於規矩吧？

富有領袖魅力的政治家田中角榮（日本知名政治人物及建築師），儘管平常費盡心力掌握人心，在緊要關頭時卻是以大局著想，大膽地做出決斷。這說明有能力的領導者懂得在「適當的時刻」，區分該遵從規則或直覺吧。

99

Words of Emerson

100

出於自然表現的行為，總是最好的。

《自立》（Self-Reliance）

既然「直覺」總是正確的，各位可能會產生疑問：直覺究竟是什麼？直覺發揮效用的人，內心究竟有什麼變化？

人在一生中，藉由各種各樣的經驗獲得智慧，累積成記憶。與其說這是根據什麼道理，不如說是本能造成的業。在不知不覺間，我們也可能透過經驗獲得智慧與真理。

所謂發揮直覺，不就是從記憶中引導出最適合狀況的例子嗎？一個人記憶力的質與量越豐富，直覺也越靈敏。

但是，**如果對自己信心不足，直覺會變鈍。因為容易感到迷惘，在意別人的意見。**而且反覆考慮很多次以後，就會受到雜念干擾。色彩治療法就是請當事人選擇彩油瓶，透過顏色分析當事人的心理狀態。當然最先選出的瓶子表示這個人的本質。到了第二、第三瓶，多少會加入本質以外的觀點。

為了提高直覺的準確度，重要的是培養相信自己，並且重視第一印象。

100

Words of Emerson

100

要自我設限或相信自己的可能性，
完全由自己決定。

《自立》（Self-Reliance）

關於知性，愛默生曾說過這樣的話：「如果只拘泥於善惡，就會受制於感情，變得寸步難行。知性的人不受感情支配，能夠以科學的光照射對象，冷靜地觀察。」

從這句話我們可得知，「以冷靜的觀點，分辨對自己必要與不必要的事物」是知性的主要作用之一。

我們經常受到感情的控制，忘了讓知性發揮作用。我曾遇到尋求諮商者說：「這對我來說，百分之九十太過勉強。」我反問對方：「覺得百分之九十太過勉強的人是誰？這也表示有百分之十可能達成喔。是誰會這樣覺得呢？」當然當事人回答：「是我。」

設限的是自己，相信可能性的也是自己。只要理性觀察自己，就知道所有的主導權都在自己手上。究竟是認為自己能力有限，還是相信自己的可能性，完全由當事人決定。

知性與相信自己難道不是有關聯嗎？運用知性會提高相信自己，相信自己會更能發揮知性。藉由提升這兩者，人生就不會受到困難與障礙的顛覆。

尾聲

當我閱讀愛默生的句子，彷彿受到鼓勵，覺得「活著就應該要信賴自己。要相信自己的直覺生存下去」。

過去我感到茫然、不安，覺得人生看不到希望。但是接觸到愛默生意志堅定的話語，「相信自己」的種子也在心中萌芽、茁壯。

而且，儘管愛默生在青年時期遭遇貧困、疾病、時運不濟等種種困境，卻還是影響了許多人，他的人生經歷本身就帶給我許多勇氣。彷彿揭示著：**不論遇到多艱難的狀況，人都有辦法以自己的力量脫離困境，最後發揮自己的才能**。

現在好像有許多年輕人對將來特別感到不安。或許有些人忙於接收應接不暇的資訊，沒有時間自我省思，培養相信自己的信念。但是，正因為處於這樣的時代，我還是建議大家要不時停下腳步，聆聽愛默生「相信自己」的訊息。

雖然說要相信自己，卻不是要大家任意而為。任性的自我主張，與琢磨自己的內在所造就的相信自己，本質上完全不同。真正的相信自己會帶來「不論發生什麼，我都沒問題」的絕對自信。在你心中，確實存在著這樣的力量。當你面對人生的歧路時，請記得這件事。如果這本書能帶來契機，幫助各位建立自信，我將感到無比榮幸。

最後我要誠心地感謝朝日新聞出版的佐藤聖一先生、Ａｓ製作室的豐原美奈小姐，給予這個機會介紹愛默生的名言，這些句子是我長久以來的精神支柱。並且在此向自己執筆時所參考的書籍、網頁等諸位作者、譯者、審訂者，獻上誠摯的謝意。

中島輝

拉爾夫・沃爾多・愛默生年表

1803年 出生於美國波士頓。

1811年 八歲時，擔任牧師的父親過世，生活陷入貧困。

1812年 開始就讀波士頓拉丁學校（Boston Latin School）。

1817年 十四歲時就讀哈佛學院（Harvard College）。除了半工半讀，也為各種疾病而煩惱。

1821年 從哈佛畢業後，在哥哥經營的女校任教。

1825年 入學哈佛神學院（Harvard Divinity School）。

1829年 在波士頓擔任牧師，與艾蓮・塔克結婚。

1831年 妻子艾蓮・塔克因病過世。

1832年 批判教會制度。辭去牧師職務，出發前往歐洲旅行。

1833年 在旅途中結識湯瑪斯・卡萊爾，成為好友。回國後開始演講與寫作。

1836年 發表首部作品《論自然》（Nature）。

1837年 與亨利・梭羅結識為好友。

1841年　《愛默生隨筆》（Essays: First Series）出版。因書中收錄的《自立》（Self Reliance）一文，獲得國際間的名聲。

1842年　長男沃爾多於五歲病逝。

1844年　《愛默生隨筆續篇》（Essays: Second Series）出版。

1847年　在英格蘭、蘇格蘭巡迴演講，持續到翌年。

1850年　《代表的人物》（Representative Men）出版。

1856年　《英國的國民性》（English Traits）出版。

1860年　《生活的準則》（The Conduct of Life）出版。

1882年　在康科德的自宅過世。安葬於沉睡谷墓園。

參考文獻一覽

《自立（新譯）》拉爾夫・沃爾多・愛默生著，伊東奈美子譯（海與月社）

《愛默生選集1 論自然》拉爾夫・沃爾多・愛默生著，齋藤光譯（日本教文社）

《愛默生選集2 論精神》拉爾夫・沃爾多・愛默生著，入江勇起男譯（日本教文社）

《愛默生選集3 論生活》拉爾夫・沃爾多・愛默生著，小泉一郎譯（日本教文社）

《愛默生選集4 個人與社會》拉爾夫・沃爾多・愛默生著，原島善衛譯（日本教文社）

《愛默生選集5 論美》拉爾夫・沃爾多・愛默生著，齋藤光譯（日本教文社）

《愛默生選集6代表的人物》拉爾夫・沃爾多・愛默生著，酒本雅之譯（日本教文社）

《愛默生選集7 靈魂的記錄》拉爾夫・沃爾多・愛默生著，小泉一郎譯（日本教文社）

《愛默生名著選 論精神》拉爾夫・沃爾多・愛默生著，入江勇起男譯（日本教文社）

《愛默生論文集》（文庫上・下卷）拉爾夫・沃爾多・愛默生著，酒本雅之譯（岩波書店）

《愛默生與他的時代》市村尚久著（玉川大學出版部）

《愛默生》齋藤光著（研究社出版）

《愛默生—讓命運站在你這邊的人生論》渡部昇一著（致知出版社）

《愛默生的「偉人論」》拉爾夫・沃爾多・愛默生著，伊藤淳譯，淺岡夢二監修（幸福的科學出版）

《愛默生—靈魂的探求》理察・吉爾德（Richard Geldard）著，澤西康史譯（日本教文社）

《愛默生入門—與自然合一的哲學》理察・吉爾德（Richard Geldard）著，澤西康史譯（日本教文社）

《［超譯］愛默生的「自立」》拉爾夫・沃爾多・愛默生著，三浦和子譯（PHP研究所）

《生存之道——人類最重要的事》稻盛和夫著（Sunmark出版）

《你也可以獲得工作的力量》鈴木敏文、勝見明著（講談社）

一起來 光 007

你的不安，是因為太習慣受傷害：不再焦慮、內疚、沒自信，愛默生送給現代人的 100 句話

エマソン 自分を信じ抜く 100 の言葉

作　　者　中島輝
譯　　者　嚴可婷
責任編輯　林子揚
封面定稿　許立人

總 編 輯　陳旭華
電　　郵　steve@bookrep.com.tw
社　　長　郭重興
發行人兼出版總監　曾大福

出版單位　一起來出版／遠足文化事業股份有限公司
發　　行　遠足文化事業股份有限公司
www.bookrep.com.tw
23141 新北市新店區民權路 108-2 號 9 樓
電話｜ 02-22181417　傳真｜ 02-86671851

印　刷　中原造像股份有限公司
法律顧問　華洋法律事務所　蘇文生律師
初版一刷　2017 年 11 月
二版一刷　2019 年 9 月
定　　價　350 元

你的不安，是因為太習慣受傷害 / 中島輝作；嚴可婷譯. -- 二版. --
新北市：一起來，遠足文化出版，2019.09
面；　公分. --（一起來光；7）
譯自：エマソン：自分を信じ抜く 100 の言葉
ISBN 978-986-97567-9-2(平裝)

1. 愛默生 (Emerson, Ralph Waldo, 1803-1882) 2. 學術思想 3. 格言

873.6　　108013187